O Quilombismo

PALAVRASNEGRAS

Coordenação de texto Elen Durando e Luiz Henrique Soares
Edição de texto Marcio Honorio de Godoy
Revisão Luiz Henrique Soares
Capa e projeto gráfico Sergio Kon
Editoração A Máquina de Ideias/Sergio Kon
Produção Ricardo W. Neves e Sergio Kon

Ilustrações Capa: Abdias do Nascimento, *Okê Oxóssi*. Acrílica sobre tela, 92 x 61 cm, 1970. Coleção Museu de Arte de São Paulo Assis Chateaubriand. (Doação Elisa Larkin Nascimento – Ipeafro, 2018; Masp.10811.) Foto Masp.
Vinheta (p. 4 e 392): Abdias do Nascimento, *Agadá de Ogum*. Nanquim sobre papel, 20 x 15 cm, 1979.
Miolo (p. 12): Tomás Santa Rosa. Logomarca criada para o Teatro Experimental do Negro. Nanquim sobre papel, 20 x 15 cm, 1945.
Miolo (p. 13) e *quarta-capa*: Abdias do Nascimento. *Quilombismo* (*Exu e Ogum*), detalhe (símbolo). Óleo sobre tela, 71 x 56 cm, 1980.

Dados Internacionais de Catalogação na Publicação (CIP)
(Câmara Brasileira do Livro, SP, Brasil)

Nascimento, Abdias, 1914-2011.
    O quilombismo : documentos de uma militância pan-africanista / Abdias Nascimento ; com prefácio de Kabengele Munanga ; e texto de Elisa Larkin Nascimento e Valdecir Nascimento. -- 3. ed. rev. -- São Paulo : Editora Perspectiva ; Rio de Janeiro : Ipeafro, 2019.

    ISBN 978-85-273-1149-6

    1. Brasil - História - Palmares, 1630-1695 2. Escravidão - Brasil 3. Escravidão - Brasil - Insurreições etc. 4. Escravos fugitivos - Brasil 5. Liberdade I. Munanga, Kabengele. II. Nascimento, Elisa Larkin. III. Nascimento, Valdecir. IV. Título.

19-24095   CDD-981.021

Índices para catálogo sistemático:
1. Palmares : Quilombo : Brasil : História colonial   981.021
2. Quilombo dos Palmares : Brasil : História   colonial 981.021

Iolanda Rodrigues Biode - Bibliotecária - CRB-8/10014

3ª edição, revista – 6ª reimpressão

Direitos reservados à

EDITORA PERSPECTIVA LTDA.

Pç. Dom José Gaspar, 134, cj. 111
01047-912 São Paulo SP Brasil
Telefax: (11) 3885-8388
www.editoraperspectiva.com.br

2025

O QUILOMBISMO

Documentos de uma
Militância Pan-Africanista

3a edição, revista

ABDIAS NASCIMENTO

Com prefácio de
KABENGELE MUNANGA

e textos de
ELISA LARKIN NASCIMENTO E VALDECIR NASCIMENTO

IPEAFRO

PERSPECTIVA

NOTA DA EDIÇÃO

Ao assinar, o autor escrevia "Abdias Nascimento" e dava preferência a essa forma, mas o nome oficial, Abdias do Nascimento, também era usado. Observando a inconstância em citações e publicações, em 2004 ele solicitou ao Ipeafro, instituto que criara e que guarda seu acervo, que uniformizasse a grafia do nome sem a preposição. Neste volume, cumprimos o desejo que ele manifestou em vida.

O símbolo do quilombismo foi criado por Abdias Nascimento em 1980 com inspiração nos orixás Exu e Ogum, reunindo os princípios da comunicação, contradição e dialética (Exu) com os da inovação tecnológica e do compromisso de luta (Ogum).

Em memória dos trezentos milhões de africanos
assassinados por escravistas, invasores, saqueadores,
torturadores e supremacistas brancos;

Dedico este livro aos jovens negros do Brasil
e do mundo, continuidade da luta por um tempo de
justiça, liberdade e igualdade onde os crimes
do racismo não possam jamais se repetir.

Com amor fraterno do

AUTOR

SUMÁRIO

À Guisa de Prefácio
[Kabengele Munanga]
15
Introdução
[Elisa Larkin Nascimento]
23

DOCUMENTO I:
Introdução ao Livro "Mistura ou Massacre?
Ensaios Desde Dentro do Genocídio de um Povo Negro"
31

55 Anexo: Conclusões e Recomendações, 1 Congresso de Cultura Negra das Américas (Cali, 1977)
58 Pós-Escrito

DOCUMENTO 2:
Revolução Cultural e Futuro do Pan-Africanismo
61

64 Cultura: Uma Unidade Criativa
69 O Exemplo de Palmares
70 Língua: Um Obstáculo Para a Unidade
72 Brasil: De Escravo a Pária
74 Quilombos, Insurreições e Guerrilhas
81 "A Luta Continua"
85 Chico-Rei: História Que Se Torna Lenda
87 "Abolição" de Quem?
90 O Negro Heroico
92 O Teatro Experimental do Negro
95 Autossuficiência e Cultura Pan-Africana

97 A Respeito da Ciência e Tecnologia
100 Capitalismo *Versus* Comunalismo
102 Pan-Africanistas em Ação
103 Evocação dos Ausentes, dos Silenciados e dos Aprisionados

DOCUMENTO 3:
Considerações Não Sistematizadas Sobre Arte, Religião e Cultura Afro-Brasileiras
107

110 Primeira Providência: Apagar a Memória do Africano
115 A Luta Antiga da Persistência Cultural
121 Catolicismo e Religiões Africanas
128 A Destruição das Línguas Africanas
132 Cristo Negro: Atentado à Religião Católica
134 A Imposição Cultural Etno-Ocidental
138 O Negro e os Estudos Linguísticos
141 O Negro no Desafio Nordestino e na Canção de Ninar
145 Algumas Vozes Recentes
149 O Negro no Teatro Brasileiro
155 Música e Dança
161 Artes Plásticas
169 Um Olhar Sobre a Nossa *Intelligentsia*
177 Para Finalizar

DOCUMENTO 4:
Etnia Afro-Brasileira e Política Internacional
183

190 De Como o Olho Azul do Itamaraty Não Vê, Não Enxerga o Negro

197 Os Povos Negros e os Marxistas

208 A Ação Internacional do Brasil

212 Os Votos do Brasil nas Nações Unidas

219 O Embranquecimento Compulsório Como Política Oficial

225 Antirracismo Oficial: "Humor Branco" Brasileiro

228 Tratado do Atlântico Sul: Urânio, Supremacia Branca, Anticomunismo

DOCUMENTO 5
Reflexões de um Afro-Brasiliano
237

DOCUMENTO 6
Nota Breve Sobre a Mulher Negra
255

257 Escravidão e Abuso Sexual da Mulher Africana

261 Imagem da Mulata na Literatura e no Imaginário Social

266 Alguns Antecedentes Históricos

DOCUMENTO 7
O Quilombismo
271

273 Memória: A Antiguidade do Saber Negro-Africano

278 Consciência Negra e Sentimento Quilombista

286 Quilombismo: Um Conceito Científico Histórico-Social

291 Estudos Sobre o Branco

296 ABC do Quilombismo

302 Propostas de Ação Para o Governo Brasileiro

305 Alguns Princípios e Propósitos do Quilombismo

307 Semana da Memória Afro-Brasileira

DOCUMENTO 8
Os Africanos na América Central e do Sul e no Caribe
313

322 Considerações Gerais Sobre a Causa Pan-Africanista
325 A Experiência Africana na América Central
e do Sul e no Caribe
331 A Manipulação Demográfica e a Supressão
das Populações Africanas
335 A Ilusão da Miscigenação: Escamoteando
uma Realidade Racista
340 Brasil: País Chave no Mundo Africano
346 O Pan-Africanismo e a Luta Antirracista Afro-Brasileira
351 Considerações Finais e Despedida

DOCUMENTO 9
Pronunciamento de Abertura: Plenária Brasileira Para a
III Conferência Mundial Contra o Racismo
355

DOCUMENTO 10
O Modelo Brasileiro e Latino:
Um Paradigma das Formas Contemporâneas do Racismo
365

Posfácio
[Valdecir Nascimento]
375
Notas
382
Sobre o Autor
389

O escravo que mata o senhor
pratica um legítimo ato de autodefesa.

LUÍS GAMA

À GUISA DE PREFÁCIO

Quando *O Quilombismo* teve sua primeira edição pela Vozes em 1980, o professor Abdias Nascimento já havia publicado várias obras, cujos temas versam sobre as realidades e situação da população negra no Brasil. Todas essas obras, além de denunciarem as práticas racistas no Brasil, das quais a população negra continua sendo alvo até os dias de hoje, trazem análise sociológica, antropológica, histórica e político-ideológica do racismo à brasileira, buscando caminhos para a sua superação, mediante diminuição das desigualdades raciais e criação de políticas de inclusão do negro na sociedade brasileira. *Quilombismo* vai na mesma direção: obra de reflexão crítica construída com base em ensaios produzidos pelo autor em diversos espaços-tempos e cuja unidade ou convergência ele costura no sétimo ensaio, intitulado "Quilombismo".

Esquematicamente, o livro é estruturado em torno de dez ensaios numerados, denominados pelo autor de Documentos. No primeiro ensaio, ou Documento 1, intitulado "Introdução ao livro 'Mistura ou Massacre'", o autor se debruça, entre outros, sobre a descrição e análise crítica das características do racismo à brasileira, comparando-o a outros modelos, como os desenvolvidos nos Estados Unidos e na África do Sul durante o regime do Apartheid. O autor denuncia nesse ensaio uma política de mentira, que apresenta a miscigenação como prova de democracia racial quando, na realidade, se trata de um caminho para o massacre e o genocídio do negro. Em vez de excluir pela busca da pureza de sangue, como nos Estados Unidos, o modelo brasileiro visava o extermínio físico e cultural através da miscigenação e de uma suposta mestiçagem que, na verdade, significava assimilação à cultura branca, considerada superior; uma forma de etnocídio da cultura negra.

O Documento 2 é o texto de seu discurso ao VI Congresso Pan-Africano, realizado em 1974 na Tanzânia e presidido pelo então presidente daquele país, Julius Nyerere. Único representante da América dita Latina nesse Congresso, Abdias tentou explicar, aos congressistas do mundo todo, que fazem parte do pan-africanismo todas as formas de resistência cultural do negro nas sociedades construídas pelos africanos escravizados nos países das Américas. Com base em farta documentação, o autor explica por que a opressão e a tentativa de aniquilamento físico da população negra através do embranquecimento não deram certo: porque os escravizados negros sempre se revoltaram em defesa de sua liberdade e dignidade humana. Essas revoltas engendraram a República dos Palmares e tantas outras comunidades de resistência denominadas quilombos. O autor mostra que essa luta do negro pela liberdade e dignidade continua até hoje, porque a abolição da escravatura foi apenas um ato jurídico que não se efetivou pela inclusão do negro no capitalismo nascente. Essas novas lutas implicam numa revolução cultural permanente que liga o Brasil ao continente africano e a outros países da diáspora africana na América do Sul e no mundo todo. Essa luta comum se faz por meio do Movimento Pan-Africano, ancorado no princípio "a união faz a força".

O terceiro ensaio, ou Documento 3, traz intervenções do autor quando, na qualidade de professor visitante da Universidade de Ilé-Ifé, na Nigéria, participou de seminário para o corpo docente. Aqui, o autor faz um denso exercício intelectual para mostrar que a emancipação dos negros da diáspora e do continente africano passa pelas resistências culturais das religiosidades, das artes e das línguas, das literaturas, e assim por diante. Nessa luta se inserem os projetos que Abdias protagonizou no Brasil, como o Teatro Experimental do Negro e o Museu do Negro.

No Documento 4, o autor constrói o conceito de etnia afro--brasileira, que significa a Comunidade Cultural Negra Brasileira, não de maneira isolada, mas no contexto da diáspora negra de todos os países da América do Sul. A partir do Simpósio de Lideranças Sobre a Guerra na África Meridional, promovido em Washington D.C., pelo Partido Revolucionário de Todos os Povos Africanos, de 20 a 22 de maio de 1976, ele desenvolve a ideia na sua atuação no I Congresso da Cultura Negra nas Américas, realizado em Cali, na Colômbia, de 24 a 28 de agosto de 1977 e também no Simpósio O Brasil no Limiar da Década dos 80, promovido pelo Instituto Latino-Americano de Estocolmo, na Suécia, de 1° a 4 de dezembro de 1978. O pensamento desenvolvido nesse ensaio se liga ao conceito de diáspora desenvolvido na universidade nigeriana de Ilé-Ifé e ao pensamento de Cheikh Anta Diop. Este considera a diáspora negra não como uma simples dispersão, mas sim como um amplo movimento de interconexão que aglutina todas as diásporas no Novo Mundo. Nesse ensaio, Abdias volta a mostrar o papel da escravidão no desenvolvimento do capitalismo mundial e as lutas travadas pelos africanos através do movimento pan--africano e outros para libertar a África e sua diáspora do jugo do colonialismo e do imperialismo capitalista. Aponta, em apoio de sua tese, como o Brasil República se esquivou numerosas vezes nas votações das resoluções da ONU acerca da independência das nações africanas. Aponta ainda que os equívocos sobre o racismo à brasileira não se observam somente no pensamento da elite capitalista, mas também no da elite dita de esquerda ou no pensamento marxista brasileiro.

No quinto ensaio, ou Documento 5, Abdias retoma suas reflexões sobre o racismo brasileiro a partir da publicação, em 1978, do livro da brasilianista Dorothy B. Porter, uma compilação bibliográfica muito reveladora. Segundo ele, Mrs. Porter, sem se dar conta, erigiu um terrível documento no qual traça e exibe o mapa da liquidação mental dos afro-brasileiros. O branco de origem europeia e o negro africano e seus descendentes brasileiros são retratados, respectivamente, como " valor absoluto do bem e do belo" e como "encarnação do feio e do mal". Em consequência desse quadro, podemos entender a alienação mental dos negros e seus descendentes. Aqui Abdias se aproxima de Frantz Fanon em seu clássico livro *Pele Negra, Máscaras Brancas*. Nessa linha de raciocínio, entende-se por que a ideologia racial brasileira por intermédio de sua elite pensante ou intelectual e de sua elite política, estimulou, apoiou e financiou, desde os fins do século xix, a imigração maciça de europeus com o objetivo explícito de "preservar" e desenvolver as características dominantes da ascendência europeia. Daí o suprematismo branco triunfante ancorado no mito de democracia racial que prega a crença no Brasil sem raças e sem racismo. É com base na alienação de sua origem africana que alguns afro-brasileiros destacados na academia brasileira nunca assumiram sua negritude e foram considerados ou se consideravam brancos. Foi o caso, entre outros, de Machado de Assis, Mário de Andrade, Castro Alves e Nilo Peçanha.

No Documento 6, Abdias tece algumas reflexões sobre a mulher negra no Brasil. No pensamento da ideologia dominante brasileira, a intensa mestiçagem biológica ou miscigenação foi apresentada como prova de que a escravidão no Brasil, comparativamente aos Estados Unidos, era mais humana e mais tolerante. Nos dizem que o fato de os descendentes da Península Ibérica, isto é, espanhóis e portugueses, terem tido menos resistência do que imigrantes anglo-saxões em ter relações intersexuais com escravizadas negras e indígenas explica as taxas elevadas de mestiçagem em todos os países da América dita latina. No entanto, essa intensidade da mestiçagem teria suas origens no desequilíbrio numérico entre homens brancos e mulheres brancas. Nos países de colonização e escravidão anglo-saxões, onde os homens emigravam com suas famílias, havia um certo equilíbrio entre o número de mulheres e de homens, enquanto na colonização e escravidão espanhola e portuguesa, onde os aventureiros e criminosos emigravam sem famílias, havia menos mulheres brancas europeias do que homens. Daí a necessidade desses em satisfazer seus impulsos sexuais não por relações sexuais normais, mas sim, frequentemente, pelo abuso e estupro das escravizadas negras e indígenas. É essa a origem do crescimento demográfico da população mestiça, pejorativamente chamada de "mulata", e do decréscimo da população preta. Esses abusos sexuais ou estupro das mulheres africanas constituem um crime que ocorreu ao longo de várias gerações. A forma como as chamadas "mulatas" são tratadas em algumas obras de literatura brasileira ilustra sem ambiguidade seu estatuto como resultado da prostituição sistemática da "raça" negra. A destacada intelectual negra Lélia Gonzalez sublinha os dois papéis reservados à mulher negra: "a doméstica" e "a mulata", exclamando que "o termo 'mulata' implica a forma mais sofisticada de reificação; ela é nomeada 'produto de exportação', ou seja, objeto a ser consumido pelos turistas e pelos nacionais burgueses". Não só a literatura como também as letras de várias músicas populares continuam a exortar a sexualidade e a sensualidade da "mulata" brasileira. "Negra para trabalhar, branca para casar e mulata para fornicar "é uma conhecida expressão popular desse fato.

Ao sétimo ensaio, ou Documento 7, o autor dá o título "Quilombismo", que ele descreve como "um conceito científico emergente do processo histórico-cultural das massas afro-brasileiras". Consciente de que essa definição não é suficiente, Abdias desenvolve no restante do texto os componentes históricos, culturais e político-ideológicos do conceito de quilombismo por ele cunhado. Longas, sofisticadas e especulativas explicações serão colocadas à disposição de seus leitores. Até aí não há nenhum problema, pois se trata de um ensaio baseado em sua longa experiência de militância política e do intelectual orgânico negro brasileiro mais conhecido nacional e internacionalmente. Mas a questão que se coloca é saber por que ele deu o título de *O Quilombismo* a um conjunto de dez ensaios produzidos em espaços-tempos diferentes? Se Abdias ainda fosse vivo, eu lhe faria essa pergunta, uma vez que suas reflexões não têm como objeto principal analisar e explicar as comunidades quilombolas do Brasil. Creio que, como todos os conceitos que terminam com "ismo" remetem às ideologias, filosofias e visões do mundo e da vida, os ensaios que compõem esta obra remetem à luta de resistência em defesa da liberdade e da dignidade humana que caracterizam todos os movimentos diaspóricos africanos no mundo, e que ele resume no conceito do quilombismo.

Na África, no plano intelectual e artístico e no plano político, houve uma tomada de consciência do passado africano, a reivindicação da africanidade e das independências graças ao Movimento da Negritude, que começou por volta de 1935 no meio de estudantes antilhanos e africanos em Paris. Nos Estados Unidos, era a luta para o reconhecimento da igualdade jurídica no Sul, da igualdade social no Norte, e por toda parte contra o obstáculo econômico que representava a cor da pele.

A influência desses movimentos se reflete em toda a obra de Abdias Nascimento, na qual se percebe a busca constante da construção da solidariedade com os africanos espalhados em todos os continentes.

Lendo atentamente a obra, não temos dúvida nenhuma sobre o encontro de suas ideais com as dos poetas, romancistas, etnólogos, filósofos e historiadores da negritude e do pan-africanismo, o que faz dele um cidadão da diáspora. Diria, sem exagero, que o professor Abdias era uma pessoa à frente do seu tempo, pois além de enfrentar em sua juventude uma questão tabu, o racismo à brasileira, percebe-se que já estava em debate em suas obras, há quase meio século, todo um elenco de assuntos sobre os quais a sociedade brasileira se debruça hoje e que alguns consideram novidades: discursos sobre identidade, multiculturalismo, ação afirmativa, plena participação do negro na sociedade brasileira, e assim por diante. No plano internacional, o tema da solidariedade, muito caro a todos os africanos do continente, das ilhas e da diáspora, coloca o autor ao lado de W.E.B. Du Bois, Henry Sylvester Williams, Marcus Garvey, George Padmore, Kwame Nkrumah, Ahmed Sekou Touré, Julius Nyerere, Cheikh Anta Diop, Léopold Sédar Senghor, Aimé Césaire, Patrice Émery Lumumba, e outros.

Na liderança negra, Abdias Nascimento se aproxima de Martin Luther King, pois sempre defendeu a inclusão pacífica, sem ódio e revanchismo, dos descendentes de africanos na sociedade brasileira, o que faz dele um grande pacifista cuja voz demorou demais para chegar aos ouvidos dos dirigentes brasileiros. Ele se aproxima também de Malcolm x pela sua luta na defesa da dignidade, do orgulho e da autonomia do pensamento negro.

Como intelectual, destaca-se pela denúncia e pelo protesto que correm em filigrana em toda sua obra, fazendo dele um militante incansável e incorruptível. Mais do que isso, sua obra não foi construída para projeção na carreira acadêmica, apesar de ter sido professor titular em universidades americanas e africanas. Não é uma obra contemplativa, pois além da análise e da reflexão crítica da sociedade racista brasileira, ela arrisca e aponta alternativas de ação para mudança e transformação dessa sociedade. *O Quilombismo*, como os outros livros e escritos que compõem sua obra, é um grande legado que ele deixou para a posteridade afrodescendente no Brasil e no mundo. Emprestando a palavra de Conceição Evaristo, escritora negra da atualidade, toda a obra de Abdias Nascimento é uma "escrevivência", isto é, obra escrita por um intelectual, artista, ativista e político negro que passou toda a vida na trincheira para transformar a vida da população negra no Brasil racista. Relendo este livro hoje, quase quarenta anos depois, vejo, à luz dos acontecimentos políticos e sociais contemporâneos, que *O Quilombismo* ainda é atual. Creio que a geração que está surgindo com consciência nova e efervescente possa, ao folhear esta obra, redescobrir e entender melhor o Brasil de hoje.

KABENGELE MUNANGA

Professor titular aposentado do Departamento
de Antropologia da Universidade de São Paulo

INTRODUÇÃO

Este volume vem em hora oportuna contrabalançar o peso de certa tendência a tratar o racismo como um conjunto de desigualdades raciais mensuráveis por estatísticas. As pesquisas realizadas nessa linha têm fundamental importância no sentido de dar suporte técnico à reivindicação de políticas públicas endereçadas à eliminação de tais desigualdades. Ao mesmo tempo, entretanto, tal enfoque corre o risco de contribuir para esvaziar o racismo de sua função ideológica de dominação, sua natureza e efeitos psicológicos, e seu impacto concreto e marcante como dimensão do imaginário social.

Além de estudar o supremacismo branco em seus diversos aspectos – o cultural e o simbólico interligados com o social, econômico e político –, os documentos aqui reunidos testemunham a contínua luta antirracista do negro brasileiro e sua presença dinâmica em importantes fóruns do mundo africano, revisitados na introdução do autor à primeira versão do livro em inglês (Documento 1).

Complemento indispensável é o volume *O Brasil na Mira do Pan-Africanismo*. No prefácio, o veterano escritor e ativista Carlos Moore oferece uma visão panorâmica do pan-africanismo e nela localiza a atuação de Abdias Nascimento, que enfatiza a dimensão humanista e propicia a "reintrodução do mundo simbólico na política pan-africanista". Moore identifica essa ação a partir da Carta Aberta do Teatro Experimental do Negro ao Primeiro Festival Mundial de Artes Negras em Dacar[1].

Outro marco dessa atuação está na comunicação de Abdias à 1 Conferência Mundial Contra o Racismo, em 15 de agosto de 1978, por meio de telegrama dirigido ao Secretário Geral da onu, Kurt Waldheim, em que consigna, diante daquele fórum, a denúncia do "genocídio do negro brasileiro" e afirma o seguinte: "Em meu nome e de milhões de afro-brasileiros quero expressar nossa esperança de que medidas efetivas sejam tomadas contra o crime do racismo e da discriminação racial que infelicita também a maioria do povo brasileiro constituída de negros descendentes de africanos."

Àquela época, era inédita e provocadora a insistência do autor em caracterizar a população negra no Brasil como majoritária. Mais chocante ainda era situá-la como a segunda maior população negra no mundo e realçar a dominação dessa maioria por uma elite minoritária branca, semelhante ao regime aparteísta da África do Sul. Polêmicas e contestadas, as duas comparações ganharam vulto e voz com o tempo, passando a servir de referência para organismos internacionais de pesquisa e de direitos humanos.

Assim, ao longo das décadas de 1970 e 1980, fazia-se ativa essa voz afro-brasileira que, além de dar conhecimento ao mundo africano do racismo sofrido pelos irmãos brasileiros, alargava seus parâmetros de análise.

Nesse sentido, igualmente inédita era a insistência em demonstrar que os "afro-americanos" se encontram do Canadá até a Argentina e que a América Central e do Sul fazem parte do mundo africano. Os negros dos Estados Unidos (assim como os brancos) cultivavam o hábito de referir-se à "América" como se esta consistisse apenas em seu país e não em um hemisfério inteiro; as referências do pan-africanismo se limitavam aos Estados Unidos e ao Caribe de fala inglesa e francesa. Além disso, porém, a posição marginal da América de fala espanhola e portuguesa no contexto do pan-africanismo tem raízes na especificidade do racismo ibérico, tema elaborado de forma didática no discurso dirigido pelo autor aos africanos reunidos em eventos mundiais.

No mais recente destes (Documento 10), ele sugere o padrão latino como novo paradigma mundial de racismo.

Nessa linha didática, Abdias oferecia aos irmãos de fala inglesa, francesa e árabe informações sobre a história da resistência ancestral na região. Figuras como Zumbi, Chico-Rei, João Cândido, os quilombos brasileiros, as revoltas dos Alfaiates e dos Malês – bem como Benko Bioho, Capitão Lemba, Diego Guzmán, Miguel, o Africano, o rei Bayano e os *cumbes, cimarrones* e *palenques* da Venezuela, México, Colômbia e Cuba –, todos largamente desconhecidos fora da região, surgiam nos seus discursos como exemplos insuspeitos de resistência pan-africanista.

Na continuação dessa tradição, temos a criação da Aliança Estratégica Afrolatinoamericana e Caribenha e o sucesso da organização da sociedade civil da região para a Reunião Preparatória das Américas (Santiago, 2000) e para a própria 3ª Conferência Mundial Contra o Racismo (Durban, 2001).

Novidade ainda controversa na década dos anos 1970 era a utilização dos termos "afro-brasileiros" e "descendentes de africanos" para acentuar a união da comunidade e desautorizar as divisões hierárquicas impostas pelo critério epidérmico de classificação social que prevalece na região. Abdias empenhava-se no objetivo de superar a identificação pela cor da pele, já que a negritude se revela uma referência muito mais profunda envolvendo ancestralidade e civilização. Tratava-se de um desafio aos postulados ideológicos então vigentes tanto à direita como à esquerda. Efetivamente, ambos os lados acusavam o autor de importar ou copiar o parâmetro de origem norte-americano, bipolar, assim cometendo uma espécie de traição à Pátria, identificada de forma dogmática com o modelo da hierarquia de cor.

Atualmente, a noção de "afrodescendentes" se estabelece como consenso, numa consequência lógica dessa mesma razão crítica. Tal consenso se consolida, no processo da III Conferência Mundial

Contra o Racismo, com a criação dos fóruns de discussão (*caucus*) de afrodescendentes e de mulheres afrodescendentes, bases para a formação de redes mundiais antirracistas.

Polêmico mesmo era o posicionamento independente do autor diante do embate entre direita e esquerda. Hoje talvez o assunto seja pouco mobilizador, mas a ênfase que recebe nestes ensaios corresponde a seu peso, então fundamental, na condução da teoria e ação política. Numa época em que todos os atores sociais se posicionavam à direita ou à esquerda, Abdias Nascimento rechaçava as duas posturas e se opunha aos "reacionários de qualquer coloração ideológica". Para ele, a perspectiva e a experiência do afrodescendente alvo do racismo prevaleciam sobre os dois polos políticos ocidentais, ambos os quais, ao longo da história pan-africana, ora se aliavam ao negro e ao africano, ora os hostilizavam, de acordo com interesses inteiramente alheios aos seus. Trata-se de um fato vivido por ele de forma concreta no decorrer da luta contra o racismo no Brasil desde a década de 1930 e confirmado na experiência de colegas de luta no exterior como George Padmore, C.L.R. James ou Nicomedes Santa Cruz.

A crítica à pomposa afirmação do "socialismo científico universal" por parte de governos e correntes esquerdistas de "linha correta" exemplifica essa postura independente. Apontando o etnocentrismo que permeia a razão ocidental, Abdias toma o rumo de princípios fundamentais ao pós-modernismo:

> Como poderiam as ciências humanas [...] nascidas, cultivadas e definidas por e para povos e contextos socioeconômicos diferentes, prestar útil e eficaz colaboração ao conhecimento do negro, sua realidade existencial, seus problemas e aspirações e projetos? Seria a ciência social elaborada na Europa ou nos Estados Unidos tão universal em sua aplicação? Os povos negros conhecem na própria carne a falaciosidade do universalismo e da isenção dessa "ciência".

Assim, ele apresenta o quilombismo, proposta de síntese do saber ancestral africano, como conceito científico com direito ao mesmo prestígio e credibilidade investidos na ciência ocidental do socialismo. Se o método científico europeu constitui um saber de origem tão específica quanto o conhecimento africano, a pretensão ao universalismo é igualmente legítima tanto para um como para o outro. Essa independência ideológica custou-lhe o apoio e a compreensão de parcelas significativas da intelectualidade brasileira e da militância negra, alinhadas à esquerda em razão de sua formação na resistência aos regimes autoritários de direita. Houve quem assumisse uma postura de radical patrulha ideológica e se opusesse até ao lançamento do livro. Mas a posição solitária de Abdias antecipava de longe a conjuntura atual em que, derrubado o muro de Berlim e passadas as etapas de *glasnost* e *perestroika*, surgem os conflitos étnico-culturais como os grandes divisores de águas e da humanidade.

Como os conjuntos de políticas públicas articulados e encaminhados ao governo pelo movimento negro em dois momentos posteriores – a Marcha Zumbi dos Palmares de 1995 e o processo da III Conferência –, o quilombismo é também herdeiro de um movimento social que, já em 1945, apresentava suas propostas à Assembleia Constituinte encarregada de redemocratizar o país[2].

A singularidade de *O Quilombismo* está no fato de apresentar uma proposta sócio-política para o Brasil, elaborada desde o ponto de vista da população afrodescendente. Num momento em que não se falava ainda em ações afirmativas ou compensatórias, nem se cogitava políticas públicas voltadas à população negra, o autor deste livro propunha a coletividade afro-brasileira como ator e autor de um elenco de ações e de uma proposta de organização nacional para o Brasil. Assim, sustentava e concretizava a afirmação de que a questão racial é eminentemente uma questão nacional.

O quilombismo antecipa conceitos atuais como multiculturalismo, cujo conteúdo está previsto nos princípios de "igualitarismo democrático [...] compreendido no tocante a sexo, sociedade, religião, política, justiça, educação, cultura, condição racial, situação econômica, enfim, todas as expressões da vida em sociedade"; "igual tratamento de respeito e de garantias de culto" para todas as religiões; ensino da história da África, das culturas, civilizações e artes africanas nas escolas. O ambientalismo também se faz presente, no princípio que "favorece todas as formas de melhoramento ambiental que possam assegurar uma vida saudável para as crianças, as mulheres, os homens, os animais, as criaturas do mar, as plantas, as selvas, as pedras e todas as manifestações da natureza". A propriedade coletiva da terra, o direito ao trabalho digno e remunerado, a prioridade para a criança e a possibilidade da "transformação das relações de produção, e da sociedade de modo geral, por meios não violentos e democráticos" estão entre os princípios humanistas do quilombismo.

O texto antecipa, também, a mais recente inovação na abordagem das relações raciais, que parte do aspecto relacional sugerido pela óptica de gênero. A categoria "gênero" implica *relação entre homem e mulher*, assim deslocando o foco da tradicional "questão da mulher". Da mesma forma, para compreender a questão racial é preciso focalizar tanto o privilégio desfrutado pelo branco como as desvantagens sofridas por negros. Já na década dos 1940 e 1950, Abdias e outros intelectuais negros, entre eles o sociólogo Guerreiro Ramos e o advogado Aguinaldo Camargo, vinham criticando o enfoque tradicional brasileiro sobre "o problema do negro". Atribuem ao escritor Fernando Góes a sugestão, feita numa atitude de fina ironia, de se realizar um Congresso dos negros para estudar o branco. Essa sugestão e suas implicações são retomadas, e dotadas de semelhante carga de ironia crítica, no texto de *O Quilombismo*. Trata-se de mais uma afirmação do racismo como fenômeno relacional mais amplo, profundo e complexo que aquele denotado pela constatação das chamadas "desigualdades raciais".

Nesta obra, merecem um capítulo à parte, além de serem focalizadas em todos os textos, as peripécias específicas da mulher negra, que envolvem aspectos múltiplos e complementares. A questão racial e a de gênero se tecem juntas numa teia que hoje se denomina "interseccionalidade", conceito de certa maneira antecipado no conjunto das obras do autor ao integrar a mulher negra como prioridade temática de sua análise. Mais de uma década antes de instituir-se a reserva de vagas para mulheres nas listas de candidaturas a cargos políticos, constava entre os princípios do quilombismo o seguinte:

> Em todos os órgãos do Poder do Estado Quilombista – Legislativo, Executivo e Judiciário –, a metade dos cargos de confiança, dos cargos eletivos, ou dos cargos por nomeação deverão, por imperativo constitucional, ser ocupados por mulheres. O mesmo se aplica a todo e qualquer setor ou instituição de serviço público.[3]

O conjunto de textos deste volume vem contribuir para o registro histórico de aspectos pouco divulgados do pan-africanismo, um dos mais importantes fenômenos do século XX. Demonstra também uma continuidade e coerência com assuntos eminentemente contemporâneos, pois reconhecemos nestes ensaios, em particular no "ABC" e em "Alguns Princípios e Propósitos do Quilombismo", a formulação de ideias e polêmicas ainda hoje emergentes.

A atualidade de *O Quilombismo* não se esgota nos temas que apontamos. Creio que cada leitor irá vislumbrar, para além dessas questões, outras talvez mais interessantes.

Rio de Janeiro, outubro de 2001.

ELISA LARKIN NASCIMENTO

Doutora em Psicologia pela USP e mestre em Direito e em Ciências Sociais pela Universidade do Estado de Nova York, diretora do Ipeafro-Instituto de Pesquisas e Estudos Afro-Brasileiros

Bibliografia

MOORE, Carlos. Abdias do Nascimento e o Surgimento de um Pan-Africanismo Contemporâneo Global. In: NASCIMENTO, Abdias do. *O Brasil na Mira do Pan-Africanismo*. Salvador: CEAO/EDUFBA, 2002.

NASCIMENTO, Abdias do. *O Brasil na Mira do Pan-Africanismo*. Salvador: CEAO/EDUFBA, 2002.

_____. *O Negro Revoltado*. 2. ed. Rio de Janeiro: Nova Fronteira, 1982. [1. ed. Rio de Janeiro: GRD, 1968].

_____. Carta Aberta a Dacar. *Tempo Brasileiro*, v. 4, n. 9/10, 2º trimestre, 1966. [*Diário do Congresso Nacional*, suplemento, 20 abr., p. 15-17, lida na Câmara dos Deputados pelo então deputado Hamilton Nogueira.] In: NASCIMENTO, Abdias do. *O Brasil na Mira do Pan-Africanismo*. Salvador: CEAO/EDUFBA, 2002.

DOCUMENTO 1

Introdução ao Livro "Mistura ou Massacre? Ensaios Desde Dentro do Genocídio de um Povo Negro"[1]

*a luta pela libertação é,
antes de tudo, um ato cultural.*

AMÍLCAR CABRAL,
"La Cultura, Fundamento del Movimiento de Liberación"

Várias razões me fizeram hesitar antes de decidir publicar em inglês a coletânea destes estudos, escritos em situações diferentes, com diferentes intenções e destinos, em tempo e espaço. Reunidos para formar um corpo único, poderiam carecer de unidade formal e expositiva. O fator básico da minha dúvida articulava-se na pergunta: qual a utilidade de um livro como este? Uma coerência fundamental entrelaçava os ensaios entre si: o objetivo comum de revelar a experiência dos africanos no Brasil e de relacionar essa experiência aos esforços das mulheres e dos homens negro-africanos de qualquer parte do mundo no sentido de reconquistar sua liberdade e dignidade humana, assumindo, por esse meio, o protagonismo de sua própria história.

Considerei o alcance da real contribuição de um livro como este ao conhecimento recíproco na trajetória histórica dos afro-brasileiros e de seus irmãos do mundo africano. Nessa espécie de balanço, pesou a clamorosa ausência de informação sobre o negro brasileiro, tanto aqui nos Estados Unidos como, sem exceção, entre os africanos de idioma inglês. É verdade que alguns estudiosos norte-americanos, quase todos brancos, têm publicado trabalhos em que focalizam o negro no Brasil; o mesmo pode ser dito de uns quantos brasileiros, literatos ou cientistas sociais, também brancos. Quando, porém, o negro do meu país alguma vez já transmitiu para os leitores de fala inglesa, diretamente, sem intermediários ou intérpretes, a versão afro-brasileira da nossa história, das nossas vicissitudes cotidianas, do nosso esforço criador, ou das nossas permanentes batalhas econômicas, sociopolíticas e culturais? Que eu saiba, nenhum afro-brasileiro jamais publicou um livro com tais finalidades em inglês. Inversamente do que ocorre no Brasil, onde vários livros afro-norte-americanos têm sido publicados em tradução portuguesa. De memória posso lembrar, por exemplo, a *Autobiografia* de Booker T. Washington, que li ansioso, lá pela década de 1930. Também de há muito tempo me vem à lembrança o comovente *Imenso Mar*, do poeta Langston Hughes, com quem mais tarde eu trocaria esparsa e fraterna correspondência. Outra leitura inesquecível foi *Filho Nativo*, de Richard Wright, e *Negrinho*, parte de sua autobiografia. Recordo ainda *A Rua*, de Ann Petry, e, mais recentemente, *Giovanni, Numa Terra Estranha* e *Da Próxima Vez, o Fogo*, todos de James Baldwin, *O Povo do Blues*, de Le Roy Jones, *Alma Encarcerada*, de Eldridge Cleaver. Estou quase certo de que também *O Homem Invisível,* de Ralph Ellison, tenha sido publicado no Brasil, livro que li em tradução ao espanhol. Mas certamente a última dessas obras negro-norte-americanas editadas no Brasil terá sido *Raízes Negras*, de Alex Haley.

Obviamente, não estou citando todos os livros e autores publicados, ou por ignorância ou por falha de memória. No entanto, o que importa é assinalar que o livro e o escritor negro-brasileiro não existem aqui nos Estados Unidos; melhor dito, não apenas aqui – em nosso próprio país, o escritor afro-brasileiro é um ser quase inexistente, já que umas raras exceções só confirmam a regra. Os motivos? A resposta é simples: devido ao racismo. Um racismo de tipo muito especial, exclusiva criação luso-brasileira: difuso, evasivo, camuflado, assimétrico, mascarado, porém tão implacável e persistente que está liquidando os homens e mulheres de ascendência africana que conseguiram sobreviver ao massacre praticado no Brasil. Com efeito, essa destruição coletiva tem conseguido se ocultar da observação mundial pelo disfarce de uma ideologia de utopia racial denominada "democracia racial", cuja técnica e estratégia têm conseguido, em parte, confundir o povo afro-brasileiro, dopando-o, entorpecendo-o interiormente; tal ideologia resulta para o negro num estado de frustração, pois que lhe barra qualquer possibilidade de autoafirmação com integridade, identidade e orgulho. Mesmo observadores treinados às vezes não escapam da armadilha da "democracia racial". A informação distorcida, assim como a manipulação de fatos e dados concretos, na forma perpetrada e perpetuada no Brasil, tem resultado em deplorável lesão que prejudica o conhecimento e o estudo da realidade afro-brasileira. A ponto de até um historiador competente e autorizado como é o caso de John Henrik Clarke ter chegado a afirmar por duas vezes que

> Na América do Sul e no Caribe, os senhores de escravos não proibiam o tambor africano, as ornamentações africanas, as religiões africanas, ou outras coisas estimadas que os africanos se lembravam do seu antigo caminho da vida. Nas áreas portuguesas, no Caribe e frequentemente na América do Sul, os fazendeiros compravam um navio cheio ou meio navio de escravos. Esses escravos geralmente vinham das mesmas áreas da África e, naturalmente, falavam a mesma língua e tinham a mesma cultura básica. As famílias, no geral, eram mantidas juntas.[2]

No decorrer da leitura destas páginas se verá que o oposto corresponde melhor à verdade histórica. A expressão cultural africana, especialmente a religião, tem sido posta à margem da lei, não só durante os tempos coloniais: mesmo nos dias presentes, as religiões de origem africana sofrem toda sorte de restrições, ofensas, perseguições e importunações.

A história do Brasil é uma versão concebida pelos brancos e para os brancos, exatamente como toda sua estrutura econômica, sociocultural, política e militar tem sido usurpada da maioria da população para o benefício exclusivo de uma elite minoritária brancoide, presumidamente de origem europeia. Temos de considerar que a informação disponível nos Estados Unidos e, aliás, em quase todo o mundo, conduz a esse tipo de confusão. Citarei rapidamente, para ilustrar, *Os Negros no Brasil*, de Donald Pierson, e *Casa Grande e Senzala*, de Gilberto Freyre. Ambos fornecem uma visão suave, açucarada, das relações entre negros e brancos no país. Referente ao Caribe, quero evocar o Segundo Festival Mundial de Arte e Cultura Negras, em Lagos, 1977, quando os executantes da *steel-band*[3], salvo engano, procedentes de Trinidad e Tobago, em sua introdução ao público do teatro em que se apresentavam, afirmaram que sua orquestra, a mais original criação da música do Caribe negro, tivera origem na proibição, nos tempos coloniais, de os africanos tocarem seus tambores e outros instrumentos trazidos da África. A partir dessa proibição, os africanos passaram a batucar sobre qualquer lata vazia, caneco ou vasilhame inútil que podiam encontrar, a fim de não se submeterem ou deixar sucumbir sua música, incriminada como atividade delituosa.

A falsa imagem de uma escravidão humanizada, benemérita, com certa "liberdade", tem sido atribuída não só ao Brasil como a toda América Latina. E isso ocorre sob a justificação frequente da mistura de sangue, de raças, como se idêntica miscigenação não tivesse ocorrido na própria escravidão norte-americana. A mistura biológica e de culturas entre os povos provindos da África e da Europa aconteceu em todos os países do Novo Mundo onde houve escravidão. Assim, a tenacidade cultural dos africanos no Brasil e em outras partes da América do Sul não pode razoavelmente ser atribuída a uma suposta benevolência dos euro-latinos, nem ao caráter e cultura dos mesmos. Estes não foram menos racistas nem menos cruéis do que sua contrapartida anglo-saxônica. Da mesma forma que nos Estados Unidos, também na América Central ou do Sul, e no Brasil, não permitiam aos africanos a prática livre de seus costumes e tradições. Estes sim é que forçaram os brancos a sucumbirem ao fato irreversível de sua integridade cultural por meio de sua inventividade e perseverança. E, naturalmente, foram auxiliados por determinadas circunstâncias históricas que diferenciavam América Central e do Sul da América do Norte, tais como o baixo preço do escravo que permitia ao Brasil enormes concentrações de africanos, tudo facilitado pela proximidade entre as costas brasileiras e africanas. Contava ainda, naquelas diferenças, as estratégias de dividir os africanos por meio de estímulos às inimizades tribais, além de outros expedientes empregados, específicos de cada país opressor, os quais variavam segundo necessidades locais, condições de vida rural ou urbana, e assim por diante.

A luta comum dos povos negros e africanos requer o conhecimento mútuo e uma compreensão recíproca que nos têm sido negados, além de outros motivos, pelas diferentes línguas que o colonizador impôs sobre nós através do monopólio dos meios de comunicação e do seu controle exclusivo dos recursos econômicos, das instituições educativas e culturais. Tudo isso tem permanecido a serviço da manutenção da supremacia racial branca. A publicação deste livro teria como alvo fender esse bloqueio que nos isola, contribuindo, ainda que limitadamente, para iluminar e compreender o processo e as diversas estratégias utilizadas pelas forças que nos exploram, oprimem e alienam. Para o restabelecimento da integridade de nossa família – a família africana, no continente e fora dele –, é imprescindível o reforço dos nossos vínculos ideológicos e culturais como condição prévia de nosso sucesso. Estamos conscientes de que nossa luta transcende os limites dos nossos respectivos países: o sofrimento da criança, da mulher e do homem negros é um fenômeno internacional. O presidente da Tanzânia, Julius Nyerere, colocou a questão em seus devidos termos quando disse: "os homens e as mulheres da África, e de ascendência africana, têm tido uma coisa em comum – uma experiência de discriminação e humilhação imposta sobre eles por causa de sua origem africana. Sua cor foi transformada tanto na marca como na causa de sua pobreza, sua humilhação e sua opressão"[4].

Um rígido monopólio do poder permanece, no Brasil, nas mãos da camada "branca" minoritária, desde os tempos coloniais até os dias de hoje, como se fosse um fenômeno de ordem "natural" ou de um perene direito "democrático". O mito da "democracia racial" está fundado sobre tais premissas dogmáticas. Daí resulta o fato surpreendente de todas as mudanças socioeconômicas e políticas verificadas no país, desde 1500 a 1978, não terem exercido a menor influência na estrutura de supremacia racial branca, que continua impávida – intocada e inalterável. O fator da condição racial permanece, de forma irredutível, como fundamental contradição dentro da sociedade brasileira.

A concentração racial da renda e do poder exclusivamente em mãos dos brancos foi e continua sendo um privilégio considerado "justo" e "necessário" pelas classes dominantes e também pela elite cultural – a *intelligentsia* brasileira[5]. Também no Brasil prevalece o fato apontado pelo doutor Molefi K. Asante em relação aos Estados Unidos, de que "raça é uma fundamental categoria de classe"[6].

Entretanto, há teóricos como Carl N. Degler, cientista social branco e norte-americano, que adotam o "argumento de que as barreiras enfrentadas pelos negros no Brasil são de caráter socioeconômico e não racial"[7]. Opiniões dessa natureza são desmentidas pelos fatos da realidade concreta. Na mesma reportagem, verifica-se que mesmo nas relações entre as populações famintas e miseráveis do nordeste do país o fator racial prevalece, conforme demonstra outro cientista social, Carlos Alfredo Hasenbalg, em *Discriminação e Desigualdades Raciais no Brasil*. Depois de informar que 80% da população negra vive em zonas rurais, ele afirma que a discriminação e a desigualdade se mantêm de forma mais acentuada nas regiões mais pobres, onde a população negra é majoritária.

No texto deste volume focalizarei esse problema desde vários ângulos, incluindo no último capítulo uma perspectiva das relações entre os marxistas brasileiros e os esforços da libertação desenvolvidos pela gente negra. Esse aspecto da luta tem desempenhado importante papel também no movimento dos negros estadunidenses, segundo observa o doutor Ronald Walters:

> Talvez a mais perigosa lição da década de 1930 seja a da cooptação branca das organizações e dos indivíduos negros e seus objetivos. Simplesmente não se termina uma leitura de *The Crisis of the Negro Intellectual* de Harold Cruse, ou o final de *Pan-Africanism or Communism* de George Padmore, ou *Race e Radicalism* de Wilson Record, sem uma esmagadora compreensão da traição e exploração da comunidade negra pela esquerda branca.[8]

No tocante a mim, cheguei também a idênticas conclusões não como resultado de educação acadêmica ou pela leitura de livros, mas caminhando os trilhos da realidade da comunidade negra no Brasil. Tempos atrás, durante minha infância e adolescência, comecei a testemunhar o fenômeno que vem ocorrendo desde os fins do século XIX: a invasão do país por levas e levas de trabalhadores brancos vindos da Europa, com apoio de seus governos de origem e com ajuda financeira e outras facilidades dispensadas pelos governos do Brasil. Ao passo que isso acontecia, a enorme força de trabalho negra era rejeitada, ontem assim como hoje, por aqueles que incorporam o "sistema econômico". O "sistema" diretamente, e os imigrantes indiretamente, excluíram o negro, de maneira insensível e cruel, de qualquer oportunidade significativa de trabalho. Ambos, tanto o chamado "sistema de produção" quanto o proletariado imigrante, se beneficiaram e cresceram por mercê da espoliação e do despojamento total do descendente africano.

Evocando minha infância distante, posso vislumbrar a imagem do meu pai, frequentemente angustiado, sofrido, tentando obter um precário e mal pago trabalho em alguma fábrica de calçados; mas também consigo rever embaçada na distância sua figura maltratada pela vida e assim mesmo tão elegante e distinta, evadindo da dor cotidiana através da música. Compreendia aquela sua tristeza cheia de resignação, fustigado que era pelas pressões inexoráveis, que se canalizava para a fuga do violão. E ao findar das tardes melancólicas, pela boca da noite, lá ia meu pai tocar violão para algum filme do cinema mudo da época, ou integrar o grupo fiel dos choros, valsinhas e serestas da madrugada. Meu pai sapateiro, minha mãe cresce, avulta na lembrança, como a doceira da cidade; costurava também, e quando nascia um novo irmão, minha mãe se transformava em ama-de-leite de filhos de plantadores de café. Foi assim que conheci de perto os grandes cafezais e os imigrantes que lá trabalhavam o "ouro negro". Éramos seis irmãos e uma irmã – uma família negra e pobre; desde a infância, os pés descalços, tentávamos contribuir, eu e o irmão mais velho, para a magra economia da casa. Ele, aprendiz de alfaiate; eu, entregando leite e carne às portas das casas burguesas da cidade, isso bem cedinho, antes de começar as aulas do grupo escolar às oito da manhã. Ganhava alguns tostões nessas tarefas e outros tantos no período da tarde, limpando o consultório de um médico ou lavando vidros vazios e entregando remédios para a freguesia de uma farmácia.

Pelas manhãs, normalmente minha mãe percorria a residência dos seus fregueses de doces, fazendo entrega de encomendas, recebendo dívidas. Os doces em geral eram feitos à noite, quando minha mãe mexia com a colher de pau de cabo longo os enormes tachos de marmelada ou goiabada, às vezes substituídas pela geleia de mocotó. A polpa do marmelo e da goiaba formava com o açúcar uma pasta fervente, avermelhada e cheirosa que de instante a instante explodia em bolhas ígneas nos braços roliços e brilhantes de minha mãe. Vezes sem conta acompanhei minha mãe durante aquelas noites docemente afanosas; enquanto o luar, no quintal, derramava sua palidez sobre as laranjeiras em flor, no fogão a lenha crepitava nas labaredas. Naquela luz de fogo eu gostava de contemplar o rosto redondo e sereno de minha mãe. Convivia intimamente com ela nessas noites, recebendo as lições diretas e exemplares da sua energia, da sua bondade, da sua esperança e da sua compaixão. Minha mãe herdara a antiga sabedoria africana da paciência e do uso das ervas; podia-se vê-la sempre envolvida na preparação de remédios para alguma pessoa da família ou da vizinhança. Certa vez presenciei minha mãe tomar a defesa de um garoto negro e órfão, colega meu de grupo e chamado Felisbino, a quem uma nossa vizinha branca surrava sem piedade. Minha mãe, invariavelmente tão tranquila, entrou em luta corporal e arrancou Felisbino das mãos da vizinha. Essa cena, perdida nas dobras da longínqua infância, lá na pequena Franca natal, oeste do estado de São Paulo, emerge e cresce como minha primeira lição de solidariedade racial e de luta pan-africana. Naquele recuado e distante espaço de tempo, testemunhei vários exemplos concretos que me abriram os olhos, ilustrando para mim a dificuldade de ser negro, mesmo num país de maioria que descende de africanos.

Com antecedentes dessa qualidade, aliados à minha experiência biográfica, e ainda acrescidos com o meu testemunho da existência levada pelo povo afro-brasileiro, não tenho base nem razões para aceitar a versão mitigada, rosificada da escravidão no Brasil. E sem qualquer propósito de elevar à glorificação a ideia do autossacrifício, considero indispensável evocar sempre, lembrar de forma contínua, o processo de massacre coletivo dos negros que ainda se encontra em plena vigência.

Nós, os negros, temos sido obrigados a esquecer durante muito tempo nossa história e nossa condição. Por que ficarmos quietos, silenciosos e perdoarmos ou esquecermos o holocausto de milhões sem conta – cem, duzentos, trezentos milhões – de africanos (homens, mulheres, crianças) friamente assassinados, torturados, estuprados e raptados por criminosos europeus durante a escravidão e depois dela? Ou será que não devemos clamar nem reclamar, já que para os europeus a escravidão constituiu o "passo necessário" à fundação e desenvolvimento do capitalismo, sendo este uma etapa obrigatória rumo ao "paraíso" socialista? Podemos ler as páginas da história da humanidade abertas diante de nós, e a lição fundamental que nos transmitem é de uma enorme fraude teórica e ideológica articulada para permitir que a supremacia euro-norte-americana pudesse consumar sua imposição sobre nós;

e seu ditame econômico, sociocultural, ideológico e político nos modelasse qual uma camisa de força inevitável.

Sob a lógica desse processo, os negros do Brasil só têm uma opção: desaparecer. Seja aniquilados pela força compulsória da miscigenação e da assimilação, ou através da ação direta da morte pura e simples. É assombroso comprovar que uma dinâmica fatal de erradicação vem ceifando vidas negras, ininterruptamente, há quatro séculos. E que, apesar dessa espada sinistra suspensa sobre sua cabeça, o negro jamais desfaleceu, nunca perdeu a esperança e a energia, sempre esteve alerta à menor chance de recapturar os fios rompidos de sua própria história: começar e recomeçar o esforço de dignificar seu ser, enriquecer sua cultura original, elevando-a a um nível de verdadeira instituição nacional. Nesse contexto, sobressai a plena consciência do negro de que somente poderá ter um futuro quando houver a transformação de toda a estrutura do país, em todos seus níveis: na economia, na sociedade, na cultura, na política. O povo afro-brasileiro também sabe que sua participação em todos os degraus do poder é um imperativo de sua sobrevivência coletiva – como um povo, uma nação. De nossa perspectiva, no que se refere a certos objetivos, a luta do negro brasileiro difere da luta de seus irmãos afro-norte-americanos. Aqui nos Estados Unidos ele é uma minoria rodeada pela sociedade majoritária branca racista. No Brasil, debaixo de variadas gradações de cor epidérmica, somamos a maioria absoluta do povo brasileiro. Se abandonarmos os estilos de raciocínio inerentes a cada um dos grupos dominantes, iremos verificar que o Brasil pratica na América do Sul uma política racial de conteúdo e consequência racista – discriminatória e segregacionista – baseada no exclusivismo branco-minoritário, exatamente nos moldes daquela praticada pelos *aparteístas* da União Sul-Africana.

Não temos, no Brasil, de enfrentar o problema da terra, que surge como questão básica na luta do negro nos Estados Unidos. Semelhante à situação dos irmãos negros da União Sul-Africana, nossa tarefa é tomar posse e controle daquilo que nos pertence, ou seja, do país que edificamos; e isso deverá ser realizado em fraterna igualdade e comunhão com os poucos índios brasileiros que sobreviveram a idêntico massacre e espoliação racista sofridos pelos africanos. Não esqueçamos que enquanto os jesuítas tentavam domesticar e aculturar os indígenas que, em seguida, foram sistematicamente dizimados, os africanos e seus descendentes construíam as fundações socioeconômicas do país. Construíamos, enquanto a escória portuguesa que para aqui veio "colonizar, civilizar, cristianizar" torturava africanos, assassinava índios, estuprava negras e índias no fundo das redes, caçava com armas de fogo aqueles africanos sublevados nos quilombos. São tempos passados e presentes, duramente sustentados por agentes econômicos subjugados e produtivos.

Uma possível tomada do poder pelos negros foi sempre um pesadelo perturbando o sono tranquilo das classes dominantes e governantes do país durante todo o decorrer de nossa história. Por isso tornou-se um aspecto básico na concepção de uma técnica e de uma estratégia para o esmagamento e desaparecimento completo do negro do mapa demográfico. É óbvio que não existem leis nem testemunhos escritos estabelecendo as linhas de uma tal política, mas existe uma documentação nítida, definitiva e irrefutável desde o início de 1800 até a metade do século XX que já tivemos oportunidade de examinar e expor na obra *"Racial Democracy" in Brazil, Myth or Reality?* Aliás, os interesses que a fundamentam são tão profundos que se tornaram parte do inconsciente da elite e da classe dominante, atuando negativamente nas oportunidades de trabalho, de moradia e de educação – torna-se imperioso considerar a política imigratória do Brasil, concebida sob o explícito propósito de embranquecer a população como uma prática metódica de privar os africanos e seus descendentes dos meios de sobrevivência. O historiador Clóvis Moura, nos recorda que "Entraram mais imigrantes italianos nos 30 anos depois da Lei Áurea do que escravos que foram beneficiados com a libertação. Com a Lei Áurea, a marginalização do negro estava instituída."[9]

Nessa onda imigratória participavam também espanhóis, alemães, judeus, sírios, portugueses, poloneses, libaneses e outros; por último vieram os japoneses e os racistas brancos expulsos do antigo Congo belga (Zaire), de Angola e Moçambique, seguidos dos fascistas que sobraram da queda do salazarismo em Portugal. Aí temos o proletariado artificial introduzido no país para deslocar os negros do mercado de trabalho "livre"; ou, em outras palavras, um episódio cru e simples na história da espoliação do africano e seu descendente, sumariamente *excluído*, violentamente *expulso* da classe trabalhadora. Todos os velhos barões latifundiários da cana-de-açúcar, do algodão ou do café ou da borracha, os grandes comerciantes, os proprietários de terras improdutivas, os industriais e os banqueiros – toda a aristocracia rural e empresariado urbano –, todos foram e são de origem europeia, quer sejam da cepa colonial portuguesa, quer provenham da cepa mais recente de imigração. E enquanto os negros permanecem na base da escada social, durante quatro séculos, os imigrantes brancos que chegaram ao país em algumas décadas, ou, por assim dizer, há alguns dias, ascendem rapidamente a escala social e de todos os poderes, seja o econômico, o político ou o cultural. Essa vertiginosa mobilidade da sociedade brasileira não toca nem a pele negra da população majoritária.

Para que se necessitaria de uma legislação escrita, quando da prática social, da rotina existencial das camadas dominantes, resultou uma espécie de lei consuetudinária que de forma sutil passou a integrar o elenco dos instrumentos básicos da política do país? O exemplo de confrontação racial nos Estados Unidos aconselhou às nossas classes dirigentes um outro caminho; em lugar de um choque frontal entre pretos e brancos, a solução brasileira seria negar a existência do problema, negar, e sempre negar, que no Brasil existisse qualquer tipo de questão ou problema de preconceito e discriminação raciais. Isso a despeito das incontáveis denúncias da imprensa, das várias pesquisas da ciência social, dos livros publicados, dos depoimentos e das reivindicações coletivas dos afro-brasileiros, afirmando, provando o contrário. A classe dominante no Brasil procede como uma antecipação dos ensinamentos de Goebbels, o famoso ideólogo do Terceiro Reich, de que a mentira, sustentada insistente e reiteradamente, é capaz de criar uma nova verdade; em contrapartida, a verdade passa a ser a mentira verdadeira. O Brasil oficial despendeu grande esforço tentando criar a ficção histórica segundo a qual o país representa o único paraíso da harmonia racial sobre a terra, o modelo a ser imitado pelo mundo. Não levou em conta a precariedade, a longo prazo histórico, do alcance eficaz da mentira realidade ou da realidade mentirosa que o próprio Goebbels tão bem exemplifica. Com a queda do colonialismo na África e o levante antirracista dos negros no Brasil, se desintegra a parafernália de artifício, de subterfúgio, de hipocrisia, montada para ocultar o crime que se pratica contra a população negra.

Entre os mecanismos executores do linchamento social do afro-brasileiro, o supremacismo branco maneja várias ferramentas de controle social do povo negro, inclusive uma constante lavagem cerebral visando entorpecer ou castrar sua capacidade de raciocínio. Essa tarefa quase não encontra obstáculos à sua frente, devido à manutenção da população afro-brasileira em situação de permanente penúria, fome, degradação física e moral. Florestan Fernandes toca fundo no assunto do "complexo", alertando-nos para essa "formação psicodinâmica e sóciodinâmica reativa, por meio da qual o branco invade a personalidade profunda do negro e debilita seu equilíbrio psíquico, o seu caráter e a sua vontade"[10].

Uma manifestação desse fenômeno do "complexo" pode ser observada em São Paulo, no coração do centro industrial do país. Lá se encontram as taxas mais altas de desemprego e de suicídio entre os negros. O maior número de desequilibrados mentais está dentro da comunidade negra; entre os que cometem a delinquência ou o crime de natureza socioeconômica (furto, prostituição, roubo) uma alta porcentagem é de negros. Nas taxas de mortalidade infantil, crianças abandonadas, delinquência infantil, os negros figuram em número desproporcional à sua participação na população geral. Diante de uma realidade tão chocante, como poderemos esquecer ou perdoar?

No Brasil, a minoria branca dominante jamais hesitou em demonstrar e praticar de forma ativa a sua leal solidariedade à Europa, sua origem étnica, cultural e política e militar. Seus laços com Portugal depois da independência do país, tendo graves implicações com o sangrento regime colonialista de Salazar, testificam enfaticamente a permanência desse conluio que tem mais de subserviência e colonização mental do que propriamente de honesta e digna lealdade. No Documento 4 iremos examinar algumas amostras daquela solidariedade entre "brancos" d'aquém e d'além mar. Em momento algum a autodenominada "consciência nacional" brasileira questionou de forma séria o comportamento dessa classe dirigente, seus espúrios compromissos de solidariedade europeia e de coesão racial, que têm produzido enormes benefícios (para eles) e consolidado o poder em ambos os lados.

Se a recíproca é verdadeira, ainda que em potencial, chegou o instante histórico de a maioria negra do Brasil reatar seus liames com a África original, solidarizando-se com os irmãos africanos do continente e da diáspora, em todos os lances de sua luta por independência, liberdade e dignidade. Precisa ir além o negro brasileiro: deve ele sustentar sua africanidade em nível de poder, assim firmando um lugar próprio no concerto das nações africanas e negras. Institucionalizar o Brasil Negro – eis a exigência que grita sua urgência na encruzilhada de nossa história. Um Brasil Negro que substitua o poder ora vigente, destituído de legitimidade, ficção do poder capitalista e servo mimético dos euro-Estados-Unidos.

Para a institucionalização do poder com base na autodeterminação da população afro-brasileira, temos o exemplo inspirador do Quilombo dos Palmares. Isso significaria a adoção da estrutura progressista do comunalismo tradicional da África, cuja longa experiência demonstrou que em seu seio não há lugar para exploradores e explorados. Aceitar o comunalismo africano, situá-lo no contexto das exigências conceituais, funcionais e práticas da atualidade, significaria nada mais do que reverter a história a favor de nós mesmos. Valeria como optar por uma qualidade de socialismo cujo funcionamento na África tem a sanção de vários séculos, muito antes que os teóricos europeus formulassem a sua definição "científica" de socialismo. Convém lembrar as palavras de um verdadeiro líder africano, Amílcar Cabral, ao se referir aos positivos valores culturais da África: "a luta de libertação é, acima de tudo, uma luta tanto para a preservação e sobrevivência dos valores culturais do povo, quanto para a harmonização e desenvolvimento desses valores dentro da estrutura nacional"[11].

Considerando o ser humano como a autêntica base do poder, inspirada no exemplo de Palmares e apoiada nesse comunalismo atualizado, a maioria de ascendência africana no Brasil terá condições de eliminar os privilégios econômicos, políticos, culturais e sociais que atualmente institucionalizam as estruturas do poder, ao construir o Estado Nacional Quilombista (Documento 7).

Todos os ensaios incluídos neste livro foram revistos, corrigidos, cortados ou acrescentados, fato que pode ter alterado a dimensão ou a forma original, mas que não modificou o sentido do seu respectivo conteúdo. O Documento 2 transcreve o trabalho que preparei para o VI Congresso Pan-Africano a pedido do Ministro do Exterior da Tanzânia, senhor John Malecela, presidente do Comitê Dirigente do Congresso realizado em junho de 1974 em Dar-es-Salaam. Já me encontrava em Nova York, procedente de Buffalo, a fim de participar da reunião na qualidade de delegado brasileiro e único sul-americano, quando recebi telegrama do senhor Malecela confirmando o convite, simultaneamente, mas independentes entre si, com a informação de que a delegação da Guiana e o coordenador da região do Caribe e América do Sul, o irmão Eusi Kwayana, tinham sido impedidos de viajar para a Tanzânia e excluídos do Congresso. Após momentos de perplexidade, vacilando entre não comparecer a Dar-es-Salaam em solidariedade à delegação da Guiana Inglesa – a opção do líder pan-africanista C.L.R. James – e estar presente ao Congresso para protestar contra a inaceitável discriminação, decidi pelo último caminho, comparecendo. Enquanto lia meu discurso para a assembleia, recebi três ou quatro avisos escritos do presidente do Congresso, senhor Aboud Jumbe, primeiro vice-presidente da Tanzânia, para que não me alongasse em meu pronunciamento; eu deveria terminar no ato, sob o pretexto de carência de tempo. Todavia, eu tinha ouvido vários delegados de outros países usarem a tribuna frequentemente, e seus longos discursos não eram perturbados. Na verdade, estes pronunciamentos se conformavam a uma linha ideológica imposta rigidamente sobre o congresso por certas facções, a qual será discutida mais adiante; a tentativa de me fazer calar serve como amostra do clima predominante. Insisti, não abandonei a tribuna, e ao microfone continuei a leitura até o final do texto preparado.

Era irônico, naqueles instantes, lembrar que a força inspiradora do VI Congresso Pan-Africano e seu original organizador, C.L.R. James, na etapa preparatória em Washington D.C., teve um encontro comigo articulado pelo nosso velho companheiro de lutas Roosevelt Brown. Naquela ocasião o senhor James expressara sua intenção de dedicar um dia inteiro da sessão plenária do congresso para discutir a situação brasileira. Com toda razão, C.L.R. James considerava o despertar da consciência do povo afro-brasileiro um fato de decisiva importância à causa pan-africana. Somos a maior nação negra fora do continente africano, com mais de setenta milhões de descendentes de africanos escravizados. E naquele congresso eu representava não apenas o Brasil, mas todo o continente da América do Sul; apresentava, ainda, um estudo que me fora solicitado. No entanto, tentavam silenciar-me! Embora estivesse limitado pelas regras do regimento interno, ao finalizar meu discurso deixei registrado meu desacordo com a política de exclusão ou de intimidação patrocinada por governos reacionários de qualquer coloração ideológica.

Durante a conferência preparatória do Congresso realizada em Kingston, Jamaica, em 1973, tive oportunidade de conhecer pessoalmente a senhora Amy Jacques Garvey, viúva de Marcus Garvey e autora de dois importantes livros sobre o garveismo. Em sua agradável casa rodeada de um pomar, passamos uma tarde trocando ideias e informações sobre a luta negra; pequenos desacordos e muitos acordos com aquela inesquecível mulher negra que doou toda a sua energia, inteligência e coração nas muitas batalhas de libertação do povo negro. Pouco tempo depois desse encontro, a senhora Garvey faleceu, mas a fortaleza do seu espírito continua nos inspirando e transmitindo energias.

Na manhã seguinte ao ato inaugural do Congresso em Dar-es--Salaam, fui recebido no State House (ikulo, palácio do governo) para uma audiência privada com o presidente Julius Nyerere que durou duas horas. Durante os poucos minutos que estive na sala de espera, revi na memória a imagem daquele presidente que conhecera no dia anterior, primeiro de longe, no salão cheio do Congresso, quando ele pronunciou o discurso inaugural; depois, na noite desse mesmo dia, quando o presidente deu uma recepção aos congressistas no jardim do State House, quando comparamos nossos cabelos brancos e rimos. Então vi aquele riso tão puro, seu rosto mostrando uma alegria resplandecente de criança; verdadeiramente eu estava diante da face radiante da África, livre e plena de esperanças. Mantive com o presidente Nyerere uma conversa franca sobre a situação racial no Brasil, e deixei seu agradável e simples gabinete com meu espírito enriquecido pela comunicabilidade inteligente e humana daquele líder africano.

Um problema sério que defronta qualquer participação afro-brasileira em evento internacional dessa natureza está no exclusivismo linguístico que exige dos africanos que falam português – o grande contingente que inclui Brasil, Angola, Moçambique e Guiné Bissau – o uso obrigatório do inglês ou do francês, exigência que significa para nós uma dupla colonização em termos linguagem. A necessidade de tradução especial para meu discurso, já que o serviço normal de tradução do Congresso não incluía o português, impunha um tempo dobrado para minha intervenção. Nesse difícil transe fui assistido pelo corajoso esforço de uma mulher francesa, membro do corpo oficial de tradutores fornecido pela OAU, que, embora não fosse tradutora de português, fez o melhor que pôde, com o português restrito que conhecia, e forneceu uma tradução simultânea do meu discurso para o francês; isso permitiu que o que eu disse pudesse também transitar pelos canais das línguas inglesa e árabe. Quero apresentar minhas sinceras desculpas por não ter guardado o nome dessa mulher da França, porém, mesmo assim, expresso a ela meu especial agradecimento por sua inesquecível dedicação e gentileza.

O Documento 6, focalizando a questão da mulher negra, registra um dos tópicos de minha intervenção denunciando o genocídio do negro brasileiro ao Encontro Sobre Alternativas Para o Mundo Africano, realizado em Dacar, Senegal, em 1976. Trata-se da primeira reunião da União dos Escritores dos Povos Africanos organizada pelo esforço enérgico do poeta, dramaturgo e pensador Wole Soyinka, manejando as armas forjadas por Ogum em seu jamais acabado salto transitório através do abismo existencial rumo à liberdade africana. Nessa tarefa, Soyinka contou com a ajuda de outro aventureiro desse salto libertário, Carlos Moore.

Ao contrário do encontro de Dar-es-Salaam, cujo documento final ressoa como o próprio atestado de óbito da ideia pan-africana, a reunião de Dacar decorreu em clima construtivo, sem a interferência de poderes governamentais ou de delegações oficiais tocando suas próprias fanfarras. Ao final dos trabalhos, votou-se uma moção de solidariedade à luta armada do MPLA em Angola e criou-se uma Associação de Pesquisadores do Mundo Africano, sob a presidência de Cheikh Anta Diop. A União dos Escritores dos Povos Africanos, patrocinadora da conferência, aprovou sua constituição e decidiu pela adoção de uma língua africana – suaíli – como língua franca pela qual todos os africanos pudessem finalmente comunicar-se entre si. No entanto, persistiam nesse encontro as dificuldades de tradução para o espanhol e o português, prejudicando minha apresentação e a do colega, um dramaturgo da Venezuela.

O Documento 3 reúne o conteúdo de dois seminários ministrados no Departamento de Línguas e Literaturas Africanas, Universidade de Ifé, Nigéria. Àquela época, dirigido pelo professor Wande Abimbola, esse departamento cumpria um papel extremamente relevante na recuperação e reafirmação dos valores africanos de cultura, religião, língua, filosofia, artes, história, costumes – sistematicamente negados, distorcidos ou subestimados pelo colonialismo inglês. Reconhecidos e restaurados em suas inerentes e relevantes funções socioculturais, esses valores assumem nova relevância numa sociedade nigeriana que, por meio de iniciativas como essa, progressivamente afirma sua originalidade e soberania. A Universidade de Ifé mantém ainda um Projeto das Culturas Africanas na Diáspora, sob a responsabilidade dos professores Abimbola, Soremekun e Akintoye. Implicitamente, esse projeto está envolvido em todos os movimentos, esforços e iniciativas referentes às culturas de origem africana nas Américas. Seria um ato de grande visão e sabedoria se aquela universidade fizesse expandir e estabilizar as atividades que o projeto tão auspiciosamente iniciou, com apreciáveis trabalhos de pesquisa, estudos e intercâmbios. O Seminário do Corpo Docente do Departamento de Línguas e Literaturas Africanas foi para mim um fórum altamente informativo e estimulante. Minhas calorosas congratulações ao departamento por ter criado veículo tão efetivo de aprendizado e ensino.

Encerrando o volume, o Documento 4 transcreve minha contribuição ao I Congresso de Cultura Negra nas Américas, acontecido em Cáli, Colômbia, em agosto de 1977, no qual representei, na qualidade de delegado do Brasil, o Projeto das Culturas Africanas na Diáspora, da Universidade de Ifé, Nigéria. Fui eleito presidente do Grupo de Trabalho D – Etnia e Miscigenação,

51

elegeu-se a antropóloga colombiana Nina S. de Friedmann como assessora. Ao final desta Introdução, transcrevo excertos das Conclusões e Recomendações votadas por esse grupo e aprovadas pela assembleia geral do congresso.

Sem dúvida, o congresso de Cáli marcou um passo adiante na história africana da diáspora. Pela primeira vez em mais de quatrocentos anos, os negros das três Américas se reuniram, depois que seus ancestrais africanos, trazidos à força para a escravização no Novo Mundo, ficaram divididos e isolados.

O leitor dos Estados Unidos deve ter notado que evitei o uso do termo "afro-americano" ou "negro americano" para qualificar os negros desse país. Uma tentativa de estabelecer e afirmar um fato: os Estados Unidos não esgotam as Américas. Afro-americanos e negro-americanos podem ser encontrados desde o norte do Canadá ao extremo sul da Argentina. O monopólio no uso dessa expressão pelos negros norte-americanos tende a obscurecer neles a lembrança dos negros no restante do continente. O I Congresso das Culturas Negras das Américas reforçou os liames de nossa unidade como povos negros de todas as Américas. Em Cáli atuamos num ritmo e numa atmosfera bastante favoráveis; nem as discussões, nem as votações sofreram qualquer censura de caráter ideológico ou repressão político-partidária. O único episódio negativo registrou-se nas manipulações burocráticas, tradicionais no comportamento do racismo brasileiro e da ditadura militar que nos "governa", impedindo o comparecimento da delegação brasileira. Encabeçada pelo historiador Clóvis Moura, essa delegação teria sido a mais numerosa, na correta proporção da presença majoritária afro-brasileira na população do país e do continente.

Entre as recomendações adotadas pelo Congresso, apresentei uma apoiando e dando continuidade à decisão da União dos Escritores dos Povos Africanos, em Dacar, em 1976: o ensino de uma língua africana em todas as universidades de países americanos com população negra. Assim, a longo prazo, em esforço coordenado com a ação semelhante no continente, todos os africanos poderão um dia dispensar em sua comunicação recíproca os intermediários linguísticos alienígenas. Outro fato relevante ocorreu entre os eventos de Dacar e de Cáli. O Colóquio do Segundo Festival Mundial de Artes e Culturas Negras e Africanas aprovou uma proposta de minha autoria incluindo o português como uma das línguas oficiais de todo futuro encontro internacional do mundo africano. Durante a discussão e votação dessa proposta, contei com o apoio decisivo dos eminentes teóricos e lutadores negros norte-americanos doutores Maulana Karenga, Ron Walters e Molefi Asante. O relato de minha participação no Colóquio de Lagos, perturbada pelo constante esforço da delegação oficial do governo brasileiro em tentar me silenciar, está nas páginas do meu livro *O Genocídio do Negro Brasileiro*, de 1978[12], e em *O Brasil na Mira do Pan-Africanismo*, 2002.

Ao encerramento de seus trabalhos, o plenário do Congresso de Cáli tomou a decisão de promover o II Congresso das Culturas Negras nas Américas, em 1979, no Panamá, assegurando a continuidade desse laço vital ao futuro dos povos negros no Novo Mundo. Esperemos que nessa próxima reunião os negros brasileiros possam comparecer e participar plenamente, sem perturbações, restrições ou ameaças.

Quero, por fim, tornar públicos meus sentimentos de gratidão ao Centro de Pesquisas e Estudos Portorriquenhos da Universidade do Estado de Nova York, em Buffalo, pelo apoio que tem dispensado a mim durante mais de sete anos. Meus colegas e *hermanos* Francisco Pabón e Alfredo Matilla, assim como os estudantes portorriquenhos, têm sido fonte de inspiração, coragem e esperança em nossa luta comum pela descolonização, liberdade, igualdade e dignidade dos povos negros de Porto Rico e Brasil. Meus agradecimentos ao Departamento de Línguas e Literaturas Africanas, da Universidade de Ifé, pelo estímulo que me ofereceu durante o ano que lá passei como professor visitante em Ilé-Ifé. Meu reconhecimento estende-se ainda a todos aqueles que de uma forma ou de outra contribuíram para a existência deste livro, seja discutindo com o autor os temas e ideias nele contidos, seja colaborando na tradução ou datilografando os textos. Entre estes se encontram Clóvis Brigagão, Nanci Valadares, Vera Beato, Kathryn Taverna, Máximo Soriano, Érica Fritz e minha mulher Elisa, a quem este livro muito deve.

A.N.

Universidade do Estado de Nova York
Centro de Pesquisas e Estudos Portorriquenhos
Buffalo, 13 de maio de 1978

Bibliografia

ASANTE, Molefi Kete. *Systematic Nationalism and Language Liberation*. Buffalo: New Horizons, 1978.

BERABA, Marcelo. *O Globo*, 6 jul. 1976.

CABRAL, Amílcar. *Return to the Source: Selected Speeches of Amílcar Cabral*. Org. de Africa Information Service. New York/ London: Monthly Review/Africa Information Service, 1973.

CLARKE, John Henrik. *Marcus Garvey and the Vision of Africa*. New York: Random House, 1974.

_____. The Development of Pan-Africanist Ideas in the Americas and Africa Before 1900. *Colóquio Festac '77*, em Lagos, 1977.

FERNANDES, Florestan. *O Negro no Mundo dos Brancos*. São Paulo: Difusão Européia do Livro, 1972.

HASENBALG, Carlos. *Discriminação e Desigualdades Raciais no Brasil*. Rio de Janeiro: Graal, 1979.

MOURA, Clóvis. Negro: A Abolição de uma Raça. Entrevista. *Folha de S. Paulo*, 13 mai. 1977.

NASCIMENTO, Abdias do. *"Racial Democracy" in Brazil, Myth or reality?: A Dossie of Brazilian Racism*. Ibadan: Sketch, 1977.

NYERERE, Julius K. Speech to the Congress, *The Black Scholar*, v. 5, n. 10, jul.-ago 1974.

WALTERS, Ronald. Marxist-Leninism and the Black Revolution. *Black Books Bulletin*. v. 5, n. 3, 1977.

Anexo:
Conclusões e Recomendações, I Congresso de Cultura Negra das Américas (Cali, 1977)

Grupo D – Etnia e Mestiçagem

(Excertos das Conclusões e Recomendações propostas pelo grupo e aprovadas pela assembleia geral do congresso.)

Conclusões

Embora nos Estados Unidos certas leis específicas do racismo tenham sido abolidas, atualmente a discriminação racial é exercida nos setores privado e institucional de uma maneira que pretende ser encoberta, mas que continua protegida pela jurisprudência.

Na América Latina se pratica a discriminação racial de maneira mascarada, sutil, aberta ou encoberta.

Tal discriminação utiliza as diferentes tonalidades de cor epidérmica do negro como mecanismo para conseguir que o homem negro desapareça através da ideologia do branqueamento como busca do homem ideal, no esforço de obter melhores condições de vida. Com esse mesmo mecanismo, se destrói a solidariedade política, econômica, religiosa e familiar dos grupos negros.

A contínua repetição do tratamento dispensado no passado pelos brancos aos negros, sem enfatizar suas realizações criativas e sua participação na construção da América, é outra forma de discriminação.

A atitude adotada por intelectuais de orientações políticas específicas que negam a existência da questão racial como elemento que participa na existência de problemas sociais, sustentando que a situação é entre ricos e pobres, oprimidos e opressores, é uma forma de discriminação racial.

Recomendações

II. Debatendo a situação racial na Colômbia, focalizou-se a ausência de participação do negro na economia e na política do país, assim como as causas da mesma. Foi aprovada uma proposta levando em conta que, além do pano de fundo econômico e social, utiliza-se o critério da condição racial para negar ao negro sua devida participação, em todos os níveis, na vida do país. – A criação de uma consciência política e social que promova uma autêntica participação do negro na Colômbia e em outros países da América. E, para esse efeito, desvirtuar todos os esquemas homogeneizantes que reúnem o lúmpen branco, negro ou indígena, ou o proletariado branco, negro ou indígena, num só bloco que não leva em conta a interiorização do domínio que os grupos brancos exercem sobre os não brancos.

III. Tendo-se em conta o perigo iminente do Brasil, Argentina ou Chile, que por inspiração dos Estados Unidos estão em negociações, em colaboração com a União Sul-Africana, para assinar um Tratado do Atlântico Sul que integraria a União Sul-Africana no perímetro de defesa dos Estados Unidos e do mundo ocidental, o que efetivamente seria um pacto militar ofensivo contra os negro-africanos do sul da África, foi aprovada a seguinte proposta: – Que o Congresso se dirija aos governos dos Estados Unidos, Brasil, Argentina, Chile, às Nações Unidas, à Organização dos Estados Americanos e à Organização da Unidade Africana, manifestando nossa repulsa e nossa enérgica oposição às manobras e conversações, diplomáticas ou militares, ou qualquer tipo de fato que possa conduzir à realização de uma Aliança ou Tratado do Atlântico Sul, ou à criação de qualquer outro organismo que disfarce o objetivo de colaborar com os criminosos racistas que encabeçam os governos dos estados do sul da África.

IV. Enfrentando a questão de como resolver os problemas de discriminação e racismo que o negro sofre e reconhecendo que eles surgem

de um complexo e vasto sistema institucionalizado, afirmamos que: –
Os descendentes africanos das Américas terão que estar conscientes
que seus problemas não se resolverão com pequenas modificações
ou reformas de natureza tópica, senão que se necessitará de uma
mudança estrutural básica da sociedade e do sistema econômico e
político vigente. Portanto, não nos limitaremos a uma atuação no
plano intelectual elitista, senão que nos dirigiremos aos povos trabalhadores, marginalizados, analfabetos, inclusive, a fim de trabalhar com
eles rumo a uma verdadeira revolução de caráter econômico, social,
político e cultural que não permita nem a exploração nem o racismo.

v. Considerando a necessidade de instrumentos para concretizar os
ideais e os objetivos de estudo, intercâmbio de ideias e de estratégias
de luta, se propõe: – A criação de organismos dinâmicos em cada
país encarregados de investigar, dirigir, desenvolver e apoiar todas as
atividades tendentes a transformar as estruturas econômicas e sociais,
tendo-se em conta a libertação do negro nas Américas. Haverá um
organismo central confederado no qual cada país tenha um delegado. Tal organismo constaria das seguintes seções, entre outras:

- Atividades política e estratégica (Ação).
- Atividade cultural (Ciências, Artes, Economia).
- Desenvolvimento tecnológico.

vi. Discutindo o problema da comunicação dos descendentes africanos com seus irmãos no continente, e considerando que devemos
erradicar todas as formas de colonização, inclusive a linguística,
foi proposto: – Aos órgãos educativos dos países da América o
ensino de uma língua africana, a qual, em longo prazo, possa ser
utilizada como instrumento de educação e comunicação universal
entre os negros de todo o mundo.

vii. Na discussão do conceito de que o negro tem sido um cocolonizador em diferentes países da América, surgiu a recomendação

seguinte: – Que tendo em conta que em certos estudos escritos o negro tem sido assinalado como um cocolonizador da América, e que a colonização foi uma obra de genocídio físico e cultural realizado pela cultura ocidental, *solicitamos* que se retifique essa noção, esclarecendo que, pelo contrário, a participação do negro foi como um dos construtores da América.

VIII. Em todos os países da América se observam fenômenos de dispersão e de divisão entre pessoas desprevenidas como resultado de manipulação do poder dominante, econômico e sociopolítico. Assim: – Esta denúncia exorta aqueles que são vítimas de tais manobras, para que impeçam com sua sensatez que se estimule a divisão e a confrontação entre grupos negros, já que isso só favorece os seus exploradores.

Pós-Escrito

Foi no II Congresso de Cultura Negra das Américas que primeiro apresentei minha tese do quilombismo (Documento n. 7) lançada no Brasil naquele mesmo ano de 1980. Trata-se não só de um instrumento de luta antirracista, mas sobretudo de uma proposta afro-brasileira de organização político-social de nosso país, construída com base em nossa própria experiência histórica, cuja riqueza elimina a necessidade de procurarmos orientações ideológicas alheias de qualquer gênero. Como maioria da população, cabe democraticamente ao negro assumir a liderança do Brasil, e o quilombismo representa uma tentativa de pensar a nossa forma de abordar os respectivos desafios e responsabilidades, construindo as políticas públicas necessárias a fim de tornar realidade para todos o exercício da cidadania plena num Brasil multirracial, multiétnico e pluricultural.

Também o quilombismo oferece aos afrodescendentes de todas as Américas um instrumento de conscientização e organização em seus respectivos países, adaptando os preceitos comuns à nossa experiência coletiva para adequá-los a cada local específico.

Em 1982, teve lugar na PUC de São Paulo o III Congresso de Cultura Negra das Américas, organizado pelo Instituto de Pesquisas e Estudos Afro-Brasileiros (IPEAFRO). Eleito vice-presidente pelo plenário do II Congresso, tive a honra e a responsabilidade de coordenar esse III Congresso, que reuniu não apenas africanos de vários cantos do continente e da diáspora, como militantes do movimento negro de todo o Brasil. Além de outros fatos importantes, nessa reunião a comunidade negra do Brasil recebeu pela primeira vez uma delegada do Congresso Nacional Africano (ANC) da África do Sul, trazendo ao seu conhecimento direto a denúncia do *apartheid*. Os registros do III Congresso encontram-se na revista *Afrodiáspora*. O IV Congresso de Cultura Negra das Américas foi programado para 1984, em Granada, porém o trágico desfecho da revolução naquele país, invadido pelas armas norte-americanas, impossibilitou esse projeto.

Os Documentos 8, 9 e 10 pertencem a novas etapas de minha militância pan-africana. Após retornar do exílio, exerci os mandatos de deputado federal, senador e secretário de estado. Em 1988, tive o privilégio de inaugurar a série de palestras anuais do Centro W.E.B. Du Bois de Cultura Pan-Africana em Acra, Gana (Documento 8), fato que consigna a primeira vez em que a voz de um sul-americano ganhava principal destaque numa iniciativa pan-africanista.

Não cabe nesta Introdução um histórico de minha trajetória pessoal nessas novas etapas. O fato básico que as caracteriza é o processo incontestável de crescimento e fortalecimento da luta antirracista dos afrodescendentes no Brasil, que já contabiliza importantes vitórias e conquistas. São apenas alguns marcos desse processo a criação da Fundação Cultural Palmares, a desapropriação das terras da República de Palmares na Serra da Barriga, a conquista do direito constitucional das comunidades-quilombos às suas terras, e a promulgação de medidas legislativas antidiscriminatórias. A Marcha Zumbi dos Palmares Contra o Racismo, pela Cidadania e pela Vida e todas as outras realizações do Tricentenário da Imortalidade de Zumbi celebrado em 1995, inclusive a constituição do Grupo de Trabalho Interministerial pela Valorização da População Negra, sinalizaram essa importante passagem histórica.

A consolidação das entidades afro-brasileiras, expandindo sua atuação em todos os setores da sociedade civil e da vida pública, culminou no processo preparatório da III Conferência Mundial Contra o Racismo, Xenofobia e Formas Correlatas de Intolerância. Como haveria de ser, o Brasil enviou a maior delegação à Conferência Preparatória Regional das Américas, realizada em Santiago do Chile em dezembro de 2000. Em todo o processo da Conferência de Durban, o Brasil exerceu um papel extremamente relevante por meio de sua representação oficial e, sobretudo, de sua participação organizada como sociedade civil não governamental. Merecem destaque a constituição da Aliança Estratégica Afro-Latino-americana e Caribenha e dos fóruns de discussão (*caucus*) de afrodescendentes e de mulheres afrodescendentes.

Outros haverão de registrar os passos dessa trajetória histórica. De minha parte, ao incluir nesta segunda edição de *O Quilombismo* as intervenções que nela pude fazer (Documentos 9 e 10), quero homenagear a brava militância afro-brasileira de hoje, felicitando-a pelas conquistas realizadas e oferecendo minha solidariedade e meu compromisso efetivo com as lutas que nos aguardam para efetivar o processo pós-Durban.

Axé!

A.N.

Rio de Janeiro, novembro de 2001

REVOLUÇÃO CULTURAL E FUTURO DO PAN-AFRICANISMO[1]

> *Nós, negros africanos, temos sido convidados, sem muita insistência, a nos submetermos a uma segunda época de colonização – desta vez por uma abstração universal-humanoide definida e conduzida por indivíduos cujas teorias e prescrições são derivadas da apreensão do seu mundo e de sua história, de suas neuroses sociais e de seu sistema de valores.*
>
> WOLE SOYINKA,
> *Myth, Literature and the African World.*

> *Nós criamos o conceito chamado socialismo. Isso está estabelecido no fato de que um rei africano, 1.300 anos antes do nascimento de Cristo, pregava do trono a mesma coisa que Karl Marx pensou que tinha inventado.*
>
> JOHN HENRIK CLARKE,
> *Black/White Alliances: A Historical Perspective.*

Em primeiro lugar, desejo agradecer ao presidente Julius Nyerere, ao Partido TANU e ao povo da Tanzânia a calorosa e fraterna recepção oferecida a este representante do povo negro do Brasil. Gostaria de expressar também a incondicional solidariedade dos afro-brasileiros aos movimentos armados de libertação nacional e às guerras sustentadas por nossos irmãos africanos contra o colonialismo no continente africano.

Isto que hoje constitui as aspirações do pan-africanismo foi uma realidade para os nossos ancestrais. Eles viveram numa terra que era deles, possuíam suas próprias culturas, religiões, línguas, civilizações e estilos de vida; unicamente eles eram os donos dos frutos resultantes do seu trabalho, dos quais dispunham segundo seus interesses e desejos[2]. Aquela harmonia – homem, natureza, trabalho e cultura: existência e vivência no continente – foi rompida pela invasão imperialista europeia e sua consequente espoliação colonial. Presumo que este VI Congresso Pan-Africano realiza-se sob a égide daquele livre espírito original que inspira toda luta pan-africana. Este é, pois, o congresso da unidade ferida e interrompida, a qual não apenas os africanos do continente, mas os povos negros de todo o mundo, desejam resgatar, recompor e enriquecer, segundo as necessidades de modernização impostas pela construção de uma sociedade industrializada e progressista.

Em linhas muito grosseiras e gerais, talvez sejam essas as circunstâncias históricas existentes na África e no cenário internacional que presidem e tornam significativo este congresso do qual ora participamos. Atravessamos uma longa e árdua estrada desde o primeiro desses congressos, até chegarmos a este que é o sexto na linha de sua sucessão.

Com efeito, a partir do domínio colonial, desenvolveu-se entre os povos africanos a pungente consciência da tragédia que se traduziu na ocupação do seu continente, e agora progredimos rumo ao que hoje revela e confirma o processo de libertação pan-africana. Constituíamos o ser invadido, estuprado e explorado – a terra africana, seus filhos e filhas raptados e avaliados apenas por seu serviçalismo; seus recursos naturais desviados do seu destino de direito para a ilegítima acumulação de riqueza material do Ocidente; desse ponto, marchamos agora para a direção oposta: rumo ao processo de formação e promoção do autogoverno soberano. Aquilo que significava espírito na África foi transformado em capital na Europa e América do Norte. O que era ser humano foi *reificado* nas terras do capitalismo, ou *nativizado* em sua própria pátria de origem, pelos interesses e abusos do racismo colonial, primo gêmeo do imperialismo europeu.

A restituição aos africanos daquilo que era antes unicamente seu, neste momento histórico de crise aguda do capitalismo, apresenta necessariamente implicações de relevante função ecumênica. Pois uma vez mais a redenção do oprimido, em sua plena consciência histórica, torna-se um instrumento de libertação do opressor encurralado nas prisões a que foi conduzido pela ilusão da conquista.

Cultura: Uma Unidade Criativa

É geral o reconhecimento de que a chamada cultura do Ocidente chegou a um ponto visível de impasse que denuncia sua exaustão histórica. Extinguiu-se a vigência funcional e criativa que a caracterizava, seu declínio produziu as tensões na humanidade contemporânea, e os povos se defrontam e confrontam-se em porções cada vez mais desintegradas e inimigas. O império em decadência aí está, exangue e perplexo, e sua única alternativa são as guerras. Assim, constatamos facilmente que aquelas sociedades mais intrinsecamente ocidentalizadas são as menos capazes de deter o acelerado processo da própria deterioração. Dessa circunstância advém a certeza de que o desempenho de um papel não apenas importante como também urgente, está desafiando o potencial criativo de todos os povos, nações, homens e mulheres. E nessa etapa dessa trajetória humana, vemos emergir, num certo lugar da terra, um ponto insuspeito, alguma coisa intrigante, talvez um mistério histórico: o fenômeno da cultura de uma área específica, até o momento marginalizada, projetando-se na direção da área de expressão ecumênica.

Falo das culturas africanas e das culturas negras, quer dizer, culturas dos africanos e de seus descendentes na diáspora; as destes últimos podem ou não ser inteiramente africanas, porém são típicas das comunidades negras em seus respectivos países. E são todas essas culturas, com suas nuanças características escolhidas criticamente para constituir uma unidade libertadora e progressista, que suportam e estruturam a cultura pan-africana. Com Amílcar Cabral sabemos e queremos "preservar e criar a cultura, para fazer a história"[3].

Neste VI Congresso poderá ocorrer nosso desacordo em termos de detalhes pertinentes a nossas variadas contribuições, assim como a nossas particulares visualizações do melhor caminho a ser trilhado para a conquista do futuro. Não importa; pois o elemento básico está no conceito da unidade africana na luta contra a exploração dos povos negros, seja pelo imperialismo ou seus agentes, que aqui se afirma como a essência mesma do nosso encontro. Que mais poderia ser a cultura senão a *unidade criativa* de forças que, de outra forma, poderiam estar dispersas e enfraquecidas em suas próprias singularidades?

Tanzânia compreendeu nossa posição histórica. O povo deste país está absorvido em autoquestionamentos, numa reflexão interrogativa do futuro; porém, em ação simultânea, incorpora aquelas experiências do seu passado que se mostram válidas à sua existência do presente e do futuro. Sua cultura torna-se crescentemente significativa. Sua perspectiva global da sociedade – o Ujamaa, por exemplo – revela-se uma experiência de inesgotável conteúdo histórico, tornando-se um símbolo para o qual convergem a atenção internacional e as esperanças dos povos negros. O presidente Julius Nyerere fala por todos nós quando afirma nosso dever de "reconquistar nossa antiga atitude mental – nosso tradicional socialismo africano – e aplicá-la às novas sociedades que estamos edificando hoje"[4].

De forma explícita e lisa, o presidente Nyerere aponta nossa identidade cultural que dispensa o empréstimo de conceito ou de apelativo, já que Ujamaa "descreve nosso socialismo. Ele se opõe ao capitalismo, o qual procura edificar uma sociedade feliz baseada na exploração do homem pelo homem; ele igualmente se opõe ao socialismo doutrinário que procura edificar uma sociedade feliz baseada na filosofia do inevitável conflito entre o homem e o homem"[5].

Segundo minha própria perspectiva, a noção de autossuficiência (*self-reliance*) mergulha suas raízes na mitopoesia, isto é, no espaço profundo onde a cultura exerce uma função crítica imanente ao seu fundamento criativo e libertador do ser humano e da sociedade nacional. O presidente da Tanzânia afirmou várias vezes que tanto a terra como o poder da criatividade artística são doações de Deus: ambos constituem instrumentos de similar importância no processo da revolução pan-africana[6].

Permitam-me definir o que entendo como sendo o nosso objetivo. Fique desde logo claro que não se trata do problema de introduzir um novo e não provado conhecimento para preencher um suposto vazio, mas de *renovar, criticar, ampliar e atualizar nosso conhecimento já existente*.

Tentarei esquematizar os elementos necessários à revolução pan-africana. Um deles está na possibilidade e na promessa de libertação da personalidade humana, *sem* a abdicação de sua responsabilidade como um ser histórico. Consequentemente, os homens e mulheres africanos devem demonstrar a si mesmos que são capazes de transformar as circunstâncias nas quais eles vivem; e que, tendo sido um povo que foi submetido e conduzido por outros, recuperou a capacidade de conduzir seu próprio destino; que são, portanto, capazes de reaver sua história roubada e manter permanentemente a soberania sobre seu próprio legado coletivo; que eles podem e desejam libertar-se a si mesmos daqueles instrumentos estrangeiros de dominação que no passado os oprimiram e alienaram; e que vigorosa e decididamente rejeitam todas as forças de exploração e submissão.

De um lado, é necessário reafirmar nossa tradicional integridade presidida pelos valores igualitários de nossa sociedade pan-africana; cooperação, criatividade, propriedade e riqueza coletivas. Ao mesmo tempo, torna-se imperativo transformar a tradição em um ativo, viável e oportuno ser social, fazendo passar pelo crivo crítico seus aspectos ou valores anacrônicos; em outras palavras, atualizando a tradição, modernizando-a. Tornar contemporâneas as culturas africanas e negras na dinâmica de uma cultura pan--africana mundial, progressista e anticapitalista, me parece ser o objetivo primário, a tarefa básica que a história espera de nós todos. Como integral instrumento de uma contínua luta contra o imperialismo e o neocolonialismo, forjada junto com as efetivas estratégias econômico-políticas, essa cultura progressista pan-africana será um elemento primordial da nossa libertação.

Há os que situam as tradições africanas do comunalismo como pertencentes à fase pré-capitalista do desenvolvimento mundial, sendo, portanto, tradições arcaicas e peremptas, só merecedoras de rejeição. Esses que assim raciocinam concluem ainda pela ausência de racionalidade "científica" naquele tipo de economia "primitiva", a qual ocorreria "espontaneamente". Devemos rejeitar tais julgamentos que em geral se revestem ou de uma perspectiva crítica equivocada, de um apriorismo dogmático, de um primarismo ingênuo, ou de uma distorção ideológica maliciosa. Em verdade, a dinâmica intrínseca às culturas tradicionais africanas é um dado que não pode ser subestimado. Todo o conhecimento que se tem dessas culturas demonstra o oposto desse imobilismo que lhe querem impingir, como a própria razão de ser da produção cultural africana: sempre foi plástica, de extraordinária riqueza criativa, sem qualquer noção do que fosse xenofobia. Este é um fato irredutível que ninguém pode deixar de reconhecer. Se houve uma quebra de seu ritmo ou algo como uma parada estática e não progressiva em desenvolvimento histórico, isto se deve à submissão pelas armas e por todo um aparato ideológico imposto pelo colonialismo às culturas africanas; não constitui, portanto, um fenômeno de imobilismo inerente a elas.

Em face de tais críticas, sou levado a participar do sentimento expresso por Cheikh Anta Diop de que um sistema de ciência humana ou histórica para África "não parte de um terreno estritamente *científico*. Isto é o mais importante: nunca partir do caminho científico"[7]. As razões desse acientificismo são óbvias, já que grande parte da "ciência" tem se provado apenas como instrumento de distorção, de opressão e de alienação. De fato, as culturas africanas são aquilo que nossos povos criam e produzem. Por isso, elas são flexíveis, criativas e seguras de si mesmas, a ponto de interagir espontaneamente com outras culturas, aceitando e incorporando valores "científicos" e/ou "progressistas" que porventura possam funcionar de modo significativo para o homem, a mulher e a sociedade africana. Entretanto, convém insistir neste ponto: as culturas africanas, além de conterem sua intrínseca e valiosa ciência, também oferecem uma variedade de sabedoria necessária pertinente à nossa existência orgânica e histórica. O mínimo que se pode dizer é que seria um desperdício recusar os fundamentos válidos de nossos ancestrais. Eles são o espírito e a substância do nosso amanhã que os gastos chavões mecânicos europeus e americanos não quiseram ou não foram capazes de construir para as populações africanas do continente e da diáspora.

O Exemplo de Palmares

Lá pelos anos 1590 e pouco, alguns africanos escravizados no Brasil romperam os grilhões que os acorrentavam e fugiram para o seio das florestas situadas onde estão hoje os estados de Alagoas e Pernambuco. Inicialmente foram uns poucos, pequeno bando de fugitivos. Porém o grupo cresceu pouco a pouco até se tornar uma comunidade de cerca de trinta mil rebeldes africanos, homens e mulheres. Estabeleceram o primeiro governo de africanos livres nas terras do Novo Mundo, indubitavelmente um verdadeiro Estado africano – pela forma de sua organização socioeconômica e política – conhecido na história como a República dos Palmares.

Mais ou menos à época de Palmares, aqui perto do nosso congresso, nas terras vizinhas de Angola, a rainha N'Zinga resistia com bravura, à frente de suas tropas, à invasão portuguesa do solo africano.

Estes são apenas dois exemplos na longa história de lutas e resistência contra a dominação estrangeira, as quais constituem parte integral de nossa herança africana no continente e na diáspora.

A República dos Palmares, com sua enorme população relativamente à época, dominou uma área territorial de mais ou menos um terço do tamanho de Portugal. Essa terra pertencia a todos os palmarinos, e o resultado do trabalho coletivo também era propriedade comum. Os autolibertos africanos plantavam e colhiam uma produção agrícola diversificada, diferente da monocultura vigente na colônia; permutavam os frutos agrícolas com seus vizinhos brancos e indígenas. Eficientemente organizados, tanto social quanto politicamente, em sua maneira africana tradicional, foram também altamente qualificados na arte da guerra.

69

Palmares pôs em questão a estrutura colonial inteira: o exército, o sistema de posse da terra dos patriarcas portugueses, ou seja, o latifúndio, assim como desafiou o poder todo poderoso da Igreja católica. Resistiu a cerca de 27 guerras de destruição lançadas pelos portugueses e holandeses que invadiram e ocuparam por longo tempo o território pernambucano. Palmares manteve sua existência durante um século: de 1595 a 1695.

Zumbi, de origem banta, foi o último rei dos Palmares; é celebrado na experiência pan-africana do Brasil como o nosso primeiro herói do pan-africanismo. Não apenas Zumbi, mas todo o povo heroico de Palmares deve ser reconhecido e celebrado pelo pan-africanismo mundial como exemplo militante e fundador do próprio movimento pan-africanista.

Língua: Um Obstáculo Para a Unidade

Todos nós conhecemos os meios visíveis assim como os subterfúgios utilizados pelos colonialistas a fim de impedir, esconder e evitar o avanço da luta dos africanos e dos negros contra a opressão, a exploração e o racismo. Dividir, separar, isolar e solapar nossa força física e espiritual tem sido uma continuada estratégia empregada contra nossa unidade e nossa resistência. Dentro do sistema de barreiras interpondo-se entre nós, existe este absurdo fato de necessitarmos usar em nossa comunicação recíproca a língua dos opressores. Tal circunstância linguística, além de outras, é a razão principal da ausência dos afro-brasileiros nos prévios Congressos Pan-Africanos; neste fato temos uma trágica instância da separação a nós imposta pelas barreiras linguísticas construídas pelo colonialismo.

Por causa de suas condições socioeconômicas, já que os negros brasileiros só existem no mais baixo espaço da escala social, inexistem para eles oportunidades de educação, e, muito especialmente, para o aprendizado e o treinamento de línguas estrangeiras. Este é um campo de escolaridade quase completamente inacessível aos negros. Contudo os encontros internacionais do mundo pan-africano têm se autorrestringido ao uso exclusivo do francês e do inglês; a língua portuguesa nunca foi adotada como um dos idiomas oficiais ou mesmo como uma linguagem *de fato* em tais reuniões. O resultado disso é que os negros brasileiros têm permanecido do lado de fora e, para todos os efeitos práticos, têm sido barrados de participar nos assuntos pan-africanos e na edificação da sua história. Quem são aqueles que normalmente participam de encontros internacionais? Os brasileiros de origem europeia, das classes média e alta, os únicos que possuem os meios econômicos para a aquisição da habilidade e educação linguística. O critério das línguas francesa e inglesa, exigência dos encontros pan-africanos, abre o caminho para que certos estudiosos profissionais do negro e de sua cultura, em geral brancos, sejam aqueles invariavelmente escolhidos para falar e representar os afro-brasileiros. De uma perspectiva do negro, entretanto, esses *scholars* ou cientistas sociais representam um ponto de vista exógeno ou, quando não estranhos à nossa realidade sociocultural, colocam-se como devotos de uma posição estática e imobilista, cuja verbalização acadêmica somente agencia interesses eurocentristas. Assim, tais delegados oficiais ou oficiosos inevitavelmente fornecem aos estrangeiros um retrato altamente distorcido, quando não completamente falso, da situação real do descendente africano na sociedade brasileira. Não importa se suas intenções são boas, pois isto não altera sua ignorância de uma intransferível experiência histórica de racismo que pertence única e exclusivamente aos negros. Podem conhecer alguma coisa de fora, mas nunca militaram conosco numa relação de iguais, em face dos problemas que emergem da situação e circunstância afro-brasileiras.

Esse fenômeno de elitismo linguístico, obviamente ao lado de outros, representa um dos motivos decisivos que impedem a presença e visibilidade dos negros brasileiros na arena das lutas internacionais de seu povo. E, pior ainda, temos sido mal representados naquelas ocasiões por presunçosos delegados, os quais arrogantemente apresentam uma versão de nossa história, de nossa identidade e da nossa existência de cuja elaboração não participamos. Tem-nos sido imposta uma ausência dos negros conscientes durante esse período de luta incessante, de batalhas e de sofrimento no mundo africano.

Brasil: De Escravo a Pária

A essa altura, não tem muita importância saber com precisão a data inicial do regime escravista no Brasil; o registro da história assinala que os primeiros africanos escravizados chegaram logo após a invasão de Pedro Álvares Cabral às terras dos indígenas, pela orla marítima onde atualmente localiza-se o estado da Bahia. Cabral recebeu as honras de "descobridor" de um território há séculos ou milênios habitado por outros seres humanos não europeus. Logo depois da "descoberta", em 1500, os negro-africanos escravizados iniciaram o plantio da cana-de-açúcar. O rapto mercantil produzia seus primeiros frutos no chamado tráfico negreiro. Os primeiros engenhos de açúcar deram lucros crescentes e durante os dois séculos do princípio da colonização o açúcar constituiu o produto básico da nossa economia; esta economia unidimensional, destinada exclusivamente a suprir os mercados metropolitanos europeus, caracterizava-se pela monocultura da cana-de-açúcar. Começou na região costeira do nordeste, primariamente nas províncias da Bahia e Pernambuco. Exigindo grande força de trabalho, durante os séculos XVI e XVII o açúcar é o responsável pela concentração de africanos naquelas duas províncias. Lá se localizou o primeiro ponto focal do mercado de escravos. Com o surto das descobertas das minas de ouro e diamantes no século XVII, o grosso da população escrava deslocou-se para o sul, rumo às Minas Gerais. Entretanto, a revolução industrial inglesa iria provocar um novo fluxo de africanos na direção norte. As fábricas têxteis da Inglaterra demandavam sempre mais e mais algodão, e o grande produtor dessa matéria-prima foi a província do Maranhão, que, por volta de 1817, quando a produção de açúcar atingia o apogeu na Bahia e Pernambuco, já exportava importância de valor equivalente em algodão. As plantações de algodão provocaram forte concentração de escravos naquela região do norte do país, enquanto fenômeno semelhante ocorria em Minas Gerais por causa das atividades na mineração. Mas quando o país inicia o chamado ciclo do café, no século XIX, uma vez mais se desloca o foco da presença escrava, agora para as províncias centro-sul do Rio de Janeiro e São Paulo; um século mais tarde, São Paulo se tornava a capital industrial do Brasil. Foram estes os pontos básicos de fixação da população escrava, determinados pelas vicissitudes da monocultura colonial de exportação, que, por sua vez, dependia dos eventos econômicos que tinham sucesso no centro metropolitano: a Europa.

Durante e através de todas as etapas de produção que apontamos sumariamente, em todos os escalões do desenvolvimento econômico da nação, os africanos escravizados foram os únicos que sistematicamente trabalharam, os únicos que realmente produziram. Edificaram um país para os outros: os brancos[8].

Nesta definição de "outros", obviamente não se incluem as populações indígenas do país. Elas estão desaparecendo rapidamente do mapa demográfico, seja como resultado da violência direta das elites dominantes, seja como resultado daquele paternalismo benevolente tão luso-brasileiro cuja proclamada "missão civilizadora" só tem contribuído para o esmagamento físico e cultural dos negros e dos índios em benefício da supremacia arianizante. Com a destruição das populações indígenas, reiteramos, ocorreu o assassínio simultâneo dos africanos que se levantaram contra sua escravização. Movimentos de insurreições e levantes, revoltas armadas proclamando a queda do sistema escravo, podem ser localizados em toda extensão geográfica do país, em particular naquelas áreas de significativa população escrava. Com frequência aqueles movimentos tomavam a forma de quilombos, à semelhança de Palmares, ao qual fizemos referência anteriormente: eram comunidades organizadas por africanos livres, que se recusaram a submeter-se aos grilhões e à chibata. Africanos orgulhosos de sua liberdade e dignidade humana. Os quilombos, que variavam segundo o tamanho das terras ocupadas e o número de seus habitantes, costumavam manter bem organizada e eficiente produção agrícola, formas de vida social instituídas segundo modelos tradicionais africanos adaptados à nova realidade da América. O mesmo é válido para as outras regiões do continente, mudando apenas o nome dos quilombos para *cimarrones, maroons* ou *palenques*, os quais existiram na chamada América espanhola e naqueles países em que houve escravidão, dominados por ingleses, holandeses e franceses.

Tinha um caráter extremamente violento e assassino a repressão dos escravocratas a esses legítimos esforços de libertação do africano escravizado, a qual assumia a expressão de verdadeiro massacre coletivo da população negra. Citarei, em continuação, apenas uns poucos dentre os inumeráveis exemplos registrados em nossa história do genocídio dos africanos no Brasil, conforme o extenso estudo e pesquisa realizados pelo historiador Clóvis Moura em *Rebeliões da Senzala*.

Quilombos, Insurreições e Guerrilhas

Uma espécie de erupção de revoltas ocorreu na Bahia nos anos de 1807, 1808 e 1809, quando os escravos formaram uma sociedade secreta intitulada OGBONI, que exerceu poderosa influência no combate à escravidão. Cerca de seiscentos escravos revoltados tentaram ocupar a capital da província da Bahia em fevereiro de 1813. Este levante foi esmagado a ferro e fogo: muitos escravos pereceram em combate, outros cometeram suicídio e vários caíram prisioneiros. Mas no fim de maio do mesmo ano, nova revolta escrava estava a caminho, infelizmente abortada devida à traição de um delator. O conde dos Arcos, vice-rei do Brasil de 1806 a 1808, tratou os cabeças com seriedade inaudita: dos 39 prisioneiros, doze faleceram no cárcere, indubitavelmente devido às torturas; quatro foram condenados à morte e executados – ironicamente, o lugar das execuções se chamava *Praça da Piedade* – a 18 de novembro de 1814; os restantes sofreram o humilhante castigo da chibata ou o banimento. Enquanto essas e outras insurreições tinham lugar na capital, o interior da província também se encontrava sacudido por outros levantes, como aquele de Cachoeira, à época – 1814 – importante centro cultural e econômico.

No ano de 1826, os escravos rebelados estabeleceram quilombo nas matas de Urubu, perto da capital da Bahia, cujas atividades agressivas contra a estrutura dominante provocou sua destruição, seguida de grande número de prisioneiros quilombolas, dentre estes a escrava Zeferina, que valentemente manejou o arco e a flecha, lutando com denodo antes de ser capturada.

Novo levante emergiu em 1830, imediatamente reprimido de forma drástica e violenta, como de costume: açoitamentos nas ruas, linchamento e apedrejamentos praticados pela população branca. Assassinaram uma quantidade enorme de escravos, verdadeiro "jubileu de sangue", na frase de Clóvis Moura[9].

Dessas insurreições, a mais importante aconteceu em 1835, liderada principalmente por escravos iorubás e africanos islamizados. Planejada em seus menores detalhes, seus participantes usavam brincos identificadores e vestiam roupas totalmente brancas no dia da ação armada. Havia entre eles o escravo Tomás, que ensinava seus companheiros a ler e escrever. O movimento incluía, além dos grupos oriundos de várias partes da capital baiana, outros do Recôncavo – Santo Amaro, Itaparica e outras áreas. O plano militar cuidadosamente elaborado tinha provisões de caráter financeiro e outras. A despeito de nova traição de espias e delatores, as autoridades governantes não puderam evitar que o esquema militar dos escravos se completasse e detonasse. Na noite de 24 de janeiro de 1835 explodiu a grande revolta. Uma repressão ainda mais cruel do que as anteriores resultou num verdadeiro mar de sangue. A infantaria e a cavalaria destruíram os escravos insurretos, e até forças navais cooperaram na matança: a Fragata Bahiana que, naquele momento, se achava ancorada no porto de Salvador. Contra força de tamanha superioridade em poder de fogo e tropas, apesar das pequenas vitórias parciais conseguidas durante a luta, os escravos sofreram clamorosa derrota. Entre alguns africanos livres e escravos, foram aprisionadas 81 pessoas. Luísa Mahin, mãe de Luís Gama e participante ativa do movimento, figurava entre os prisioneiros. Entre os líderes constam os nomes dos escravos Diogo, Ramil, James, João, Carlos, todos capturados. Foram condenados à morte por desejar a liberdade, por ela lutando e dando suas vidas os seguintes antepassados africanos: Gonçalo, Joaquim e Pedro, escravos, e os "livres" Jorge da Cunha Barbosa e José Francisco Gonçalves, os quais foram fuzilados a 14 de maio de 1835. Vários outros foram punidos com chibata, muitos, sob torturas, morreram nas prisões.

Ainda em Salvador, capital da Bahia, outro levante surgiu em 1844, raramente mencionado nos relatos da época, provavelmente por causa da ausência de documentação informativa. É sabido, porém, que aquela revolta foi denunciada por Maria, amante de um africano "livre" de nome Francisco Lisboa, um dos cabeças.

Na cidade do Rio de Janeiro, na província de São Paulo e por todo o interior do país os africanos organizaram quilombos. Um famoso foi o Quilombo de Jabaquara, situado na região montanhosa de Santos, que se tornou a fortaleza onde se concentrava elevado número de escravos que abandonavam em massa as plantações de café no interior da província paulista. No interior da província fluminense, havia certo latifúndio chamado Fazenda Freguesia, na qual os escravos se levantaram em armas, executando o capataz. Em seguida, invadiram outras propriedades rurais e fugiram imediatamente para o seio das florestas. Seu líder, o escravo Manuel Congo, foi aclamado rei por seus companheiros de luta. Conseguiram vencer as tropas do governo, mas, a 11 de dezembro de 1838, foram derrotados e chacinados sem misericórdia pelas tropas imperiais comandadas por Lima e Silva, o duque de Caxias. Manuel foi enforcado a 6 de setembro de 1839.

Em Minas Gerais, houve um africano que se tornou lenda: Isidoro, o Mártir. Jamais conseguiram subjugá-lo e a seus guerreiros entrincheirados no Quilombo dos Garimpeiros formado de escravos fugidos da mineração. Desencadearam contra Isidoro e o quilombo que liderava uma perseguição cerrada, e após longo tempo conseguiram feri-lo à bala; feito prisioneiro, surraram, maltrataram e torturaram Isidoro de forma bárbara. Morreu em 1809 com as carnes do corpo rasgadas, o sangue jorrando através dos ferimentos abertos. Depois de cruelmente assassinado pelas forças repressoras, os escravos passaram a dedicar-lhe um culto só reservado aos santos: Isidoro, o Mártir, santo dos povos negros. Ainda em Minas, houve o Quilombo do Ambrósio (1746-1747), o Quilombo de Sapucaí, por longo tempo considerado inexpugnável. Entretanto, a maior comunidade de africanos rebelados foi a do Quilombo do Campo Grande, em 1726, que reunia acima de vinte mil pessoas; uma extraordinária população, levando-se em conta as condições terrivelmente adversas nas quais os escravos fugiram e se organizaram. As formas de convivência e de produção, como em Palmares e outras importantes concentrações de africanos rebeldes, reproduziam a tradição africana do comunitarismo agrícola. Somente em 1759 o bandeirante Bartolomeu Bueno do Prado conseguiu destruir aquilo que o sonho de libertação africano havia conseguido erigir a duras penas. Mais tarde, aquele "herói" da história paulista exibiria como troféu de sua façanha mercenária

3.900 pares de orelhas arrancadas dos corpos ainda quentes dos africanos assassinados naquele brutal e frio massacre. Assim, ficamos compreendendo que os chamados bandeirantes, saídos dos quadros coloniais brancos de São Paulo para a expansão territorial, por seu comportamento frente aos índios e africanos, não passaram de meros criminosos assassinos. Pois não devemos e não podemos esquecer, ao lado de Bartolomeu Bueno do Prado, o nome de outro bandeirante igualmente criminoso: Domingo Jorge Velho, o brutal e sanguinário destruidor da República dos Palmares.

Ao norte do país, na província do Maranhão, em 1839, sob o comando do preto Cosme e Manuel Balaio, os escravos desencadearam uma guerra de guerrilhas que envolvia mais de três mil quilômetros, luta que fora desfechada em conjunto com outras forças políticas, de brancos que também se opunham ao governo imperial. Pelas ruas da cidade de Caxias, a principal do interior da província, podia-se ouvir o brado guerreiro dos escravos cantando:

O Balaio chegou!
O Balaio chegou!
Cadê branco?
Não há mais branco.
Não há mais sinhô.

Duque de Caxias, o patrono do Exército brasileiro, uma vez mais comandou o esmagamento do levante escravo em busca de liberdade e dignidade humana. Enforcaram o Preto Cosme em São Luís, capital da província. Neste movimento do Balaio ou Balaiada, os africanos lutaram aliados aos Bem-Te-Vis, ou seja, à força branca que se opunha ao Imperador. Assim que o movimento sofreu a derrota, os brancos bem-te-vis se juntaram às tropas governamentais e passaram a ajudar a repressão contra seus até há pouco tempo companheiros de batalha – os escravos. Como parte do seu pacto de rendição coube aos bem-te-vis a traição aos negros que foram caçados e assassinados no estilo tradicional da implacável crueldade.

No Ceará, onde a densidade demográfica africana era fraca, registra-se no entanto o fato de que a 22 de outubro de 1839 o escravo Constantino e cinco outros foram condenados e executados na forca, em Fortaleza. Tinham-se amotinado a bordo do Laura Segunda, reivindicando melhor tratamento e melhores condições a bordo para os 23 tripulantes da lancha.

Recife, 1824: uma unidade militar de mulatos se revoltou e grupos de escravos insurgentes aderiram à causa. Emiliano Mandacaru, líder do levante, editou manifesto em verso:

> Qual eu imito Cristóvão
> Esse imortal haitiano,
> Eia! Imitar seu povo,
> Ó meu povo soberano![10]

Evidencia-se aqui a inspiração e influência dos acontecimentos no Haiti, onde os africanos escravizados comandados por Toussaint-L'Ouverture, Jean-Jacques Dessalines e Henri-Cristophe acabavam de vencer a dominação da França, estabelecendo um Estado negro livre e soberano.

Os quilombolas de Alagoas participaram dos movimentos revolucionários dos Cabanos, aderindo às forças do caudilho Vicente de Paulo, deixando na região fama legendária. Essa luta durou mais ou menos de 1833 a 1841. Vários quilombos de Sergipe merecem referência sobretudo pela adoção eficaz da tática de guerrilhas. Aliás, em Sergipe, antes de 1690, o governo já se empenhava no combate aos guerreiros quilombolas; investiram a Fernão Carrilho para a tarefa de destruir aqueles insurgentes no território. As forças africanas usavam cavalos velozes e cavaleiros audaciosos, e o *Jornal de Aracaju* de 8 de fevereiro de 1872 registrava: "A audácia tinha chegado a ponto de entrarem nas vilas e povoados, 10 ou 12 armados e bem montados, disparando as armas na porta de algumas autoridades."[11]

Também na Revolução Farroupilha, ocorrida no Rio Grande do Sul (1835-1845), os escravos combateram como aliados, visto a

Revolução postular a liquidação do sistema escravocrata no país. Em revide ao desumano escravismo do Império, os dirigentes da República Farroupilha baixaram o seguinte decreto: "Artigo Único: Desde o momento em que houver sido açoitado um homem de cor a soldo da República pelas autoridades do Governo do Brasil, o general comandante chefe do exército, ou comandante das diversas divisões do mesmo, tirará a sorte aos Oficiais de qualquer grau que sejam das tropas Imperiais nossos prisioneiros e fará passar pelas armas aquele que a mesma sorte designar."[12]

Este movimento revolucionário comprou a liberdade de muitos escravos que se alistaram nas fileiras do exército rebelde – uma exceção à norma tradicional de forçar o escravo a lutar conforme o capricho do senhor e não segundo seus interesses e sua própria decisão. Um detalhe interessante a ser sublinhado: diante da derrota, os farroupilhas exigiram a seguinte cláusula no documento de rendição às forças imperiais: "São livres e como tais reconhecidos os cativos que serviram na Revolução."[13]

Sem dúvida, trata-se de fato sem precedentes na história da participação do escravo e do negro nos entreveros políticos e/ou militares do país. A regra tradicional, numa derrota semelhante, prescrevia o assassínio sem misericórdia dos africanos escravizados que se rebelavam contra o poder escravizador, não importando as variáveis do contexto histórico. Obviamente, não dispomos, até o presente, de nenhuma prova ou evidência de que esta condição imposta pelos derrotados farroupilhas tenha sido honrada pelos vencedores imperiais escravocratas.

A revolução pernambucana de 1817, propondo uma república independente e sem escravos, mereceu forte repressão do conde dos Arcos; conforme as normas usuais de repressão, inúmeros escravos foram mortos durante o levante. Na Paraíba, 23 escravos pereceram no cadafalso: aquele movimento revolucionário havia se espalhado por toda a região, incluindo o Ceará, Rio Grande do Norte, a Paraíba, e outros estados. Em 1823, outra rebelião armada no Recife teve como principal cabeça o mulato capitão Pedro da Silva Pedroso, com a participação fundamental dos africanos que, uma vez mais, dispunham o sacrifício de suas vidas para erradicar a escravidão. A revolta e a rebelião escrava que se verificou em todo o país erigiu vários quilombos no território do Mato Grosso. Um destes foi o Quilombo do Piolho, mais tarde denominado Quilombo da Carlota, o qual floresceu na última década do século XVIII. A cidade de Vila Bela, antiga capital da província, era o refúgio de todo escravo fugitivo. Hoje, Vila Bela é uma localidade habitada quase exclusivamente por negros descendentes de escravos, que adotam ainda uma forma particular de ser, remanescente do estilo de vida africano.

"A Luta Continua"

Julgo desnecessário insistir na descrição da abominável natureza do sistema escravista no Brasil, contra o qual tantos mártires da libertação africana lutaram com sacrifício de suas vidas. No entanto, é pertinente chamar a atenção para o fato de certos estudiosos e escritores, geralmente brancos – os únicos que possuem os meios, a voz e a oportunidade de veicular opiniões fora do país –, terem construído uma história fictícia da escravidão, da abolição e das relações entre pretos e brancos. Essa ficção se transformou numa mercadoria mascateada no balcão internacional das ideias, dos conceitos e das definições. Esses "intelectuais" das classes dominantes, articulados a outros recursos utilizados pela elite no poder, conseguiram que o Brasil, paradoxalmente, adquirisse e mantivesse no exterior uma imagem de inocência, bondade e humanitarismo em seu regime escravo; até mesmo uma reputação de originalidade na utópica perfeição tropical do seu esplendor lusitano, qualidades estas que o Brasil dividiria com as também lusitanas "províncias de além-mar". Contra as distorções produzidas pela ideologia luso-brasileira em nossa realidade histórica, se opõe a experiência secular dos africanos no Brasil, em Angola, Moçambique e Guiné Bissau, de sentido radicalmente inverso.

Quem nega que a aristocracia colonial portuguesa e todo o grupo colonizador do Brasil foram incondicionalmente racistas e trataram os africanos escravizados como se destituídos fossem de qualquer humanidade? A essa elite escravista branca, estiveram os negros, ao longo dos séculos, expostos e sofrendo sistemática tortura, assassínio cruel, contínuos abusos e maus tratos. A proximidade das rotas do tráfico negreiro facilitava a escravidão brasileira que podia adquirir "peças" por preço inferior, por exemplo, do que os Estados Unidos e outros mercados mais distantes. Tão barato era para o Brasil, a ponto de ser mais econômico comprar um escravo novo do que cuidar do africano, especialmente dos velhos, doentes, deformados ou aleijados, isto é, daqueles que se tornaram "imprestáveis" em virtude de terem sofrido torturas ou excessos de trabalho. Este é um dos fatores que permitiram grandes concentrações de escravos numa só propriedade, plantação ou mineração no país quando comparamos nosso regime escravo com outros do Novo Mundo. Por motivos unicamente econômicos, as condições de vida do escravo foram de longe muito piores que daquelas que ele experimentara em outras colônias, onde a substituição de um escravo era mais difícil e onerosa. Nesse ponto, vemos caracterizada outra forma de genocídio praticado contra os africanos no Brasil: além da dizimação de sua descendência através da prevenção do nascimento normal, impunham a eles condições de vida tão insuportáveis que somente reduzido número poderia sobreviver ao período da servidão.

O esquema de relações raciais no país baseava-se na supremacia do descendente branco europeu que se autoconstituiu numa pretensa elite; um supremacismo tão bem estruturado a ponto de ter podido permanecer livre de um desafio radical durante todas as transformações sociopolíticas pelas quais tem pas~ do a nação.

Algumas tentativas de derrocar este sistema estão registradas na história política do nosso país. Uma dessas ocorreu mais ou menos um século antes da chamada abolição da escravatura (1888). Um grupo de negros "livres", mulatos e brancos formou-se na Bahia em 1798 com um propósito revolucionário. Os principais objetivos do movimento eram: 1. a independência do território da Bahia; 2. um governo republicano; 3. liberdade de comércio e abertura de todos os portos "especialmente para a França"; 4. cada soldado deveria ganhar um soldo de duzentos réis diários; 5. a emancipação dos escravos. Sabe-se que os participantes dessa tentativa independentista estavam fortemente influenciados pelos ideais da Revolução Francesa[14]. Essa Revolta dos Alfaiates, como é chamada em nossa história, incluía quatro líderes negros: Luís Gonzaga das Virgens, de 36 anos de idade; Lucas Dantas, de 24 anos, João de Deus Nascimento, da mesma idade, e Manuel Faustino dos Santos Lira, 23 anos. Foram os únicos revolucionários condenados à morte: enforcados e seus corpos esquartejados, cujos pedaços foram pendurados nos postes das ruas; exibidos como exemplo e advertência a outros potenciais negros revoltados. Os filhos desses mártires foram amaldiçoados para sempre[15]. O sacrifício desses quatro heróis negros de nossa independência jamais mereceu as honras no primeiro plano da História do Brasil. Eles constituem os heróis e mártires não reconhecidos nem louvados. Bem diferente do que sucede com o branco Tiradentes, enforcado por ter assumido análogas ideias libertárias; este entrou para a História com todas as glórias e louvores do Brasil independente, apesar de ter sido ele mesmo um proprietário de escravos[16]. Tal tem sido a norma e a regra, e os exemplos são inumeráveis: os mártires negros da nossa independência são sistematicamente esquecidos pela sociedade brasileira "oficial", que considera mais correto e justo declarar o elogio e o reconhecimento nacional de preferência aos vultos brancos de nossa História. E quando por acaso o reconhecimento recai sobre uma figura histórica negra é porque na certa se refere a alguém que nada fez ou contribuiu para libertar seu povo ou aliviar o peso da carga que vem suportando há séculos. Este é o caso, para ilustrar, de Henrique Dias; a serviço dos portugueses, no século XVII, combateu os holandeses invasores de Pernambuco. Porém ajudou a reprimir os africanos fugidos do cativeiro e aquilombados na Bahia[17]. Outro foi Marcílio Dias, marinheiro da esquadra imperialista brasileira, colaborando na guerra e invasão do Paraguai.

As lições da História são irreversíveis e implacáveis. Décadas após a mencionada Revolta dos Alfaiates, sucedeu um fato extraordinário: o filho de com João VI, de Portugal, em conluio com a oligarquia rural brasileira, declarou a independência do Brasil. O "grito" do Ipiranga a 7 de setembro de 1822 não libertou a maioria da população, constituída de africanos e seus descendentes. Tratava-se apenas do neocolonialismo português em marcha.

Quando o governador das Armas na Bahia, General Madeira de Melo, rejeitou a proclamação de independência, e como a aristocracia portuguesa se opôs belicamente ao "grito", a oposição dos escravos naquela província se tornou inevitavelmente confusa, em face da situação nacional complicada e sombria. Enquanto alguns escravos tiravam partido da situação, escapando para as florestas vizinhas, outros, na expectativa de ganharem sua liberdade, se juntavam às forças independentistas; e outros tantos, submissos às ordens dos senhores, lutavam ao lado das tropas portuguesas e no fim da luta foram castigados. Uma companhia formada por cerca de duzentos, depois de subjugada por Labatut teve cinquenta de seus soldados negros fuzilados, e os restantes sofreram o castigo da chibata.

Nossos irmãos de Guiné Bissau, Moçambique e Angola compreenderam antecipadamente o engodo desse tipo de "independência" que não passava de um véu tentando cobrir ou disfarçar a violência, a hipocrisia e a crueldade do colonialismo português. Tão pleno de "virtudes" e de "descobertas" a ponto de se tornar paradigmático: tendo sido o primeiro a invadir a África, pilhando suas riquezas, estuprando povos e terras do continente, foi o último a se retirar depois que lhe arrancaram a presa das garras e dos dentes. Por certo Portugal ainda estaria desfrutando a África se os povos daqueles países não se tivessem lançado à guerra de libertação na linha dos nossos ancestrais, na resistência: N'Zinga, Zumbi, Shaca, Lumumba, Henri-Christophe, Marcus Garvey, Malcolm x e tantos outros.

O Brasil não experimentou uma luta de independência desse alcance: o 7 de setembro resultou da pura manipulação de superestrutura, entre aristocratas rurais, políticos e cortesãos, todos brancos. O povo brasileiro – especialmente o povo negro – não participou na definição e na decisão independentista, assim como não obteve nenhum fruto ou benefício desse evento. Foi simples joguete nas mãos das classes dirigentes, constituídas de portugueses e brancos coloniais. Objeto ou pano de fundo, o negro não teve a oportunidade de influir e atuar no desenrolar daquele episódio histórico no sentido de infundir-lhe uma significação profunda de mudança nas estruturas de dominação e opressão vigentes. Formalmente independente, o Brasil continuou seguindo com orgulho o modelo português, tendo sido um dos primeiros a escravizar os africanos no Novo Mundo e o último a "libertá-los" do cativeiro.

Chico-Rei: História Que Se Torna Lenda

Em todas as direções da grande expansão territorial do Brasil durante mais de três séculos da escravidão, os africanos e africanas se autolibertaram da escravidão através da fuga; constituía-se em agrupamentos denominados quilombos como um meio de organizarem sua existência individual e coletiva, e como forma de combate ao sistema de opressão. Há, entretanto, o exemplo histórico de outra forma de resistência ao cativeiro: aquela usada por um rei africano escravizado com sua família e sua tribo; foram vendidos a um proprietário de mina de ouro na então Vila Rica, hoje a cidade de Ouro Preto. Haviam-lhe imposto previamente um batismo católico e um nome espúrio: "Francisco". Num dia de semana, segundo a norma da época, "Francisco" podia trabalhar em seu próprio benefício. Ele trabalhou, ganhou e economizou, até juntar o bastante para comprar a liberdade do seu filho. Ambos, pai e filho, trabalharam e juntaram dinheiro suficiente para adquirir a liberdade do próprio "Francisco". Mas não descansaram até comprar a liberdade de um terceiro membro da tribo; assim, formando uma cadeia de trabalho e economia, conseguiram libertar a tribo. No entanto, "Francisco", além de infatigável trabalhador, demonstrou perspicácia política e talento organizador. Sob sua direção, a tribo juntou uma economia tão valiosa que lhe permitiu comprar a mina de ouro chamada Encardideira: propriedade coletiva de todos os membros da tribo. Tal fato resultou em uma espécie de trabalho cooperativo, nos moldes tradicionais africanos. Durante a travessia do Atlântico, "Francisco" havia perdido sua mulher e um dos filhos, mortos como centenas de milhares de outros africanos por causa das inumanas condições a bordo dos tumbeiros. "Francisco" casou-se novamente e ajudou a edificar a igreja de Santa Ifigênia para o culto à santa negra, já que naqueles tempos o catolicismo era uma religião do Estado, portanto obrigatória. O prestígio e o poder de "Francisco" cresceram; ele tornou-se virtualmente um chefe de Estado dentro da província de Minas Gerais, já agora tratado como Chico-Rei. A comunidade africana que ele organizou e a mina da Encardideira atingiram enorme esplendor e brilho naquela idade do ouro. Mas o poder do rei branco não suportou a concorrência do rei negro-africano, e Chico-Rei com seus súditos foram completamente esmagados, destruídos a ponto de quase não permanecer vestígios. Isso aconteceu no século XVIII. Poucos documentos sobraram para nos contar a história fabulosa de sua existência. Tive a oportunidade de visitar, com meu filho Abdias e com minha mulher Elisa, em 1978, o que resta da Encardideira; caminhei emocionado pelas suas galerias de teto baixo e suas paredes de terras fortemente coloridas em amarelo de diversas tonalidades. Várias vezes percorri as escadarias da igreja de Santa Ifigênia, com o nicho frontal de Nossa Senhora do Rosário esculpida por Aleijadinho. Chico-Rei atingiu a legendária imortalidade da mitopoesia, na qualidade de primeiro abolicionista da escravização do seu povo.

"Abolição" de Quem?

Após a abolição formal da escravidão a 13 de maio de 1888, o africano escravizado adquiriu a condição legal de "cidadão"; paradoxalmente, no mesmo instante ele se tornou o negro indesejável, agredido por todos os lados, excluído da sociedade, marginalizado no mercado de trabalho, destituído da própria existência humana. Se a escravidão significou crime hediondo contra cerca de trezentos milhões de africanos, a maneira como os africanos foram "emancipados" em nosso país não ficou atrás como prática de genocídio cruel. Na verdade, aboliram qualquer responsabilidade dos senhores para com a massa escrava; uma perfeita transação realizada por brancos e para o benefício dos brancos.

Apropriadamente alcunhada de "Lei Áurea" (para os brancos), a abolição da escravatura consistiu num ato de natureza exclusivamente jurídica, sem raízes na verdadeira luta dos escravos contra o regime opressor e espoliador. Conforme mencionado antes, desde os princípios da colonização ainda no século XVI, os africanos escravizados se engajaram num combate mortal contra o trabalho forçado. Vimos rapidamente alguns poucos exemplos heroicos até hoje não suficientemente ensinados em nossas escolas, nem convenientemente inscritos em toda sua significação e importância na História do Brasil: a República dos Palmares, a Revolta dos Alfaiates, a Balaiada, as revoltas malês, o Quilombo de Campo Grande, a figura de um Isidoro, o mártir, do Preto Cosme, do Preto Pio, de Manuel Congo, de João Cândido, de Carocango, Luísa Mahin etc. O martírio, o heroísmo, o esforço ilimitado desses lutadores e de centenas de milhares de outros que os seguiram resultou de fato na proscrição não legalizada da escravidão; constituíram as expressões incontestáveis da recusa dos africanos em se submeter à desumanização e à humilhação do regime escravocrata. O sangue que derramaram resgatou para sempre a dignidade e o orgulho dos povos africanos.

Qual teria sido, então, a natureza daquela retrógrada "emancipação", decretada pela classe dirigente, sem qualquer identificação com as aspirações dos africanos escravizados? Com efeito, tudo que diz respeito à nossa abolição oficial, quer dizer, puramente formal, está umbilicalmente vinculado à revolução industrial inglesa; a emergência da produção baseada no trabalho "livre" necessitava de mercados para sua manufatura industrial. Foi por isso que os antigos escravocratas ingleses proibiram o tráfico negreiro que tanto concorreu para sua acumulação capitalista, e este ato carecia de qualquer razão humanitária e/ou de justiça. Trabalhador "livre" ontem como hoje significa mercado consumidor. A Inglaterra passou a policiar o Oceano Atlântico e as costas brasileiras; em 1850, legalmente findou o tráfico de africanos escravizados para o Brasil. Daí em diante, as classes dominantes passaram a assumir os benefícios da política econômica ditada pelos interesses do capitalismo industrial emergente. Havia lucro na derrocada do sistema escravista; em consequência, organizaram movimentos abolicionistas e imigracionistas, assim matando dois coelhos com uma só cajadada: livrando o país da mancha negra e alvejando a aparência da população.

Que sentido teria, para os africanos e seus descendentes, aquele simulacro de libertação? Eles já tinham experiência desse tipo de fraude; antes de 1888, os chamados africanos "livres", isto é, os doentes, aleijados, idosos, os imprestáveis pelo esgotamento do trabalho intensivo, eram compulsoriamente "libertados". Na prática, significava que os senhores se autolibertavam de qualquer responsabilidade em fornecer-lhes alimentos, roupas e moradia e se exoneravam de qualquer tipo de ajuda aos "livres", abandonando-os impiedosamente à morte lenta pela fome e pelas enfermidades, tanto nos campos quanto nas cidades. Seguindo idêntica lógica, a "abolição" significou o mesmo tratamento, só que agora aplicado em massa: os africanos ex-escravos e seus descendentes, algumas centenas de milhares, se viram atirados a uma "liberdade" que lhes negava emprego, salário, moradia, alimento, roupa, assistência médica e o mínimo apoio material. Muitos africanos "emancipados" e cidadãos foram obrigados pelas circunstâncias a permanecer com seus antigos senhores, trabalhando sob condições idênticas às anteriores, sem nenhuma outra alternativa ou opção. Outros se aventuraram deslocando-se para outras regiões ou cidades, e a única coisa que obtiveram foi desemprego, miséria, fome e destruição. De vítima acorrentada pelo regime racista de trabalho forçado, o escravo passou para o estado de verdadeiro pária social, submetido pelas correntes invisíveis forjadas por aquela mesma sociedade racista e escravocrata.

Nada se alterou com a proclamação da República em 1889 e o exílio da família imperial. Os donos do poder permaneceram os mesmos, a sorte do ex-escravo, consequentemente, prosseguiu na mesma, apenas com a intensificação crescente da desintegração da personalidade e do grupo familiar do negro: agora havia a prostituição da mulher negra, a criminalidade do negro, a delinquência da infância negra. A família negra estava destituída das possibilidades econômicas de sobrevivência ao nível de uma condição humana normal.

Os afro-brasileiros sofreram nova decepção em seus sonhos quando constataram que até mesmo no crescente contexto industrial do país, especialmente em São Paulo, sua força de trabalho era rejeitada. Isto que chamam de acelerado progresso e expansão econômica brasileira não modifica sua condição, à margem do fluxo e refluxo da mão de obra. E para que assim permanecesse o negro um marginal, o governo e as classes dominantes estimularam e subsidiaram a imigração branco-europeia que, além de preencher as necessidades de mão de obra, atendia ao mesmo tempo à política explícita de embranquecer a população[18]. Trabalhadores brancos foram sempre os preferidos, quase exclusivamente, pelos empregadores brancos tanto nos trabalhos agrícolas quanto na indústria nascente, por serem considerados de cepa étnica e cultural superior. Com essa prática, o preconceito e a discriminação raciais reiteraram a situação de racismo incubado na estrutura da supremacia branca escravocrata[19].

O Negro Heroico

Durante a campanha abolicionista, dois negros se destacaram na defesa dos escravos: José do Patrocínio, filho de sacerdote católico com mulher negra. Nasceu em Campos, estado do Rio de Janeiro, e mais tarde transferiu-se para a antiga capital do país, a cidade do Rio de Janeiro. Esta seria a arena onde desenvolveu extraordinário trabalho jornalístico e batalhas oratórias contra o regime de opressão ao africano. O outro se chamava Luís Gama, filho de africana livre e aristocrata português. Nasceu na Bahia, livre, e aos oito anos de idade foi vendido como escravo pelo próprio pai, necessitado de dinheiro para pagar dívida de jogo. O menino Luís Gama embarcou com seu proprietário para São Paulo; a despeito de sua condição, conseguiu aprender a ler e escrever, estudou, libertou-se da escravidão e tornou-se um brilhante advogado. Sua palavra eloquente na tribuna antiescravista efetivamente enfrentou a pomposa e arrogante aristocracia rural. Tudo o que ganhava em sua banca de advogado, Luís Gama destinava à compra da liberdade dos seus irmãos de raça escravizados. Escreveu violenta poesia satirizando os negros e mulatos que tentam esconder ou negar sua origem africana, querendo passar por brancos. Cantou a beleza negra em termos altos e absolutos, muito antes que os poetas da Négritude o fizessem, ao evocar com ternura a imagem de sua bela mãe, Luísa Mahin, a quem jamais conseguiu tornar a ver. Luís Gama criou também o princípio jurídico de que o escravo que mata o senhor está agindo em legítima defesa, portanto não é um criminoso. Ele incorporou à luta abolicionista um modelo de dignidade, generosidade, coragem. Integridade e grandeza que lhe valeu, merecidamente, o qualificativo de "Santo da Abolição".

Em 22 de novembro de 1910, a Marinha de Guerra, sob o comando do marinheiro negro João Cândido, rebelou-se contra o governo do país. O objetivo imediato da revolta: a extinção do castigo da chibata, uma punição corporal remanescente do regime escravo, a qual os oficiais brancos da marinha insistiam em aplicar no corpo nu dos marinheiros, em sua maioria negros. Punições que em verdade significavam "relações anti-humanas existentes entre oficiais e marinheiros"[20], ao longo de linhas definitivamente raciais. Obteve êxito total a rebelião dos marujos; exerceu controle militar absoluto a ponto de negociar suas reivindicações com o governo da República. Entretanto, o acordo feito entre as partes não foi honrado pelas autoridades federais, que se utilizaram maliciosamente da boa-fé dos marinheiros a fim de primeiro desarmar a revolta e em seguida massacrar os revoltosos. Esta constitui uma página sombria de nossa História que até hoje permanece velada e vetada ao conhecimento público em toda a extensão do seu horror. Porém o extermínio físico daquele grupo dos bravos marinheiros também permanecerá clamando pelo sangue negro derramado sem misericórdia pelos escravocratas de terra e mar.

Tais sementes de não conformismo, dissidência e revolta, essa luta persistente por liberdade, dignidade e humanização do descendente africano, frutificaram entre 1920 e 1937 num amplo movimento nacional iniciado em São Paulo. Aqui surgiu uma imprensa negra veiculando os dramas da comunidade, denunciando a discriminação racial que nega aos negros trabalho e emprego, dificulta sua educação e ingresso no sistema escolar, só lhe permite moradias inferiores: a discriminação vedava a entrada dos negros em certos estabelecimentos e instituições como hotéis, barbearias, bares, a carreira diplomática, o oficialato militar, principalmente na marinha de guerra, e assim por diante. Esse protesto, originado no próprio centro industrial do país, atestava que o dinamismo da sociedade de classes que então se estratificava mantinha os mesmos mecanismos de expulsão do negro. O movimento foi se expandido pelos demais centros urbanos com significativa população negra: Rio de Janeiro, Recife, Salvador, Belo Horizonte, Porto Alegre; na década de 1930, o movimento se denominou Frente Negra Brasileira. Quando seu crescimento ganhou extraordinária velocidade, e tudo fazia crer que a Frente se tornaria uma maciça força política afro-brasileira, ocorreu a implantação da ditadura Vargas. O chamado Estado Novo (1937-1945), no velho estilo repressivo, proibiu o funcionamento de todos os partidos políticos, associações e movimentos cívicos, com isso matando a Frente Negra Brasileira.

O Teatro Experimental do Negro

Quando, em 1944, fundei, no Rio de Janeiro, o Teatro Experimental do Negro – TEN, o processo de libertação do negro uma vez mais retomou seu caminho, recuperou suas forças e seu ritmo. O que é o TEN? Em termos dos seus propósitos, ele constitui uma organização complexa. Foi concebido fundamentalmente como instrumento de redenção e resgate dos valores negro-africanos, os quais existem oprimidos e/ou relegados a um plano inferior no contexto da chamada cultura brasileira, onde a ênfase está nos elementos de origem branco-europeia. Nosso Teatro seria um laboratório de experimentação cultural e artística, cujo trabalho, ação e produção explícita e claramente enfrentavam a supremacia cultural elitista-arianizante das classes dominantes. O TEN existiu como um desmascaramento sistemático da hipocrisia racial que permeia a nação. Havia e continua vigente uma filosofia de relações raciais nos fundamentos da sociedade brasileira; paradoxalmente, o nome dessa filosofia é "democracia racial". "Democracia racial" que é um mero disfarce que as classes branco/brancoides utilizam como estratagema, sob o qual permanecem desfrutando *ad aeternum* o monopólio dos privilégios de toda espécie. E a parte majoritária da população, de ascendência africana, se mantém, por causa de tais manipulações, à margem de qualquer benefício social-econômico, transformado em autêntico cidadão *desclassificado*. E, além do mais, alienado de si mesmo e de seus interesses, dopado pela falaciosidade daquela "democracia racial". Todos os trabalhadores não negros, os imigrantes procedentes de vários países europeus, se beneficiaram do precário estado da existência negra. Muito depressa, parte significativa desses trabalhadores não negros se tornaram membros da classe média, enquanto alguns outros atingiram os níveis econômicos, de poder e de prestígio social da burguesia; e a mobilidade vertical de todos eles baseou-se firme e irremediavelmente sobre a miséria e a desgraça do negro.

Mesmo sendo hoje um *slogan* bastante desmoralizado, a "democracia racial" ainda é invocada para silenciar os negros, significando opressão individual e coletiva do afro-brasileiro, degradação e proscrição de sua herança cultural. Esse *slogan* tenta escamotear a cruel exploração praticada contra os negros por todos os setores e classes da sociedade branca ou brancoide, quer se trate de ricos, de pobres ou de remediados. Nosso país desenvolveu uma cultura baseada em valores racistas, institucionalizando uma situação de características patológicas, a *patologia da brancura*, e uma forma de interação racial que se caracteriza como *genocídio* na forma e na prática.

Se de um lado há grande parcela da gente negra dopada com o ópio da "democracia racial", sempre houve boa parte de afro-brasileiros tentando mudar a situação dentro da imutabilidade estrutural das relações entre pretos e brancos. Esses esforços têm se mostrado inúteis, como fúteis têm sido as tentativas do negro em instituir, através de apelos à consciência do branco, uma efetiva democracia racial, gestos que dos brancos só têm merecido o desdém, ameaças e violências. Os brancos têm sido os únicos a ditar o sentido do Cristianismo, da Justiça, da Beleza, da Cultura, da Civilização, da Democracia, desde os inícios da colonização do país até os dias presentes.

Atualmente, a população do Brasil excede a cifra de 120 milhões de habitantes. Destes, mais de 70% são negros, isto é, afro-brasileiros, tanto os escuros como os de pele mais clara. Sob o critério que estou assumindo, o Brasil é o segundo maior país negro do mundo. Entretanto, só potencialmente, em sentido puramente abstrato, esses negros destituídos de tudo constituem uma ameaça para o sistema, que soube mantê-los subjugados em semiescravidão física e espiritual. A população afro-brasileira não abdicou da consciência crítica capaz de habilitá-la a perceber toda a complexidade e gravidade da carga que lhe impuseram sobre as costas, apesar da situação traumática e desumanizadora que enfrenta diariamente. Espoliada na matéria e no íntimo do seu ser, prossegue insistindo em propostas de transformação.

Na rota dos propósitos revolucionários do Teatro Experimental do Negro, vamos encontrar a introdução do herói negro com seu formidável potencial trágico e lírico nos palcos brasileiros e na literatura dramática do país. Transformou várias empregadas domésticas – típicas mulheres negras – em atrizes, e muitos trabalhadores e negros modestos, alguns analfabetos, em atores dramáticos de alta qualidade. A existência desses atores e atrizes de valor reconhecido demonstrou a precariedade artística do costume, no teatro brasileiro, de brochar de preto a cara de atores brancos para interpretar personagens negros de responsabilidade artística. A atuação do intérprete negro tornou também obsoleta aquela dominante imagem tradicional de a pessoa negra só aparecer em cena nas formas estereotipadas – a personagem caricatural ou o servo doméstico. A literatura dramática, assim como a estética do espetáculo, fundadas sobre valores e desde a óptica da cultura afro-brasileira, emergiram como necessidade e resultado lógico do exame, da reflexão, da crítica e da realização do TEN. Ele organizou e patrocinou cursos, conferências nacionais, concursos e congressos, ampliando dessa forma as oportunidades para o afro-brasileiro analisar, discutir e trocar informações e experiências. Também procedeu a uma revisão crítica da tendência prevalecente nos chamados estudos sobre o negro e sua cultura, denunciando a ênfase puramente descritiva – histórica, etnográfica, antropológica, e assim por diante – bem como as conclusões jubilosas de certas pesquisas conduzidas por carreiristas brancos que usam os negros como objetos de suas pseudocientíficas lucubrações[21].

Autossuficiência e Cultura Pan-Africana

Esforços dos africanos na diáspora, tentando a conquista de liberdade e melhoria socioeconômica, têm sido registrados em todos os países onde os negros constituem uma comunidade de relativa importância demográfica. Entretanto, aqueles esforços têm se sucedido mais ou menos isoladamente, por causa da separação que nos foi imposta pelo colonialismo e pelo racismo. Mas o projeto da unidade pan-africana sempre esteve e está vivo na consciência de cada um de nós, em qualquer lugar onde o supremacismo branco nos tenha determinado permanecer. A independência de quase todos os países africanos significa a emergência das primeiras vitórias dessa luta. Se cada nacionalidade se ergue como uma etapa necessária no processo de desmantelamento do colonialismo, então isso representa uma tática de necessidade. Novos passos devem ser resolutamente dados em direção a uma estratégia de progresso e de completa libertação, tendo em vista objetivos comuns. Não permitindo, por exemplo, que os dois terços da reserva mundial de poder hidroelétrico que a África possui continuem apenas como uma energia potencial, e não a serviço imediato dos povos africanos.

Os países da África devem estar preparados em todos os sentidos, principalmente no sentido técnico, para enfrentar o desafio da guerra atômica. Todos sabemos que da associação de Israel com a África do Sul resultou para ambos a posse da bomba atômica "sem precisar realizar suas próprias explosões nucleares, graças à duplicidade do Ocidente"[22].

Toda estratégia, toda luta, pressupõe uma perspectiva ideológica nítida na forma e na essência; isso se desejarmos que a ação que se vai empreender rumo à unidade, não acabe sabotada ou destruída ao longo da árdua estrada da realidade que se quer atingir. A presença neste momento de governos que apoiam esta unidade pan-africana – política, econômica, cultural – nos infunde a esperança de que as posições conflitantes entre unidades soberanas possam ser rapidamente solucionadas. Não deverá haver lugar para lutas entre irmãos africanos, especialmente dissensões, cisões e distorções provocadas por interesses neocolonialistas. Porém isso também impõe a necessidade de nos contrapormos àqueles governos que oprimem e exploram os seus cidadãos.

Fica claro, então, que a edificação de mecanismos transculturais no coração da comunidade pan-africana é passo fundamental que virá garantir a realização do pan-africanismo se estiverem integrados num projeto progressista econômico, político e social. Futuros passos sobre estradas pragmáticas deverão procurar os meios de enfatizar e desenvolver a cultura pan-africana e nunca de meramente promover, por exemplo, a cultura afro-brasileira, iorubá, haitiana, ou qualquer outra cultura singular.

A noção de autossuficiência está implícita no desdobramento desse processo. Este alvo da unidade necessária exige que cada país atravesse a longa estrada da autoemancipação em sua capacidade singular. Devemos começar imediatamente a reconhecer nossa dependência de nós próprios, explorar nosso potencial de forças e recursos, estudar e conhecer nossa circunstância, controlar nossas energias e riquezas – estas são as direções pelas quais nos tornaremos aptos a edificar sistematicamente nossa unidade própria.

Nos termos a que estou me referindo, a mencionada política cultural será apropriada à concreta realidade de cada unidade; porém nenhuma delas se esgota na prática de sua própria experiência singular. Nessa vocação dialética para a autossuficiência e a cooperação recíproca, aquela longamente buscada unidade terá a chance de se consolidar. Autonomia e suficiência não devem ser sinônimos de isolamento. As realizações em escala continental da OAU têm demonstrado, lamentavelmente em poucas instâncias, a eficácia da estratégia sugerida. Com efeito, devemos ter em mente ser uma obrigação deste Congresso desenvolver novos aspectos, abrir novas perspectivas, criar esperanças renovadas rumo à concretização da unificação africana, numa pauta progressista.

Em qualquer hipótese ou circunstância não podemos e não devemos subestimar a opinião de Cheikh Anta Diop ao afirmar que: "nossos problemas básicos de segurança e desenvolvimento somente podem ser resolvidos em escala continental e, de preferência, dentro de uma estrutura federativa"[23].

Sob esta unificação, o movimento pan-africano poderá lançar mão de todo seu potencial, obtendo por essa via as condições indispensáveis à realização do seu destino histórico na cena internacional.

A Respeito da Ciência e Tecnologia

Idêntica orientação deve ser adotada ao problema da ciência e da tecnologia. Os mesmos princípios devem prevalecer. O apelo inicial é para o encorajamento da investigação. A consagração do conhecimento autóctone, no sentido de edificar o ser nacional, antielitista e não classista, material e espiritualmente. Acredito na pedagogia que liberta a tecnologia de sua atual tendência de escravizar o ser humano. A tecnologia deve existir como um sustentáculo para a consagração do Homem e da Mulher em sua condição de ser. Autossuficiência na criação e adoção de tecnologia, assim como no desenvolvimento científico, precisa ocorrer simultaneamente ao desenvolvimento das nações, obedecendo seu ajustamento funcional ao respectivo ambiente e realidade humana. Isto porque na estrutura da presente fase da "ajuda técnica" as formas avançadas de tecnologia do capitalismo industrial, além de não cooperar na construção, em verdade instigam e promovem a penetração do capital monopolístico internacional e a alienação do autoconhecimento nacional. Essa "ajuda" tecnológica e científica estará apta a tomar os rumos da libertação somente quando os valores capitalistas que regem e regulam seus mecanismos não forem utilizados para deter o desenvolvimento da consciência dos povos e da independência nacional. Conforme afirmação correta do falecido presidente N'Krumah, de Gana, a tecnologia capitalista é a produtora dos "nobres servos" colonizados da estrutura do neocolonialismo.

Uma consequência do nosso raciocínio é que, em primeiro lugar os países devem desenvolver seu aparato próprio de conceitos organizacionais e tecnológicos; somente depois estarão em condições de realizar sua libertação tecnológica. Uma segunda ênfase sublinha que a cooperação tecno-científica, dentro do mundo pan-africano, tem uma significação pedagógica: uma eficácia produtiva, uma "economicidade" administrativa, suas práticas específicas e a conveniência e facilidade de uso no sentido social.

A transmissão da tecnologia não constituiria assim um meio de acentuar o vazio entre produtor e consumidor, mas algo que respeitaria as estruturas e as necessidades individuais, assim como os costumes das diferentes regiões, suas respectivas entidades ou unidades de desenvolvimento. Cooperação técnica e científica implica também um sistema de valores articulado à realização dos objetivos da unidade pan-africana. Promover a unidade como um valor significa dar a ela primeiro um sentido de libertação da dependência neocolonialista. Pois a dependência científica e tecnológica equivale ao estrangulamento e à criação de sistemas de opressão, porque está baseada sobre o valor da ambição de lucros. Ou, como já disse o presidente Julius Nyerere, o sistema no qual o dinheiro é *rei*. Para nós, o *rei* está incorporado no princípio de soberania de consciência, no conhecimento, nas projeções tecnológicas, tudo entrelaçado, dinamicamente dirigido rumo à nossa emancipação.

Devemos também ter em mente a advertência de Cheikh Anta Diop sobre a utilização da ciência e tecnologia.

> Nada disso pode ser obtido sem a existência de um Estado continental da África, ou ao menos a união dos Estados subsaarianos. Os enormes progressos da ciência e da tecnologia no século xx correm o risco de se voltar contra o desenvolvimento da África e dos povos negros em geral. Ciência e tecnologia permitiram a outros Estados reforçar seu poder e estar em melhores condições de continuar sua dominação sobre os fragmentados Estados africanos. Tenho medo de que, neste contexto, o progresso científico, em vez de atuar em nosso favor, venha trabalhar em nosso detrimento se não criarmos condições políticas e sociais para uma exploração e utilização racional da ciência e tecnologia.[24]

A revolução cultural baseada na autonomia científica e tecnológica não significa apenas a fundação da justiça social e da dignidade humana, mas é também um pré-requisito ao progresso econômico internacional da humanidade e da soberania dos povos.

Existe, aqui no mundo pan-africano, a necessidade de cooperação científica e tecnológica no sentido de incrementar e acelerar o desenvolvimento global de nossa cultura. Entretanto, esta necessidade não deve permitir a aceitação da "ajuda estrangeira" portadora de motivações imperialistas. "Ajuda" não é sinônimo de exploração, pelo contrário, implica uma livre associação entre aquele que oferta e aquele que recebe; ademais, a ajuda legítima deveria ser um catalisador do esforço coletivo.

Capitalismo Versus Comunalismo

Até agora procurei demonstrar que o capitalismo está em contradição direta com o comunalismo tradicional de nossas culturas africanas. Aquelas noções mecânicas que têm sido propostas para compreender a África e o pan-africanismo sob critérios que se aplicam ao capitalismo podem conduzir a graves erros. Precisamos compreender radicalmente a novidade da experiência africana, num sentido de oportunidade.

Emergindo diretamente do colonialismo, somos um povo em processo de autoanálise e reflexão, buscando meios de efetivamente processarmos um desenvolvimento que melhore a qualidade de vida de nossos povos. Em certo sentido, constituímos o elo mais fraco na corrente de ferro do capitalismo; enquanto isso, mantenho a convicção de que será através do comunalismo pan-africano que aquela corrente de ferro se tornará obsoleta e para sempre incapaz de se restabelecer. Entramos na etapa de construção do nosso próprio caminho com a maior pureza nas mãos e no coração. Somos os seres que permanecem abertos em face de todos os eventos do inesperado e do porvir.

Devemos, por isso mesmo, considerar inimigos a todos aqueles que, mesmo inconscientes, clamam por uma "modernidade" que já é passada: somos seres contemporâneos propondo uma vida nova.

A envergadura do nosso projeto exige uma revolução cultural permanente. E todos sabemos que uma revolução não pode consistir apenas na substituição de uma pessoa por outra, ou mesmo na troca de um sistema por outro. Ao contrário, uma revolução *cria* ambos: pessoas e sistemas. O sistema de valores é a espinha dorsal de todas as culturas. Os valores impregnam nosso espírito criativo, e, consequentemente, dão forma ao complexo dos mitos inaugurais: nisso consiste a mitopoesia de uma cultura. Imagens quintessenciadas da experiência, os mitos fundam a matriz reprodutora de nossas ações diárias. Eles incorporam os aspectos mais profundos, significativos e originais de nossa ontologia.

Nosso ser histórico é de origem mítica. Esta é uma lição da nossa arte, que, ao contrário da arte do chamado Ocidente, tem para nós o sentido de uma vivência natural e criativa. Alimento e expressão de nossas crenças e valores igualitários, assumimos esse poder do talento e da imaginação como o mais poderoso instrumento em nossa comunicação social e no diálogo com as nossas mais profundas raízes no espírito e na história.

Nem racionalismo europeu, nem mecânica norte-americana; arte é aquele outro olho, o olho de Ifá, que inspira, organiza, significa e infunde significação à nossa trajetória histórica e espiritual no mundo.

A cultura pan-africana consubstancia e configura a cultura de perene criação da criatividade mitopoética.

A aventura da mitopoesia é concomitante com nossa existência, conquanto, a um tempo, muito anterior a ela. Parte do sujeito e parte do objeto, a mitopoesia é capaz de induzir e ser refletida. Nossa razão é tanto poética quanto forjada: aparelho detector de nossas visões prospectivas.

Um dos pilares básicos da revolução pan-africana se concentra na capacidade criativa e de luta das mulheres negras. No Brasil, celebramos o nome de Luísa Mahin como o símbolo que resume a capacidade da mulher negra-africana nas várias atividades humanas, assim como dentro da sociedade e do processo histórico do país. Entre 1825 e 1835, nos vários levantes armados contra a escravidão ocorridos na Bahia, Luísa Mahin esteve presente como um combatente corajoso e incansável, e acabou sendo aprisionada. Gerou Luís Gama, e o perdeu, oh! Iemanjá, orixá das águas fecundas, mãe dos deuses e dos homens. Heroína da história africana e mártir na história do mundo ocidental. A mulher negra, desde algumas das nossas mais antigas tradições e culturas, tem seu lugar inscrito em nível de igualdade aos homens, tanto na responsabilidade doméstica como nos domínios do poder político, econômico e cultural. Na diáspora africana da escravidão, é à fortaleza da mulher africana, ao seu trabalho, sofrimento e martírio que devemos, em primeiro lugar, a sobrevivência de nosso povo. Personificada na mulher negra, a mitopoesia se sustenta, se mantém e se expande num ritual de gestação e de amor continuamente renovado.

Pan-Africanistas em Ação

Seis negros jovens, nas idades entre 18 e 25 anos, reuniram-se em 1938 e organizaram, na cidade de Campinas, no estado de São Paulo, o Congresso Afro-Campineiro. Os moços daquele tempo eram Aguinaldo Camargo, Geraldo Campos, Agur Sampaio, José Alberto Ferreira, o tipógrafo Jerônimo e Abdias Nascimento. Numa sessão privada, sem a presença da assistência do congresso, sob intensa emoção, o grupo dos seis jurou um dia retornar à África e contribuir como pudesse à libertação do território africano e dos irmãos de África da opressão colonial. Com o passar dos anos, as circunstâncias da vida separaram o grupo, dispersando-os pela geografia do país. Entretanto, os vaivéns da sorte permitiram que um deles pudesse cumprir o juramento: este que vos fala. Pela primeira vez caminho pelo chão pisado pelos meus ancestrais, a livre terra africana de Tanzânia. E por felicidade minha, isso está acontecendo num momento excepcional, quando algo realmente maravilhoso está sucedendo aqui. Sucessos relacionados com os profetas.

É tempo de evocar certo profeta, que, após libertar seu povo da escravidão, isolou-se no cimo de uma montanha para um longo diálogo com o seu deus. Orou e meditou, e, quando desceu as encostas da montanha, trazia nas mãos a tábua das leis, onde estavam inscritos os mandamentos que seu povo devia seguir a fim de obter um futuro da felicidade e salvação eterna.

Um movimento análogo está ocorrendo aqui e agora. O profeta e seu povo, integrados e juntos, estão ascendendo à montanha. No coração do profeta, uma vela acesa cintila e é plantada no cume do Kilimanjaro: a luz do pan-africanismo. Esta luz se irradia por toda a África e vai além, para o resto do mundo. Ilumina todos os povos e todas as raças, levando a todos "esperança onde havia desespero, amor onde antes havia ódio, e dignidade onde antes havia somente humilhação"[25].

Evocação dos Ausentes, dos Silenciados e dos Aprisionados

Acho que agora todos sabem por que os negros do Brasil permanecem silenciosos e ausentes. Ainda ontem ouvimos o representante da Tanzânia, o ilustre Joseph Rwegasira, insistindo, muito apropriadamente, no uso da expressão *homem negro*. Parece haver sido cometido através do mundo um novo crime: o crime de ser negro. Os povos africanos e seus descendentes têm sofrido e ainda sofrem, somente em virtude de sua aparência física e sua respectiva componente cultural, toda sorte de agressões. Não apenas a injúria física, mas também contínuos ataques ao seu espírito e à sua inteligência. Na linha desse raciocínio e dessas considerações, quero evocar, neste histórico Congresso, as vozes que foram silenciadas; evocar publicamente aqueles negros objetos de intimidações e ameaças ocorridas mesmo aqui, no próprio local deste encontro; lembrar aquelas outras vozes impedidas de serem ouvidas nesta assembleia tanto pelos organizadores do Congresso como por governos ditatoriais ou "democráticos", governos de brancos ou de negros; celebrar também aqueles que agora se encontram no cárcere por causa de sua militância em favor de uma revolução negra ou pan-africana. Condeno a intolerância, a postura antinegra, venha de onde vier, não só aquela conhecida e mantida ao estilo capitalista e das ditaduras militares, mas também aquela intolerância de países cujo socialismo deveria constituir uma garantia efetiva ao exercício da nossa integral e completa realização como seres humanos.

Não aceito o escapismo da "humanidade sem cor", que simplesmente nos conduz ao endosso de nossa alienação cultural e racial, tão persistentemente patrocinada e advogada por aquelas ideias e aqueles ideais do supremacismo eurocentrista. Milênios antes de os europeus tentarem negar a África e os africanos através da desumanização escravista e da invasão colonial, com a simultânea negação de sua história e cultura, os negro-africanos se reconheciam como negros e não se envergonhavam de sua identidade concreta, muito pelo contrário, se orgulhavam dela. A revolução pan-africana deve assumir como tarefa prioritária a responsabilidade de garantir o resgate da consciência negra, a qual tem sido violada, distorcida e agredida de muitas formas e maneiras.

Fique registrado, entretanto, que a consciência negra do negro não se rende; ela se constituiu, na peripécia do seu sofrimento e nas vicissitudes históricas, em arma e armadura, em forças espirituais que sustentam os passos e a vitalidade de nosso povo.

Bibliografia

ANDRADE, Jorge. Quatro Tiradentes Baianos. *Realidade*, nov. 1971.

CABRAL, Amílcar. La Cultura, Fundamiento del Movimiento de Liberación. *El Correo de Unesco*, v. 26, nov. 1973.

DIOP, Cheikh Anta. Entrevista a *Black Books Bulletin*. Coord. e trad. do francês ao inglês por Shawna Maglangbayan Moore. In: VAN SERTIMA, Ivan (org.). *Great African Thinkers: Cheikh Anta Diop*. Rutgers: Journal of African Civilizations, 1986.

_____. *Black Africa: The Economic and Cultural Basis For a Federated State*. Trad. do francês para o inglês por Harold Salemson. Westport: Lawrence Hill, 1978.

FERNANDES, Florestan. *O Negro no Mundo dos Brancos*. São Paulo: Difusão Européia do Livro, 1972.

MOURA, Clóvis. *Rebeliões da Senzala: Quilombos, Insurreições, Guerrilhas*. Rio de Janeiro: Conquista, 1972.

_____. *O Negro: De Bom Escravo a Mau Cidadão?* Rio de Janeiro: Conquista, 1977.

NABUCO, Joaquim. *O Abolicionismo*. São Paulo: Instituto Progresso Editorial, 1949.

NASCIMENTO, Abdias do. *O Genocídio do Negro Brasileiro*. Rio de Janeiro: Paz e Terra, 1978. [3. ed. São Paulo: Perspectiva, 2016.]

_____. *"Racial Democracy" in Brazil: Myth or Reality?*. Trad. Elisa Larkin Nascimento. Ibadan: Sketch, 1977.

_____. *O Negro Revoltado*. Rio de Janeiro: GRD, 1968. [2. ed. Rio de Janeiro: Nova Fronteira, 1982.]

NYERERE, Julius. *Ujamaa: Essays on Socialism*. London/New York: Oxford University Press, 1974.

_____. Hansard, 35ª sessão, 22 out. 1959.

RAMOS, Guerreiro. *Introdução Crítica à Sociologia Brasileira*. Rio de Janeiro: Editorial Andes, 1957. [2. ed. Rio de Janeiro: Editora da Universidade Federal do Rio de Janeiro, 1995.]

SKIDMORE, Thomas E. (1974). *Black Into White: Race and Nationality in Brazilian Thought*. New York: Oxford University Press, 1974.

DOCUMENTO 3

Considerações Não Sistematizadas Sobre Arte, Religião e Cultura Afro-Brasileiras[1]

Creio que a mestiçagem biológica, a mestiçagem cultural, elevadas a uma doutrina política aplicada a uma nação, constituem um erro que pode mesmo conduzir a resultados lamentáveis. [...] Acredito que se deva deixar as relações prosseguirem naturalmente e não pressionar uma mestiçagem qualquer, o que é um erro político e que nada tem a ver com uma abertura e com o desenvolvimento de uma civilização multirracial.

CHEIKH ANTA DIOP,
Entrevista a Fred Aflalo, *Singular & Plural*

Todos aqueles criadores de arte afro-brasileira sabem mais pela prática do que pela reflexão ou pelo exame intelectual que a sua arte está integralmente fundida ao culto, e dissociá-la do contexto religioso, onde ela tem origem, seria o mesmo que tentar elabora-la a partir do vazio e do nada. Ao evocar o culto, estou me referindo a todo o espectro ritualístico das culturas africanas no Brasil, e não a qualquer um restrito e singular ato ritual visto na intimidade do *pegi* (templo). Quem observa a presença tão viva e profunda da religião africana no país, rápida e facilmente verifica a importância da sua influência sobre a arte brasileira, de um modo geral. Sem embargo, o ponto que desejo ferir é aquele referente ao potencial imensurável que a persistência dos valores africanos em cultura e religião significa para o desenvolvimento do patrimônio espiritual e criativo do povo brasileiro.

Na muito correta observação feita pelo professor Wande Abimbola, da Universidade de Ifé, no comovente relato que fez após visitar seus irmãos afro-brasileiros da Bahia, em 1976, a fé nos orixás persiste firme, está muito longe da reminiscência ou do desaparecimento.

Entretanto, se essa arte não pode existir dissociada do culto, tampouco pode ela se desvincular do contexto mais amplo que a condiciona: o nascimento e a evolução do próprio Brasil. E para ser objetivo quanto ao nascimento do Brasil, tenho que evocar a escravização dos africanos e, ainda que superficialmente, tocar nas peripécias que eles e sua cultura têm sofrido no novo meio para o qual foram transplantados pela violência colonial. Começarei focalizando um desses tentáculos: a obliteração da lembrança.

Primeira Providência: Apagar a Memória do Africano

No sentido de apagar da lembrança do afro-brasileiro a horripilante etapa histórica brasileira do escravagismo, a camada dominante no Brasil não tem poupado esforços. Com essa providência se conseguiriam vários benefícios: primeiro, aliviaria a consciência de culpa dos descendentes escravocratas, os mesmos que ainda hoje continuam dirigindo os destinos do país; segundo, simultaneamente ao desaparecimento do seu passado, o negro brasileiro assistiria também à obnubilação de sua identidade original, de sua religião de berço e de sua cultura, o que resultaria na erradicação da personalidade africana e do orgulho que lhe é inerente. A classe dirigente e seus porta-vozes teóricos – historiadores, cientistas sociais, literatos, educadores, e outros afins – formam uma consistente aliança que tem exercido, há séculos, a prática e a teoria da exploração dos africanos e de seus descendentes no Brasil. É como o velho defensor da dignidade do homem negro, Sebastião Rodrigues Alves, certeiramente aponta: "A primeira medida do escravagista, direta ou indiretamente, era produzir o esquecimento do negro, especialmente de seus lares, de sua terra, de seus deuses, de sua cultura, para transformá-lo em vil objeto de exploração."[2]

A destruição pelo fogo dos documentos referentes ao tráfico escravo, à escravidão, além da destruição dos instrumentos de tortura aos africanos escravizados, é parte desse plano diabólico contra a memória do africano e de seu descendente. Nesse plano também se integra, completando a conjuração, o sistema educativo brasileiro. Um documento da Unesco confirma que: "Na maior parte dos países latino-americanos nunca se lecionou nas universidades cursos sistemáticos sobre culturas negras. Os preconceitos gerados pela escravidão sofrida pelos africanos na América contribuíram para isolar a África dos conhecimentos da vida universal, para menosprezar e, mais ainda, negar a sua história."[3]

Especialmente no Brasil, em tempo algum jamais se pensou em cursos sistemáticos de cultura africana em qualquer nível escolar. E dois chamados Centros de Estudos Africanos existentes nas universidades da Bahia e de São Paulo não têm passado de agências acadêmicas inúteis, completamente destituídas de significação educativa ou cultural para as comunidades afro-brasileiras. O único trabalho desenvolvido por esses Centros são aqueles de tentar sistematicamente alienar o negro dos seus próprios interesses, domesticando-lhes os ímpetos de organização e de luta, fora da tutela oficial ou convencional[4].

Dispondo de todo um aparelhamento teórico com a respectiva implementação prática, a obliteração da memória do afro-brasileiro, no pensar e no dizer de alguns observadores de superfície, estaria totalmente consumada. Observemos tais observadores segundo compreende e define o assunto Guilherme Figueiredo, dramaturgo, diplomata e escritor: "O homem brasileiro de hoje quase não tem memória do tráfico e da escravidão: setenta e nove anos após a Abolição, já desapareceu a última geração de escravos; e em quatro séculos de miscigenação, a condição de negro ou branco dilui-se na mistura sanguínea. O homem africano, não: este tem presente o seu drama, na pele e na presença do homem branco que o condiciona."[5]

Guilherme Figueiredo, como filho legítimo da camada dominante branco-europeia, fala a linguagem da sua origem. Pois diametralmente oposta é a linguagem dos povos de origem negro-africana, cuja vivência existencial é bem diferente daquela pintada no trecho acima transcrito. Para nós, a miscigenação pelo estupro da mulher africana jamais significará um valor, conforme se infere da glorificação que faz Guilherme Figueiredo em repetidos momentos do seu artigo. Os afro-brasileiros estão em situação muito pior do que os africanos: temos na pele e na alma a África, mas nos rodeiam e nos condicionam as várias estratégias aniquiladoras do mundo dos brancos. O desafio que temos pela frente é muito mais complexo, difícil e doloroso. No contexto referido por Figueiredo, para o africano o inimigo está visível a olho nu, ele pode lutar franca e diretamente. O negro brasileiro, ao contrário, tem de enfrentar uma teia emaranhada de sutilezas domesticadoras que principia na já citada obliteração de sua memória; depois vêm a violação miscigenadora, o estupro aculturativo, a imposição sincrético-religiosa, enfim, todo um elenco de máscaras para ocultar o desprezo das nossas elites que só tratam dia e noite de neutralizar a nossa integridade de ser total. Aliás, o próprio Figueiredo desmente o que afirmou à página 38: "a condição de negro ou branco dilui-se na mistura sanguínea", pois logo à página seguinte, 39, ele reconhece "os brancos sendo entre nós em mais alto nível econômico". A máscara da fusão racial não resistiu à espera de três páginas, e foi arrancada, talvez inconscientemente, para mostrar que na base da mistura sanguínea, decantada em todos os tons, estão também presentes interesses da exploração econômica. Não conseguiu evitar aquela contradição do seu próprio escrito e igualmente não pôde evitar, em que pese qualquer boa intenção de sua parte, a contradição de ele representar oficialmente uma instituição racista, o Itamaraty, num seminário sobre o *apartheid* e a discriminação racial, auspiciado pela ONU, no território africano: a República de Zâmbia. Se levarmos em conta a porcentagem majoritária de descendentes africanos em nossa população e a tão proclamada democracia racial, é de uma ironia ou ridículo atroz que o Brasil só tivesse para enviar à África o mesmo delegado branco que representava nosso país na França, na qualidade de adido cultural à nossa embaixada.

Acho oportuno registrar agora a arguta observação feita por uma pesquisadora norte-americana, Joan Rosalie Dassin, concernente ao tema da memória do afro-brasileiro, quando comenta o distanciamento da realidade dos nossos escritores ao fundar, por volta de 1840, o indianismo romântico: "E da mesma maneira como essa idealização disfarçava a destruição inegável do índio ou sua expulsão para áreas periféricas, a exaltação da influência africana omitia, convenientemente, menções à escravidão negra no país."[6]

Caso o negro perdesse a memória do tráfico e da escravidão, ele se distanciaria cada vez mais da África e acabaria perdendo a lembrança do seu ponto de partida. E este ponto de partida é o ponto básico: quem não tem passado não tem presente e nem poderá ter futuro. Evocar o tráfico, lembrar constantemente a escravidão, deve constituir para os brasileiros uma obrigação permanente e diária, sem que isso represente nenhuma forma de autoflagelação patológica e muito menos o extravasamento de um pieguismo lacrimogênio. Essa hipótese está muito distante da minha proposição. O que quero dizer é que tráfico e escravidão formam parte inalienável do ser total dos afro-brasileiros. Erradicá-los da nossa bagagem espiritual e histórica é o mesmo que amputar o nosso potencial de luta libertária, desprezando o sacrifício dos nossos antepassados para que nosso povo sobrevivesse. Escravidão quer dizer raça negra, legado de amor da ancestralidade africana. Nessa força básica de identidade é que o negro deve se unir com o negro, e não apenas ao apelo de interesses mesquinhos ou de sentimentos destituídos de valor. E que objetivos teria essa unidade entre os negros? Antes de tudo, a reconquista de sua liberdade e dignidade como pessoa humana; o resgate de sua autodeterminação e soberania, como parte de uma nação que o colonialismo europeu-escravocrata dividiu, o capitalismo espoliou, o racismo e o supremacismo branco desfrutaram. Seja qual for o aspecto originado nessa fonte, ele é nosso inimigo. Lembrando a mutabilidade do camaleão, o mal se disfarça sob vários eufemismos: imperialismo, neocolonialismo, assimilação, aculturação e miscigenação, até completar a figura do monstro. A miscigenação, na forma em que tem sido teorizada e imposta, cumpre meramente o papel de instrumento genocida, de consequências fatais para os destinos da etnia afro-brasileira. É preciso que não haja mal-entendidos: miscigenação em termos de encontro espontâneo e livre fusão entre pessoas de origens diferentes é uma coisa; outra bem diferente é aquela miscigenação que começa com o estupro brutal do branco contra a mulher negra escravizada, e tem prosseguimento na discriminação étnico-social contra o afro-brasileiro, tão mais definitiva quanto mais perto ele está de suas origens raciais, na cor da pele e outros atributos somáticos e culturais. E temperando as condições dessa miscigenação existe uma filosofia racial e uma política governamental associadas no controle do seu processamento na sociedade. Se as classes dominantes, a elite dirigente, certos cientistas sociais, querem por sua conveniência acreditar ou fingir acreditar no mito da democracia racial decorrente da miscigenação, é problema deles; quanto a nós, afro-brasileiros, não aceitamos como igualdade étnica e fusão racial harmoniosa uma sociedade dominante que tem se batido sempre no sentido de branquear a aparência da população brasileira, e além do mais exerce uma imposição subjetiva que trabalha subterraneamente em canais menos visíveis. Mas a política oficial do branqueamento está exposta sem qualquer ambiguidade no Decreto-Lei n. 7969, de 18 de setembro de 1945, assinado por Getúlio Vargas[7].

Escravidão não significa para nós um vocábulo petrificado nas páginas da História. Não é longínqua nem abstrata. Antes é uma palavra que nos devolve parte viva e dinâmica de nossa própria carne e espírito: os nossos antepassados. A violência que eles sofreram é a violência que tem se perpetuado em nós, seus descendentes. A opressão de ontem forma uma cadeia no espaço, uma sequência ininterrupta no tempo, e das feridas em nosso corpo, das cicatrizes em nosso espírito, nos vêm as vozes da esperança.

Embalados na esperança, os negros brasileiros não perderam sua alegria e esse gosto de cantar e de dançar a vida, e assim se preparam para os momentos da luta mais difícil que virá.

A Luta Antiga da Persistência Cultural

Agredido de todos os lados, foi em suas religiões ancestrais que o africano encontrou um espaço onde se apoiar e defender o que lhe restava de identidade humana. E, cientes desse fato, tanto a sociedade institucionalizada como a religião oficial do Estado, o catolicismo, não deram tréguas às religiões vindas da África. Acusadas de cultos fetichistas, sofriam a condenação de sacerdotes católicos e a repressão policial. Mas a despeito da manipulação de tantas estratégias e recursos para degradar, distorcer e esmagar a herança africana, a cultura convencionalmente tida como a dominante careceu de aptidão para concretizar os objetivos que perseguia. Não conseguiu suprimir completamente os valores africanos da cultura. Instituições e tradições de diversas culturas transplantadas da África para o Brasil permanecem existindo em todo o seu brilho e vitalidade. Algumas dessas culturas deixaram sua marca indelével na face cultural brasileira; outras conservam intacto todo um sistema de pensamento simbólico, de teologia e cosmologia. Nenhuma das expressões culturais se rendeu passiva ou facilmente à tentativa, sutil ou violenta, da destruição colonizadora. Entre elas mesmas, as culturas africanas mantiveram um complicado jogo, uma interação por vezes sutil; a qualidade e a dimensão da reciprocidade que mantinham variava segundo as diferentes condições da vida escrava e das características respectivas de cada cultura. Isso resultou numa diversidade de situações entre elas, em termos de desenvolvimento, de visibilidade e prestígio.

Um fator decisivo na permanência cultural dos variados grupos étnicos pode ser encontrado na área de localização dos escravos: a área urbana e a rural. Os escravos das áreas urbanas desfrutaram de maiores oportunidades para contatos e comunicação entre eles e o ambiente das respectivas vilas e cidades. Gozavam de relativa mobilidade que os transformavam em portadores e transmissores da prática cultural. E a organização dos chamados *negros de ganho* em grupos de coesão étnica, para transporte de cargas – volumes diversos, móveis, pianos, tonéis de detritos –, ajudava a conservar os laços de língua e cultura. Outro tanto sucedia com as fraternidades religiosas cuja origem se encontra na discriminação racial da Igreja Católica contra os africanos. Instituídas por razões bem diferentes, as irmandades de N. Sra. do Rosário, de São Benedito e outras obedeciam certa divisão étnica que contribuiu para o fortalecimento dos respectivos grupos nos centros urbanos. Porém, na situação urbana que estamos focalizando, o elemento que mais pesou foi a constituição de *nações*, as quais se baseavam frouxamente sobre agrupamentos étnicos e funcionavam como sociedades de ajuda mútua, de coesão social, de prática religiosa e exercício cultural. Desempenharam papel decisivo na libertação de escravos através da manumissão, e exerceram uma função importante de apoio material e moral aos africanos atirados àquele meio hostil. À primeira vista pode parecer irônico que o funcionamento dessas *nações* tivesse o estímulo da estrutura oficial. Mas tudo se esclarece quando se sabe que as *nações* eram parte da estratégia de dividir para melhor dominar. Quase idêntico processo está vigente nos dias atuais; basta apenas trocar as *nações* pelas dezenas de categorias étnicas empregadas para dividir o negro descendente do escravo: mulato, mestiço, crioulo, pardo, moreno, moreno claro, moreno escuro, mulato sarará, fusco, negro fechado, negro aço, cabra, bode, e assim por diante. Jogando com vocábulos vazios de sentido, já que todos no final das contas são tratados como negros, os que dominam evitam que o povo afro-brasileiro consiga aquela unidade que o tornaria invencível.

No passado, as fraternidades religiosas e as *nações* foram utilizadas como uma espécie de espaço neutro entre os dominadores e os dominados. Tinham a função de amenizar e aplacar o justo ódio e ressentimento das vítimas negras. Dessas instituições emergiam "autoridades" africanas fantoches: "reis" e "governadores" eleitos pelos grupos, que não raro podiam até ser genuínos reis escravizados e degradados. Certos senhores mandavam escravos para serem "julgados" e castigados por essas "autoridades", e assim o próprio africano aplicava na carne do seu irmão o flagelamento do branco, a tortura do colonizador, o tronco do senhor.

Assumindo a jurisdição sobre disputas entre escravos, responsabilizando-se pela manutenção da ordem e pela maximização do rendimento no trabalho, as "autoridades" africanas liberaram muito senhor de engenho daquela função ingrata e odiada, além de economizar o tempo e a energia dos senhores e dos feitores. Nos dias de hoje, temos vários negros desempenhando idêntico papel a serviço dos opressores, tanto dentro dos limites brasileiros como no próprio continente africano.

Em última instância, pode-se dizer que *nações* e grupos religiosos tiveram um duplo papel na sociedade colonial: de um lado, foram ajuda positiva como veículos e transmissores da religião africana e da cultura tradicional; de outro lado, se transformaram em braços do senhor, auxiliando a dominação e exploração dos africanos. Sintomaticamente, várias revoltas planejadas no seio dessas instituições foram traídas por companheiros escravos de outro grupo rival, étnico ou religioso. Fenômeno esse que resultou no virtual desaparecimento do grupo muçulmano, notabilizado por suas insurreições bem planejadas, por volta de 1805 a 1841, na Bahia. Estes sucessos ocorreram na primeira metade do século XIX, quando os hauçás tentaram uma série de levantes, os quais, denunciados, foram violentamente reprimidos; os cabeças, pertencentes ao Islã, foram mortos em sua maioria, e alguns, deportados para a África. De modo geral, os demais seguidores desapareceram absorvidos por outros grupos.

Entre os escravos de trabalho agrícola, a situação diferiu completamente; as condições experimentadas por eles tiveram um efeito marcante sobre os modelos de sobrevivência cultural que conseguiram manter. Diferentemente dos escravos citadinos ou urbanos, na zona rural eles foram mantidos em aglomerados de composição étnica mista, com as consequentes barreiras linguísticas, religiosas e culturais, dificultando-lhes a comunicação. Não haviam *nações* nem fraternidades. Estavam sob o controle direto dos senhores e da vigilância ocular dos feitores. Não tinham aqueles escravos nenhuma condição que lhes permitisse a formação de grupos de qualquer espécie ou natureza. Mesmo o culto católico, que teórica e legalmente lhes era facultado, não tinha existência concreta na vida do escravo do eito. Disso resultou a impossibilidade da transmissão íntegra dos seus valores culturais, que se diferenciavam em origem e natureza.

Apenas aos domingos e feriados se permitia aos escravos das fazendas uma certa folga, a qual nem era de fundo religioso, como também não decorria da propalada benevolência do senhor de escravos: o que motivava a folga dos domingos e feriados era a taxa de mortalidade extremamente alta. Assim se necessitava salvar o capital empregado na escravaria, e o remédio mais indicado estava à mão: uma dose de cultura natal, por intermédio da música, da dança, dos cânticos, das anedotas, dos contos legendários e míticos. Todavia, o problema linguístico da comunicação permanecia, causando enormes dificuldades ao desenvolvimento das relações recíprocas entre escravos de origem diversa. Logicamente as culturas desses grupos, enfrentando os azares da situação, se misturaram, se confundiram, se amalgamaram em variações e gradações inumeráveis.

Esses fatos explicam, ao menos em parte, o prevalecimento de certas formas culturais africanas sobre outras. Parece que tudo foi obra mais ou menos casual. Há quem acredite numa tendência distributiva dos escravos sob o seguinte critério: iorubá, fon, ewe (gêge) foram primariamente escravos urbanos e, por conseguinte, suas religiões obtiveram mais chances e puderam persistir quase intactas em suas estruturas, contando ainda com o suporte das *nações* e fraternidades; já os africanos de origem banta se destinaram, em sua grande maioria, aos trabalhos rurais, aos campos de plantação – os elementos de sua cultura sobrevivem especialmente na música, no folclore, na linguagem brasileira. Se na atualidade a cultura iorubá parece ocupar uma posição mais eminente, é devido à sua visibilidade como religião organizada, ou reorganizada no Brasil, quase repetindo sua integridade original africana. Mas o folclore da civilização banta, na frase de Roger Bastide, também "tem sido preservado dum extremo ao outro do continente americano, de Louisiana ao Rio da Prata"[8] (1971: 106). Vários especialistas têm tratado desse problema e me dispenso de aprofundá-lo neste momento. Todavia, os bantos influenciaram o folclore e a língua portuguesa, e também constituem a matriz da religião cabula, assim como os muçulmanos foram a base dos alufás, cultos religiosos que se praticavam até recentemente no Rio de Janeiro. O mesmo se pode dizer da macumba carioca, de forte sustentação banta. Já a umbanda congrega amplo elenco de influências, e sobre esta há uma vasta bibliografia. No jogo de interinfluências e transinfluências, essas religiões adotaram um sistema de correspondências entre as divindades das várias religiões africanas e seus derivados afro-brasileiros. Desse sincretismo, que nada tem a ver com o sincretismo afro-católico, citarei dois pontos do maestro Abigail Moura, compostos para minha peça *Sortilégio (Mistério Negro)*. No primeiro exemplo, Exu (iorubá) equivale a Bombonjira (banto-congolês):

PONTO DE EXU

Ê Pomba-Gira, ê – Vamos saravá!
Exu Tranca-Rua, ê – Vamos saravá!
Exu-Tiriri, ê – Vamos saravá!
Exu Barabô, ê – Vamos saravá!

Ê Kolobô, ê
Abre caminho, ê
Na fé Zambe, ê
Esse Quimbanda, ê

Ê Pomba-Gira, ê – Vamos saravá!
Eu quero a pemba, ê – Vamos saravá!
P'ra risca ponto, ê – Vamos saravá!
Na minha terreiro, ê – Vamos saravá!

No segundo exemplo, as equivalências estão entre Oxunmaré (iorubá) e o Angorê angolano:

PONTO DE OXUNMARÉ

Oxunmaré tem as sete cores
As sete cores também têm neste pegi
Oxunmaré, ê meu orixá
Oxunmaré é um amigo leal

Oxunmaré é um grande general
É mandão da água doce
Em Angola é Angorô
Oxunmaré vem que vou te coroar
E na fé de Zambe-Ampungo
A demanda vou ganhar.[9]

Estas pequenas amostras da natureza sincrética da interação entre as religiões africanas, acontecida sem pressões, mostra fenômeno determinado tanto pela necessidade na prática do culto assim como pelas situações locais na idêntica servidão de todos. Tal dinâmica imposta pela vontade de sobrevivência revela a grande vitalidade intrínseca de cada uma das religiosas envolvidas no processo.

Catolicismo e Religiões Africanas

Um dos fatos históricos que relembro a fim de não desaparecer no distanciamento do tempo é aquele que relaciona a Igreja Católica à escravidão. Tal relação não se limitava à expedição de bulas papais, sermões de sacerdotes, ou outros atos de natureza unicamente teórica de apoio ao comércio de seres humanos e à sua exploração impiedosa sob o cativeiro. Refiro-me aos aspectos práticos daquela relação, com instituições católicas e sacerdotes católicos mantendo africanos escravizados por uma simples questão de lucro. Nos alvores da colonização, em 1551, o famoso padre Nóbrega já insistia, em carta a dom João III, na "necessidade de alguns escravos da Guiné para o Colégio da Bahia"[10]. Enquanto ao começar os seiscentos, em Piratininga (São Paulo), "já o padre João Álvares não organizava a sua bandeira de negros?"[11]. Mais adiante, nesse mesmo texto, Cassiano Ricardo afirma que "só o padre Pompeu possuía 101 escravos"[12]. Quase todas as ordens religiosas possuíam escravos: capuchos, mercedários, jesuítas, carmelitas, beneditinos. E Vieira, o pregador sempre tão exato na frase, diria ainda nos seiscentos: "Sem negros não há Pernambuco, e, sem Angola, não há negros."[13]. Fica transparente que, para o catolicismo, que considerava o africano possuidor de sangue infecto[14], a raça negra estava destituída da condição humana. E na rejeição do negro-africano, aqueles papas, sacerdotes e instituições escravocratas católicas praticavam a rejeição e a escravização do próprio Jesus Cristo, que sem dúvida alguma foi um negro.

Ao nível da relação do catolicismo com as religiões africanas, há o fenômeno do sincretismo o qual só na aparência se assemelha àquele referido anteriormente. Neste exemplo de sincretismo, a Igreja Católica era a religião oficial que ditava as normas de cima para baixo. Tanto não havia igualdade ou paridade religiosa, condição prévia do verdadeiro sincretismo, que os escravos se viam submetidos, ainda nos portos de embarque africanos, ao batismo compulsório. A escravidão espiritual constituía parte intrínseca da escravização física. Tanto assim que era uma prática normal do catolicismo se associar com o tráfico e o sistema escravista, que seu proselitismo tinha o amparo dos traficantes, do Estado e da força suasória da polícia. Pode-se afirmar, assim, que o procedimento da Igreja Católica e dos seus sacerdotes ajudou a marcar o sentimento cristão brasileiro com uma indelével característica de tirania e sadismo.

O que alguns antropólogos culturais e seus aprendizes têm chamado de sincretismo entre catolicismo e religião africana não passa de uma cobertura sob a qual os escravos clandestinamente se habilitavam a praticar seu próprio culto religioso, reprimido de tantas formas. Devemos ter sempre em mente que, desde o nascimento da colônia, considerava-se as religiões africanas como práticas ilegais, e elas se tornaram cultos subterrâneos, misteriosos, secretos. Há uma infinidade de testemunhos e exemplos documentando a história de perseguição implacável movida contra as religiões africanas. Já no século passado, "cientistas" e pesquisadores rotulavam o candomblé e outras religiões vindas da África de "magia negra", "superstição", "animismo", "fetichismo" e outros "ismos" igualmente pejorativos.

Vou citar apenas uma dessas típicas manifestações "científicas": a do professor Donald Pierson, branco norte-americano que goza de renome como conhecedor da situação afro-brasileira. Pierson afirma que "A Igreja Católica na Bahia, exercitando quase infinita paciência e tato, agora incorporou em sua organização todos os membros dos cultos fetichistas baianos."[15]

Antecipadamente, Pierson usa a terminologia racista do eurocentrismo e qualifica as religiões afro-brasileiras de "cultos fetichistas". Quais são, exatamente, as implicações contidas na definição desse cientista? Tal definição pode corretamente parecer inocente à primeira leitura de algumas pessoas ingênuas. Mas se consultamos no *Webster's Seventh New Collegiate Dictionary* a definição de *fetiche* e *fetichismo*, depressa se revela o seu conteúdo inerente e derrogatório. Para *fetiche* temos: "qualquer objeto material visto com supersticiosa, extravagante ou reverente confiança; b. um objeto de irracional reverência ou obsessiva devoção; c. um objeto ou parte do corpo que provoca (levanta) a libido frequentemente excluindo os impulsos genitais"[16]. E para *fetichismo*: "1. crenças em fetiches mágicos; 2. extravagante e irracional devoção; 3. o patológico deslocamento do interesse e satisfação eróticos a um fetiche."[17]

Aqui temos os dois elementos que caracterizam o comportamento preconceituoso e não científico que tem sido normalmente dispensado às religiões africanas no Brasil: primeiro, o não reconhecimento nelas de qualquer conteúdo genuinamente espiritual ou religioso, substituindo-se estes conceitos por eufemismos formulados em "superstição", "confiança extravagante", ou "reverência irracional". Segundo, notamos a banal representação da sensualidade expressa em devoção espiritual na referência à "libido". Desde que o cristianismo criou o complexo de vergonha e culpa em torno da sexualidade humana, rejeitando nossa responsabilidade mais sagrada, a procriação, o cientista de formação europeia não pode conceber nem entender uma religião onde a sexualidade é vista como parte integral do ser: humano, divino e espiritual. Partindo dessa incompreensão, ele descreve as expressões religiosas da sensualidade em versões insípidas, de eroticismo menor e vulgar, como é também o caso de certos romancistas brasileiros. No dicionário temos, na definição de fetichismo, não só o elemento de "extravagante devoção irracional", mas ainda, com outra significação, o "patológico deslocamento do interesse e satisfação eróticos para um fetiche". Sobressai-se nessa definição outro elemento da arrogância "científica" eurocentrista: a assunção, explícita ou implícita, de que as religiões africanas são dementes fenômenos psicóticos. E culminando tudo isso, Pierson mostrou sua incapacidade de perceber o fato de que a real situação é exatamente a oposta daquela por ele postulada. Ao contrário do que Pierson diz, são as religiões afro-brasileiras que, a despeito de suportarem conceitos como "fetichismo", "animismo" e assim por diante, e de terem sido reprimidas e perseguidas pelo catolicismo, têm, no entanto, exercitado séculos de paciência e tolerância, assim como muita generosidade, diante da arrogância da religião cristã e de seus elementos assimilacionistas.

Bem diversa da atitude de Donald Pierson é a do verdadeiro cientista, o qual, antes de emitir seus julgamentos a respeito de fatos e fenômenos não familiares à sua própria cultura, primeiro os estuda, analisa e examina numa longa convivência, de dentro, até assumir a perspectiva dos próprios africanos em sua cosmovisão e estrutura simbólica de pensamento. Antes de penetrar na significação mais íntima dos fatos religiosos afro-brasileiros, nenhum cientista, nem filosófico, religioso ou intelectual tem o direito de emitir julgamentos ou definições. Afortunadamente, há estudos e estudiosos íntegros e criteriosos. A antropóloga Juana Elbein dos Santos é um exemplo. Descrevendo os objetos rituais do candomblé, tidos pela ignorância e o preconceito como "fetiches", ela observa que

> Um objeto que reúne as condições estéticas requeridas pelo culto, mas que não foi "preparado", carece de "fundamento", é simplesmente uma expressão artesanal e/ou artística. O caráter sagrado é dado através de cerimônias especiais durante as quais poderes específicos lhe são transferidos. Não são, portanto, objeto-divindades, fetiches onipotentes que controlam os adeptos. São emblemas preparados e aceitos como símbolos de forças espirituais.[18]

É curioso observar que os cientistas, tão cuidadosos em assinalar o caráter "fetichista" da religião africana, não se preocupam em fazer idêntico exame, aplicando os mesmos critérios científicos de análise ao catolicismo e a toda sua parafernália ritualística. Como classificariam o lance de comer a carne de Cristo na hóstia e beber o sangue de Jesus no vinho? E a água batismal, a adoração do crucifixo? E o rosário, imagens de santos, que *fetiches* seriam? Assim também os patuás, gris-gris e esculápios pendurados ao pescoço dos crentes? Em se tratando de fetichismo católico, haveria muito o que definir e conceitualizar.

Entretanto, o conceito e a definição do candomblé e das religiões de origem africana na sociedade católica brasileira estão patenteados no prestígio social que desfrutam: são as únicas entidades religiosas cujos templos ou lugares de culto têm de obrigatoriamente ser registrados na polícia. Há dois ou três anos foi revogada essa exigência na Bahia através de um decreto assinado pelo governador daquele estado. Vejamos qual foi a gênese dessa medida. Em 1975, a Prefeitura da cidade de Salvador promoveu seminários em diversas áreas culturais daquela cidade; num deles, denominado GT-16, discutiu-se um documento básico preparado pelo relator respectivo, professor Thales de Azevedo, intitulado "Cultura Africana e Cultura Baiana". Durante a discussão, Juana Elbein dos Santos faz uma observação importante ao dizer que a "ciência como tal pode ser aplicada a qualquer cultura, porém os métodos e conceitos teóricos da ciência provenientes de contextos históricos pautados pelo etnocentrismo da cultura europeia ocidental devem ser reformulados para se tornarem eficazes na apreensão das diversidades culturais"[19].

Resposta oportuna aos cientistas exóticos, conforme se revelou Donald Pierson. Foi este GT-16, cuja comissão redatora das recomendações finais se compunha de Thales de Azevedo, Maria Eugênia Viana Nery e Juana Elbein dos Santos, que propôs, em recomendação às autoridades do Estado e da Cidade, a supressão do registro policial exigido dos terreiros do culto afro-brasileiro. Eis dois tópicos expressivos daquela recomendação:

> 3. Recomenda-se, ainda, que a Prefeitura não enfatize apenas os valores populares (cozinha, folclore, vestuário, afoxés etc.) dessa contribuição [da cultura africana], mas também dê o maior apoio possível àquelas atividades que tenham a ver com os valores

eruditos (sistema simbólico, epistemologia, estrutura social etc.)
da mesma cultura;

[...]

7. Como parte da revisão conceitual dos valores concentrados
nessas comunidades, recomenda-se que a religião praticada nas
mesmas seja considerada com a mesma categoria de outras religiões existentes na cidade. Recomenda-se, pois, que a Prefeitura
se interesse pela supressão da exigência de registro policial, o qual
é dispensado àquelas outras.[20]

Pelo Decreto n. 25.095, de 15 de janeiro de 1976, o governador
do estado da Bahia, Roberto Figueira, suprimiu o registro policial exigido dos templos afro-brasileiros. Pela leitura do decreto,
fica-se sabendo que tanto o registro como a cobrança de taxas de
licença para o funcionamento dos terreiros eram medidas oficiais
arbitrárias e atentatórias ao "princípio constitucional que assegura
a liberdade do exercício do culto religioso"[21]. Somente nesse estado,
de maioria absoluta afro-brasileira em sua população, cessaram as
ilegalidades mencionadas, as quais todavia, no resto do país, continuam executando sua ação repressora, intimidadora, apesar de
inconstitucional. Aliás, o fato da revogação na Bahia, um autêntico
Estado africano, meramente acentua a profundidade e a extensão
das agressões e importunações que durante séculos garroteiam o
povo de origem africana no Brasil. Um verdadeiro estado policial,
autoritário e insensível tem presidido a vida diária dos afro-brasileiros por quase quinhentos anos!

A antropologia tem observado nas religiões afro-brasileiras,
pelo menos no candomblé, um aspecto que merece atenção: o caráter rigidamente preservado da cerimônia ritual que ele mostra na
Bahia. Um fenômeno de implicações sócio-históricas, emergentes do contexto da severa repressão imposta às ditas religiões. No
decorrer de mais de quatro séculos de existência, num ambiente
de transplante, novo e diferente, como pôde – e por quais motivos – o candomblé preservar, quase sem modificações, aspectos

da tradição cultural trazidas da África? Algumas práticas do culto "podem ser observadas na Bahia como provavelmente teriam sido observadas há duzentos anos na África"[22]. Claramente, um dos fatores do fenômeno está na raiz de força e tenacidade, da própria viabilidade metafísica contida na religião iorubá, embora durante o transcorrer do tempo a mesma religião se tenha transformado consideravelmente na própria África, onde se originou. Temos assim de aceitar que outras forças também devem ter contribuído para o extremo conservadorismo de alguns desses cultos religiosos na Bahia. Uma outra hipótese acredita que essa persistência cultural é um ato defensivo contra as ameaças e os atos agressivos através dos quais a cultura dominante tem violado a cultura africana. A atitude imobilista remeteria de volta a ação agressora, e a religião africana não se deslocaria para um terreno suspeito, onde poderia ser atingida por danos imprevisíveis. Dessa forma, a estase cultural se erigiu como um mecanismo de defesa desenvolvido por uma entidade ameaçada e condicionada por um mundo hostil. Talvez seja Muniz Sodré quem ofereça a mais apta e concisa explicação ao observar que

> a cultura negra no Brasil se mantém, em grande parte, devido à sua possibilidade de se disfarçar e calar. Queremos dizer com isso que a cultura negra pôde sobreviver, escapar ao extermínio (o mesmo de que foram vítimas, fisicamente, os malês da primeira metade do século XIX), porque se guardou no recesso das comunidades religiosas (os terreiros), disfarçando-se quando queria, silenciando quando devia. A história da cultura afro-brasileira é principalmente a história de seu silêncio, das circunstâncias de sua repressão[23].

Neste trecho, estão sumariados os fatores que impuseram a organização dos agrupamentos comunitários, tanto os "legalizados" – as já citadas *nações*, fraternidades, os terreiros – assim como as organizações à margem da lei, na forma dos quilombos ou da

República dos Palmares. Tanto as de ontem como as de hoje, quilombo do passado e terreiros atuais, são elos da continuidade africana que, sob as mais diversas vicissitudes, jamais perdeu seu fio histórico dentro do labirinto colonial das Américas. Religião em conserva, talvez, porém não fossilizada, os terreiros têm funcionado como efetivos centros de luta, de resistência cultural africana desde o século XVI.

Examinando a preservação religiosa no Brasil, Roger Bastide a comparou com o desenvolvimento que a religião trazida pelos escravos obteve no Haiti, país fundado pelos africanos escravizados e que se libertou do colonialismo francês depois de manter uma longa guerra. O *vudu* haitiano evoluiu sob uma forma específica e original de culto, caracterizada por inovações e variações dinâmicas. Transcrevo Bastide:

> os negros não tiveram que permanecer lutando contra o desejo dos europeus de assimilá-los. Eles não foram obrigados a erigir aquela dupla barreira de resistência social (tal como encontramos em outras Antilhas ou no continente) contra o preconceito racial, de um lado, e a imposição de valores ocidentais, de outro lado. [...] Os negros haitianos não tiveram aquela espécie de sorte (situação) contra a qual lutar, e sua religião pôde assim mais facilmente adotar condições de mudança – as quais, inevitavelmente, depressa tomariam lugar na infraestrutura das comunidades camponesas[24].

A Destruição das Línguas Africanas

O estado de sítio sob o qual viveram nossos ancestrais africanos não poupava nada, destruía ou tentava destruir tudo que lembrasse cultura africana. As línguas africanas não se salvaram do esmagamento, a sua destruição representa mais um ato na tragédia genocida que a sociedade brasileira desencadeou contra os africanos e seus descendentes. Além de destruir o principal instrumento de comunicação humana, social e cultural, o que já é muito grave, simultaneamente à destruição da língua africana, impuseram a língua portuguesa. Com essa violência a mais, visaram atingir os fundamentos do espírito africano, obliterando sua história e sua memória. Este é um ponto crucial na experiência afro-brasileira, quando se leva em conta que a tradição e o conhecimento eram uma realidade viva e dinâmica na África, não em termos de arquivo ou escritura fossilizada. A transmissão pela escrita fria e inerte era o oposto à essência do conhecimento verdadeiro, adquirido pelos africanos através de uma relação direta, afetiva, num encontro interpessoal. É nesse ponto crucial que podemos perceber claramente a dicotomia que separa e diferencia as culturas negro-africanas das culturas branco-europeias: a oralidade como base da comunicação e da transmissão cultural. Não se concebia a palavra inerte e apenas descritiva: pois em si mesma era movimento e ação.

Durante milênios, através de séculos, a transmissão da história, da religião, da ciência, da tecnologia, se realizava por meio oral. Os *griot*, ou *akpalo*, assim como os sacerdotes (Babalaô e Babalorixá), desempenhavam esses papéis sociais de bibliotecas vivas, ou de armazéns peripatéticos do conhecimento. E isso por acaso aconteceria porque os africanos eram "bárbaros", "selvagens", "ignorantes"? Para o chauvinismo europeu, certamente. Mas para aqueles que de fato querem saber a verdade, diremos com as palavras do historiador negro norte-americano Lerone Bennett: "Precisamos dizer para o mundo branco que há coisas no mundo que os brancos nem sonham em sua história, em sua sociologia e em sua filosofia."[25]

Exagero do historiador Bennett, dirão alguns obstinados chauvinistas. Vejamos rapidamente como o cientista e sábio senegalês Cheikh Anta Diop se refere às antigas civilizações africanas (Egito, Etiópia, Sudão): "Essas civilizações negras foram as primeiras civilizações do mundo, o desenvolvimento da Europa esteve na retaguarda, pela última Idade do Gelo, um assunto de uns cem mil anos."[26]

Em sua obra *Stolen Legacy* (Legado Roubado), o historiador George G.M. James confirma que "O Egito foi o centro de um corpo de sabedoria antiga, e o conhecimento religioso, filosófico e científico se expandiu para outras terras através dos estudantes iniciados. Tais ensinamentos permaneceram por gerações e séculos na forma de tradição, até a conquista do Egito por Alexandre Magno, e o movimento de Aristóteles e sua escola compilaram os ensinamentos egípcios e afirmam que são gregos."[27]

O livro de James é um bem documentado estudo comparativo dos antigos mistérios da sabedoria egípcia com a chamada filosofia grega. Ele comprova que o conhecimento grego se originou diretamente da civilização egípcia, apresentando uma documentação dificilmente refutável. Transcrevo mais um trecho:

> Do século VI antes de Cristo até a morte de Aristóteles (322 antes de Cristo) os gregos aproveitaram o melhor que puderam as chances de aprender o que pudessem sobre a cultura egípcia; muitos estudantes receberam instruções diretamente dos sacerdotes egípcios, porém, depois da invasão de Alexandre Magno, os templos reais e as bibliotecas foram saqueadas e pilhadas, e a escola de Aristóteles converteu a biblioteca de Alexandria em centro de pesquisas.[28]

Não resisto ao impulso de dar na íntegra o trecho mais incisivo, o qual certamente provocará um sorriso cético e superior nos papas dogmáticos da Filosofia Grega e da Cultura Ocidental:

> os verdadeiros autores da filosofia grega não foram os gregos; mas o povo da África do Norte comumente chamado de egípcios; e o elogio e a honra falsamente atribuídos aos gregos durante séculos pertence ao povo da África do Norte e, dessa forma, ao continente africano. Consequentemente este roubo do legado africano pelos gregos levou a opinião mundial ao erro de que o continente africano não deu nenhuma contribuição à civilização e que seu povo está naturalmente na retaguarda. Essa distorção se tornou a base do preconceito racial que tem afetado todos os povos de cor[29].

Este não é o lugar para um comentário mais extenso e documentado a respeito do Egito que de negro-africano se transformou, pela mágica dos egiptólogos, em país povoado por brancoides e produtor de uma cultura da mesma espécie. Tais distorções, mentiras e mistificações estão sendo expostas por um grupo de intelectuais negros em cujo saber podemos confiar: Cheikh Anta Diop, Chancellor Williams, Theophile Obenga e outros.

Quero reatar o fio do assunto das línguas africanas no Brasil. Línguas como a iorubá, pela qual o conhecimento humano atingiu alturas culminantes, como exemplifica o corpo literário de Ifá. Mas a agressão linguística feriu esse patrimônio cultural de modo irremediável. Como observa Juana Elbein dos Santos: "Perdida a língua como meio de comunicação cotidiano, só se conserva um riquíssimo repertório de vocábulos, de frases e textos ligados à atividade ritual. Constitui, hoje em dia, uma língua ritual, utilizada unicamente como veículo coadjuvante do rito. O sentido de cada vocábulo foi praticamente perdido; o que importa é pronunciá-lo na situação requerida e sua semântica deriva de sua função ritual."[30]

Com efeito, destruindo a língua nagô ou iorubá, destruiu-se algo mais, pois se tornou quase impossível entender ou resgatar a significação completa dos textos sagrados e históricos africanos. O professor Olabiyi Babalola Yai, da Universidade de Ifé, testemunha que "O iorubá, por exemplo, de língua veicular que era, tornou-se uma 'língua' ritual. Já nenhuma língua nigeriana se fala hoje no Brasil. [...]. Não é raro encontrar-se pais, mães e até filhas de santo cujo estoque léxico iorubá se eleva a centenas de palavras. Algumas vezes, embora raramente, este total chega a ser superior a mil entre alguns que, mesmo assim, são incapazes de formar uma frase iorubá correta."[31]

Com o esmagamento das línguas africanas e a imposição simultânea da língua portuguesa, se tentou consumar o seccionamento entre o africano e o tecido espiritual e histórico que constituía seu mundo simbólico.

Cristo Negro: Atentado à Religião Católica

A imposição de modelos estranhos ao negro vai além daqueles exemplos mencionados da religião e da língua. Os dogmas dos estratos dominantes querem abarcar todos os aspectos existenciais, inclusive aqueles referidos à estética e à criação artística. Foi assim que certa vez, em 1955, o Teatro Experimental do Negro resolveu promover um reexame da concepção estética brasileira, utilizando, para tal fim, a forma de um concurso sugerido por Guerreiro Ramos sobre o tema do *Cristo Negro*, o que daria oportunidade de uma convocação geral dos nossos artistas plásticos, brancos e negros. A ideia, logo que foi ventilada pela imprensa, tocou o âmago do supremacismo branco e toda sua intolerância preconceitual. Retratar a figura de Jesus Cristo na cor e nos traços fisionômicos da raça negra significava uma provocação sem limites aos olhos do elitismo católico de nossa sociedade. De fato, essa elite cultiva o autodesprezo na forma alienada como assume padrões estéticos alheios ao nosso povo. E jamais ela suspeitaria que realmente existiu um Jesus de "tez escura" descrito pelo historiador Josephus, seu contemporâneo (ver *Jesus Desconhecido*, de Dmitry Merejkovsky). Há outros testemunhos, citados na introdução escrita pelo historiador John Henrik Clarke à edição norte-americana do livro de Cheik Anta Diop, *The Cultural Unity of Black Africa*, onde se relata os resultados do exame feito numa moeda de ouro sólido pelo departamento de moeda do insuspeito Museu Britânico. Constatou-se que a moeda é genuína, do tempo de Justiniano II (por volta de 705 depois de Cristo). Numa face da moeda, está gravado "Justiniano, servo de Cristo", e na outra face, o rosto de Jesus Cristo com cabelo crespo igual lã de carneiro. A nota transcrita por Clarke conclui que "esta moeda põe fora de discussão a noção de que Jesus Cristo era um negro. A moeda, por outro lado, é de grande interesse histórico, pois foi a causa de uma guerra entre Justiniano e Abdula Malik, quinto califa dos omíadas, aquele exigindo tributos pagos nesta mesma moeda, e este recusando"[32].

Determinada imprensa não perdeu tempo: atacou de rijo a ideia do concurso do Cristo Negro; o *Jornal do Brasil*, do Rio, com o peso da sua reconhecida tradição católica, e de porta-voz das camadas altas da sociedade, publicou em 26 de junho de 1955 um editorial em que extravasava toda a sua indignação:

> Pelo seu exemplo de abnegação, de renúncia, de bondade, a Mãe Negra, que nos embalou o sono, que nos deu seu leite, foi a grande formadora do nosso coração. [...] Essa exposição que se anuncia deveria ser proibida como altamente subversiva. Tal acontecimento, realizado às vésperas do Congresso Eucarístico, foi preparado adrede para servir de pedra de escândalo e motivo de repulsa. O nosso descontrole moral, a nossa grande falta de respeito e de bom gosto, o nosso triste estado d'alma, não podem ser dados em espetáculos aos que nos visitam. Damos daqui nosso brado de alarma. As autoridades eclesiásticas devem, quanto antes, tomar providências para impedir a realização desse atentado feito à Religião e às Artes. O próprio povo brasileiro se sentirá chocado pela afronta feita.[33]

Fique registrado que o bispo dom Hélder Câmara, na época trabalhando ao lado do cardeal dom Jaime Câmara, não só apoiou o concurso como compareceu no momento de escolher os melhores trabalhos. Foi premiado em primeiro lugar o *Cristo na Coluna*, de Djanira, porém dom Hélder, diante do trabalho de Otávio de Araújo, intitulado o *Cristo Favelado*, foi tocado pela inspiração e fez breve e belo improviso.

Voltando ao editorial do *Jornal do Brasil*, constatamos a repetição dos tradicionais estereótipos da "abnegação", da "renúncia", do sofrer calado e sem reclamar; essas são as qualidades que os brancos em geral esperam dos negros. Sair dessa linha de comportamento chega a ser algo altamente subversivo. Reivindicar um critério estético próprio, mesmo de um Cristo Negro, atinge aos extremos do insulto e do atentado à religião! Se esta é a situação de um Jesus de face negra na cultura brasileira, podemos, a partir daí, inferir qual a situação das divindades africanas. Certamente não será aquela de nenhum respeito ou status, nessa sociedade católica que tem tanto de racista quanto de intolerante prepotência. Essa camada "superior" manteve a criatividade afro-brasileira à margem do fluxo principal da produção artística do país. Esforço e malícia têm sido gastos no propósito de integrar os negros e mulatos, devidamente assimilados e aculturados, dentro de uma população que rapidamente deve se tornar unicamente branca. Pois este é o resultado lógico da nossa política oficial em matéria de raças, e um dos meios mais convincentes para o negro assumir o próprio desaparecimento é o filtro social e econômico que só deixa ascender verticalmente os mais claros. A ascese branca, eis a regra fundamental do jogo "democrático", desde que o afro-brasileiro se deixe absorver e cooptar, praticando duplo haraquiri: isto é, repelindo e destruindo seu próprio corpo e espírito. Nem por dentro, nem por fora se permite ao negro a cidadania plena e efetiva de brasileiro guardando a integridade do seu ser total.

A Imposição Cultural Etno-Ocidental

A dominação cultural da maioria dos brasileiros, de origem africana, por uma minoria elitista de índole europoide-estadunidense, constitui um fenômeno tão avassalador a ponto de, até aqueles que procuram defender a imagem brasileira de aceitação de africanidade, com frequência apoiarem explicitamente os preconceitos, as discriminações raciais e os dogmas mais reacionários prejudiciais aos afro-brasileiros. Esses supostos defensores da imagem racial democrática não conseguem superar e muito menos ocultar a inata contradição do raciocínio justificador de uma mitologia transparentemente hipócrita. Entre os ideólogos que tenho em mente, dois nomes sobressaem pelo prestígio que desfrutam como intelectuais e pela influência que exercem entre os que se interessam pelo negro e a cultura afro-brasileira: Gilberto Freyre e Pierre Verger. O eurocentrismo de Freyre está patente e à mostra em toda sua obra. Vou, porém, dar uma olhada nos caminhos onde esse eurocentrismo emerge: é quando, certa vez, Freyre alega estar se defendendo de "senão protestos, restrições" por causa de elogios que teria manifestado à "contribuição cultural dos negros da África, como valiosíssima para a formação brasileira":

> Curioso é terem vindo algumas dessas restrições de intelectuais, depois de eminentes homens públicos; e, como tal, entusiastas da causa – pois é hoje uma causa – da aproximação do Brasil das culturas – pois já são tidas tranquilamente como culturas – negras, da África, sem que isto signifique repúdio à predominância de valores culturais europeus na formação brasileira. Pois o que o Brasil pretende é ser não antieuropeu, mas o contrário de subeuropeu, com as presenças não europeias na sua população e na sua cultura, valorizadas como merecem.[34]

Este trecho condensa grande parte da ideologia que tenta escamotear a realidade da experiência africana no Brasil. Freyre revela várias coisas: 1. que a sociedade brasileira institucionalizada (ou convencional, ou dominante) nunca antes considerou a cultura africana como uma verdadeira cultura; 2. que a orientação desse Brasil oficial (ou convencional) tem sido sempre oposta às culturas africanas, tanto assim que, para uma aproximação mais íntima ocorrer com as mesmas, é necessário que se faça disso uma "causa"; isto é, implica que os africanos e as culturas que vieram com eles são coisas estranhas ao contexto brasileiro, um ideal distante a ser atingido, e não uma realidade diária, parte integral e concreta de todo o processo histórico da formação brasileira; 3. que o expoente mais "progressista" da generosidade liberal, após "reconhecer" a contribuição cultural africana ao Brasil, persistentemente enfatiza a predominância dos valores culturais europeus *sobre* os outros da maioria da população, a qual é de origem africana.

Tudo isso por quê? Porque bem no fundo dos conceitos científicos, da ostentação "democrática", se encontra a terrível e inarredável verdade: o supremacismo branco europeu, o racismo, o dogma da inferioridade racial e cultural dos africanos.

Com quase idênticas palavras se manifesta Pierre Verger, um francês que por quase trinta anos vem pesquisando culturas africanas nas Américas e na África. Ele acredita que "há uma civilização brasileira híbrida aberta a todas as influências, entre elas, claramente em ascendência, aquela das religiões africanas, porém não envolvendo uma alienação dos valores das ocidentais"[35]. Seja certo ou não que os valores das culturas africanas estejam em ascendência, depende da posição do observador e do alvo que ele esteja focalizando: se se trata de escolas, teatros, museus, festivais de artes plásticas, de instituições de educação e cultura, universidades, Conselhos de Cultura, Academia de Letras, instituições econômicas e políticas, é fácil constatar que Verger está completamente errado. Se estamos falando de indústria turística, cujos lucros vão para os cofres do poder branco, ou se estamos nos referindo às áreas do humorismo, da diversão, do carnaval e das escolas de samba, que também se tornaram lucrativo e bem organizado negócio dos brancos, então Verger está mais acurado, e nesse retrato devemos ainda incluir o futebol. Porém mesmo Verger não pôde negar que os valores ocidentais, de cima, ditam para baixo as regras do jogo. Como se a cultura brasileira tivesse existido antes da existência desse Brasil que desde seus primeiros instantes de vida teve o negro africano como seu principal edificador tanto no trabalho quanto na composição demográfica do país.

A orientação aculturativa do africano existe como parte integral da política do país desde o Brasil-Colônia; o batismo obrigatório do escravo representa o primeiro passo, e já naquele instante inicial se atirava na ilegalidade a vida espiritual e religiosa de milhares e milhões de africanos escravizados. O viajante europeu, Henry Koster, testemunhou, em seu relato publicado em 1816, que: "Não se pergunta aos escravos se querem ou não ser batizados; a entrada deles no grêmio da Igreja Católica é considerada como questão de direito. Realmente eles são tidos menos por homens do que por animais ferozes até gozarem do privilégio de ir à missa e receber os sacramentos."[36] Se a Igreja católica imaginava desta forma purificar os africanos de uma suposta culpa, pode estar certa de que por essa crueldade sem nome, praticada contra os africanos escravizados, nenhuma água batismal será bastante para apagar da sua responsabilidade o pecado original desse crime cometido contra seres humanos sob grilhões. E os escravos tiveram que aprender depressa o catecismo da aculturação a fim de tentarem melhorar as condições do seu sofrimento; adotando a religião estranha e cultuando os deuses brancos do colonialismo, talvez houvesse possibilidade de escapar do massacre.

A partir do batismo compulsório, todos os outros caminhos de vida, exceto o trabalho duro de produzir algodão, açúcar, café, ouro e outros insumos, se tornaram compulsoriamente brancos ou, quando menos, controlados pelos brancos. O país ia crescendo sob a égide da branquificação progressiva. Uma aculturação insidiosa penetrando fundo e deformando as melhores inteligências no campo da criação literária. Quantos sucumbiram à imposição dos valores ocidentais! Basta citar alguns nomes: Gregório de Matos, Inácio da Silva Alvarenga, Gonçalves Dias, Caldas Barbosa, Francisco Otaviano, Jorge de Lima, Mário de Andrade, Cassiano Ricardo etc. Criaram para o consumo da classe dominante, mesmo quando pesquisando folclore negro ou utilizando o negro e a mulher negra como tema de suas obras. Esses poetas, romancistas e pesquisadores, à coação disfarçada do meio, às sutilezas aculturativas e assimilacionistas, mantiveram um razoável distanciamento da sua parte africana.

Ao falecer Machado de Assis, por exemplo, o abolicionista branco Joaquim Nabuco, que na imprensa e no parlamento tanto combateu a escravidão como advogou o abolicionismo, escreveu uma carta a José Veríssimo porque este publicara um artigo elogioso a Machado de Assis mas o qualificara de mulato. E Nabuco revela o conceito de raça inferior que ele tinha dos africanos, como o desprezo que votava por eles, neste trecho de sua carta:

> Seu artigo no "Jornal" está belíssimo, mas esta frase me causou um arrepio: "Mulato, ele foi de fato um grego da melhor época." Eu não teria chamado o Machado de mulato e penso que nada lhe doeria mais do que essa síntese. Rogo-lhe que tire isso quando reduzir o artigo a páginas permanentes. A palavra não é literária e é pejorativa, basta ver-lhe a etimologia. Nem sei se alguma vez ele a escreveu e que tom lhe deu. O Machado para mim era um branco, e creio que por tal se tomava; quando houvesse *sangue estranho* isso em nada afetava a sua perfeita caracterização caucásica. Eu pelo menos só vi nele o grego.[37]

Num detalhe, pelo menos, Nabuco estava com a razão: mulato é vocábulo pejorativo, e a designação correta é a palavra negro. Um negro ser chamado de grego é ainda muito pior. Sangue grego, sim, e irredutivelmente um sangue *estranho* à realidade negra ou brasileira. Na verdade, considerar sangue *estranho* o sangue africano que regou os canaviais, os algodoais, a mineração, os cafezais, o leite que o próprio Nabuco mamou nos seios da mulher africana, revela a afecção teratológica que se apossou do "branco" brasileiro. E dos portugueses também; e um deles, Eça de Queiroz, no tom paternalista clássico, chamava o poeta Domício da Gama de "mulato cor de rosa"[38].

O Negro e os Estudos Linguísticos

Fizemos menção em páginas anteriores a vários nomes de negros e mulatos assimilados aos padrões de pensamento e estética brancos.

Aqueles e muitos outros que existiram e existem são os frutos da colonização mental. A única atividade "literária" possível ao africano era na forma anônima e impessoal do folclore, aliás dando continuidade, em terras brasileiras, à tradição africana dos narradores. Lembrando os *arokin*, *akpalo* ou *griot*, os portadores da tradição oral: contos, adivinhações, versos, ditos, provérbios, desafios, sátiras, enigmas constavam do repertório desses narradores, mas, especialmente, eles guardavam e contavam a história dos povos africanos, dos seus heróis, suas lendas e mitos religiosos. Já me referi à dificuldade desse *continuum* africano no Brasil por causa da supressão das línguas africanas. Os escravos dentro de suas possibilidades revidaram a agressão, influenciando, com os índios, a língua portuguesa a ponto de transformá-la em verdadeiro dialeto, na frase dos especialistas. Destes linguistas e gramáticos, vários têm estudado o papel das línguas africanas em nosso país: Jacques Raimundo, Ebun Onowunmi Ogunsanya e Olabiyi Babalola Yai, nigerianos, Joaquim Ribeiro, Renato Mendonça e muitos outros. A extensão e a profundidade da influência africana no português brasileiro é fato provado tanto na sua morfologia, sintaxe, fonética ou léxico, se bem que ainda faltem estudos de mais fôlego a respeito. Além disso, é de se notar que a norma tradicional tem sido a dos brancos se ocuparem de tais estudos, o que de saída é uma desvantagem. Mesmo se concedendo a melhor das intenções aos estudiosos brancos, a verdade é que lhes falta algo além da pura qualificação técnica: falo da impossibilidade que têm demonstrado em entender e aceitar as línguas africanas como parte de um todo íntegro, isto é, parte de um contexto cultural muito mais amplo do que a expressão da língua.

Neste sentido vou dar uns poucos exemplos ilustrativos. Joaquim Ribeiro, em sua *Estética da Língua Portuguesa*, se refere a diversas influências exercidas pelos escravos, inclusive aquela por ele denominada de "concordância aliterativa", feita pelos bantos. Entretanto, se referindo aos negro-africanos, Ribeiro os chama de "essa gente bárbara, promíscua e poligâmica, que só conhece a ascendência matrilinear"[39]. Esse escritor trata os valores da cultura africana sob a óptica da superioridade branco-europeia: de formação patriarcal, não podendo assim compreender o matriarcado, em consequência omite a poligamia de fato (institucionalizada ou não) inerente à sociedade e cultura patriarca-ocidental, e ataca a poligamia africana. Quer dizer: poligamia praticada pelos brancos é um valor; pelos negros, barbárie e promiscuidade. Talvez o mais grave na sua acusação de promiscuidade é o seu silêncio sobre o responsável pelas senzalas promíscuas: os senhores brancos, que além do mais cultivavam a promiscuidade dentro das próprias casas-grandes, violentando de forma despudorada as jovens e as mulheres negras quase que à vista das senhoras de engenho. E os sacerdotes católicos, conforme tanta documentação existente, foram sócios associados na promiscuidade de onde surgiu o mulato e, mais tarde, a "democracia racial".

Renato Mendonça segue a mesma pista. À parte toda a simpatia que reitera em várias passagens do seu livro *A Influência Africana no Português do Brasil*, a questão de fato é esta: ele chama a macumba de "feitiçaria", e prossegue seu raciocínio dizendo que ela "Por vezes assumia uma feição dendrolátrica e adorava-se a palmeira do dendê, Ifá, um dos orixás mais notáveis."[40]

Mendonça repete toda uma série de estereótipos preconceituosos e pejorativos contra os africanos, como o totemismo da transcrição acima, ou quando define determinadas palavras, por exemplo, "*Babalaô*: sm.: sacerdote graduado na feitiçaria negra"; "*Babalorixá*: pai-de-santo. Etim.: composto de iorubá *baba*, pai, e *orixá*, santo."[41] Então o linguista Mendonça, recorrendo aos poderes da magia branca, assim conclui sua definição do *babalorixá*: feiticeiro! Uma conclusão realmente extraordinária, já que o próprio Mendonça assinala a etimologia: *pai* e *santo*. Mas ele continua reforçando sua autoimagem, e depois de se referir à "música fetichista dos candomblés", acrescenta a essa negação mais esta outra: "E foi esta música negra a fonte de que emanaram *estilizações civilizadas* como o *tango*, o *samba*, o *maxixe*, na América do Sul, e os exageros norte-americanos, visceralmente sexuais, o *charleston*, o *shimmy* […]"[42]

Está patente a inidoneidade desse linguista para abordar o assunto das línguas africanas quando, para começar, para ele religião é feitiçaria, música ritual é música fetichista, matéria bruta para as estilizações civilizadas dos brancos. Como é que um estudioso dessa marca pode compreender os valores que propõe estudar, quando de saída ele os nega? Para finalizar o tópico, transcrevo a definição que Renato Mendonça tem para "*Xangô*: sm.: deus idolátrico da feitiçaria […]"[43]Creio ser o bastante para o leitor entender.

O Negro no Desafio Nordestino e na Canção de Ninar

Há uma corrente da ciência social e política que adota como verdade absoluta a seguinte proposição: entre os pobres e desafortunados, não têm vez o preconceito de cor ou a discriminação racial – a menos-valia da miséria irmanaria a todos, pretos e brancos, na integração fraternal da necessidade. Este é um ponto de vista "científico" de conveniência, que a realidade desmente. Mesmo entre as populações mais destituídas da região por excelência miserável do Nordeste, o supremacismo branco impera aliado e confundido à espoliação econômica. A improvisação dos desafios na tradição poética oral nordestina registra ilustrativos exemplos de racismo regional. Tanto assim que muitos negros deixaram nome como repentistas talentosos, nas respostas que deram à afronta e à injúria recebidas dos repentistas brancos. Inácio da Catingueira, Azulão, Manuel Preto, Teodoro Pereira, Chica Barbosa são alguns nomes que a história da cultura popular brasileira guarda de afro--brasileiros cantadores de desafios. Eis uma amostra, numa disputa de índole satírica, entre preto e branco:

Cantor Branco
>
Há muito negro insolente
com eles não quero engano;
veja lá que nós não somos
fazenda do mesmo pano
disso só foram culpados
Nabuco e Zé Mariano

Cantor Negro
>
Sou negro, mas sou cheiroso
você é branco fouveiro,
se quiser cantar comigo
vá tomar banho primeiro;
eu tive um cavalo branco
que era pior que um sendeiro

Cantor Branco
>
Moleque de venta chata,
de boca de cururu,
antes de treze de maio
eu não sei o que eras tu.
O branco é da cor de prata
o negro é da cor de urubu.

Cantor Negro
>
Quando as casas de negócio
fazem sua transação,
o papel branco e lustroso
não vale nem um tostão,
escreve-se com tinta preta,
fica valendo um milhão.[44]

O folclore do branco está repleto de manifestações racistas contra o negro. Essa tendência ajuda a sociedade, de modo geral, a fixar os estereótipos que representam o negro como um valor negativo. Como aqueles do "negro indecente, negro mau, negro estúpido, negro sujo, negro feiticeiro, negro covarde e outros semelhantes"[45]. E nessa tarefa, o folclore começa a exercer sua influência muito cedo, corroendo a imagem do negro desde as canções de ninar, como esta:

> Boi boi boi
> Boi da cara preta
> Pegue esta menina
> Que tem medo de careta

que quase toda criança brasileira ouviu na hora de dormir cantada pela mãe. Nesta é a cor preta que faz medo, nesta próxima que transcrevo é o próprio herói das lutas de libertação africana que vem assustar os filhinhos brancos da família brasileira:

> Zumbi
> Zumbi
> Zumbi do Piauí
> Pega este menino
> que não quer dormir.[46]

Gostaria de ver colocado no lugar de Zumbi um Tiradentes ou um Caxias assustando e castigando as crianças negras e ver o resultado. Na certa, a sociedade dos brancos iria mencionar racismo ao reverso, ressentimento ou agressividade gratuita por parte dos negros.

Neste assunto do preconceito e do racismo que difuso se impinge à infância brasileira, há um estudo de Guiomar Ferreira de Mattos, "O Preconceito nos Livros Infantis". Nesse trabalho, a autora analisa o mecanismo transmissor do preconceito à criança, e esta cresce como se tal repulsa racial contra o negro fosse inata, e não um veneno que os adultos inocularam na sua mente e no seu espírito, por meio de canções de berço, histórias e livros infantis. Guiomar Ferreira de Mattos mostra como até o próprio Jesus é utilizado para reforçar o rebaixamento do negro e realçar a supremacia branca. Para isso ela toma como exemplo uma quadrinha que a propósito do Natal as crianças aprendem na escola primária, que diz assim:

Cabelos loiros
Olhos azuis
És meu tesouro
Nosso Jesus.[47]

Seguramente, considerando o potencial altamente perigoso da contaminação racista desde a mais tenra idade, só merece elogios o exemplo de sabedoria democrática e humanista manifestada pelo governo de Angola com a proibição da série televisada *O Sítio do Pica-Pau Amarelo*, produzida pela rede Globo do Rio. Monteiro Lobato foi o autor dessa história que envenenou várias gerações de crianças brasileiras através do racismo contido na figura da "Tia Anastácia", perfeito símbolo do negro brasileiro inscrito na tradição brasileira que o vê e o deseja na eterna posição subalterna, risonha e humilde. Comentando o fato, o periódico editado em São Paulo *Jornegro*, v. 2, n. 6, de 1979, acertadamente afirmou que: "nas relações culturais, os países africanos têm muito a ensinar aos manipuladores das exportações culturais brasileiras. Se o negro aqui protesta, logo chamam de racista. Não dá pra fazer o mesmo com o governo de Angola. A revisão na mentalidade brasileira, que muita gente reclama, recebeu força. O racismo camuflado não deu certo na África. Mas não basta apenas uma ação de fora. Ele não tem que dar certo aqui, dentro do nosso país" (p. 15).

Com tais ingredientes foi que o Brasil instituiu, baseado no racismo original da escravização dos africanos, uma cultura brasileira racista. Um psicorracismo estrutural que só poderá ser enfrentado com eficácia, e vencido, quando os afro-brasileiros se organizarem fortemente em instituições negras, em todos os aspectos: econômicas, educativas, culturais, mas, principalmente, organizações políticas.

Algumas Vozes Recentes

Alguns negros, muito poucos em relação à porcentagem majoritária que ocupam no corpo demográfico do país, ergueram sua voz acima dos níveis permitidos pelos dominadores. Se no passado tivemos a exceção de um Luís Gama, que não cedeu uma polegada de sua integridade negra, mais perto de nós tivemos um Solano Trindade, na poesia, e um Rosário Fusco, no Teatro. Romeu Crusoé é o autor de *A Maldição de Canaã*, romance de denúncia do preconceito e do racismo na região em que nasceu, o Nordeste, mas escreveu também para o teatro. Fernando Góes, jornalista, crítico literário e professor, é membro da Academia Paulista de Letras. Ironides Rodrigues é o autor da *Estética da Negritude*, obra que infortunadamente continua inédita desde 1950, quando foi apresentada como tese ao 1º Congresso do Negro Brasileiro, tendo provocado o debate mais aceso de todo o Congresso. Ruth de Guimarães é romancista de reconhecido mérito. A dignidade da tradição cultural africana tem no Mestre Didi, Deoscóredes Maximiliano dos Santos, o representante mais ilustre. Ele reúne, ao lado de escritor de contos no estilo de narração tradicional africana, várias funções no ritual do candomblé na Bahia, tais como a de asogba, ou sumo sacerdote do culto de Obaluaiyê, no terreiro do Axé Opo Afonjá, um dos mais antigos templos afro-brasileiros; Mestre Didi é também o Alapini, sacerdote máximo do culto dos eguns, na ilha de Itaparica. E, para completar o elenco de suas atividades e responsabilidades, é um criador no campo da arte plástica, sobretudo de esculturas a partir dos símbolos rituais.

Outros escritores contemporâneos negros: Edison Nunes Pereira, antropologista cultural; Marina Avelar Sena, historiadora; Sebastião Rodrigues Alves, psicólogo social; Lélia González, cientista política; Beatriz Nascimento, historiadora e socióloga; Eduardo de Oliveira e Oliveira, sociólogo, entre outros. Aguinaldo Oliveira Camargo, nascido em Campinas, estado de São

Paulo, foi talvez uma das inteligências negras mais bem-dotadas que possuímos em todos os tempos. Ele tanto tinha profundos conhecimentos no campo da ciência, era agrônomo e biologista, como possuía invulgar conhecimento filosófico. Seu talento multifacético abrangia a criação literária, e ganhou enorme renome como ator dramático desde o instante em que representou o *Imperador Jones,* de Eugene O'Neill, naquela histórica estreia do Teatro Experimental do Negro realizada no Teatro Municipal do Rio de Janeiro, a 8 de maio de 1945. Um dos maiores atores brasileiros, entre negros e brancos, morreu muito cedo vitimado por um acidente de automóvel. Não teve tempo de publicar o que há longo tempo vinha escrevendo devagar e discretamente. Entre seus escritos literários estava a novela inédita intitulada *Viva a Fábrica!* Aguinaldo esteve sempre na linha de vanguarda de todos os movimentos negros do seu tempo.

Lino Guedes, de São Paulo, retratou no seu verso a vida negra e, com sua poesia didática, tentou aconselhar e ajudar seus irmãos de ascendência africana na obtenção de uma vida de melhor qualidade. Osmar Barbosa, do Espírito Santo, e Oswaldo Camargo e Eduardo de Oliveira, ambos de São Paulo, são poetas negros de grande força, com vários livros publicados, e agora se reuniram a outros escritores jovens e lançaram os *Cadernos Negros 1 (Poesia),* onde se encontram Henrique Cunha, Ângela Lopes Galvão, Hugo Ferreira da Silva, Célia Aparecida Pereira, Jamu Minka e Cuti (Luís Silva). Um pequeno volume, grande na consciência negra, belo no compromisso com os anseios e as necessidades coletivas dos afro-brasileiros. E nessa linha de uma poesia negra militante, as mulheres negras têm um lugar proeminente na hora atual. Há uma dessas, Edivalda Moreira de Jesus, que vive num alagado da Bahia, organizando a sua gente, ensinando-lhe os seus direitos e modos de reivindicá-los. Mas Edivalda é toda uma força criativa que lhe vem da luta no meio das piores condições de vida. Sua poesia é assim aprofundada na dor, na luta e na esperança:

CANTO NEGRO

Negros que vieram ontem
em porões acorrentados,
negros que vivem hoje
em becos marginalizados

Negros que cantaram ontem
p'ra calar no peito a saudade da sua terra
e da vida em liberdade,
negros que cantam hoje um direito de todos
de sair das favelas
de lutar pela vida com igualdade.

Canta negro,
que seu canto é sua arma
é relíquia de um povo
é grito de liberdade.

Canta negra
seus anseios sufocados
e a dor de seus antepassados.

O fenômeno de uma poesia negra desta hora revela a eclosão de um potencial reprimido há longo tempo, e que emerge levando todas as limitações para a periferia da sua identidade. Adão Ventura, de Minas Gerais, em *Cor da Pele*, ainda inédito, exemplifica esta posição do poeta negro em

Eu, Pássaro Preto
eu, pássaro preto
cicatrizo
queimaduras de ferro em brasa,
fecho corpo de escravo fugido
e monto guarda
na porta dos quilombos.

Depois fustiga os negros domesticados, submissos à cooptação:

Negro de Ganho
negro de ganho
negro de lenho
negro de lenha,

negro de ganho
no lombo a lenha
na alma a canga.

A assunção dos valores negro-africanos brilha em todos esses poetas como uma estrela matutina da consciência negra brasileira. Mas há também nela a luz cadente do supremacismo branco anunciado nessa poesia feita de lucidez, vivência e adivinhação. Ouçamos Maria Isabel Nascimento Leme proclamando sua negrura:

Quero Ser Negra, Com Minha Alma Negra
Sou negra como a noite
Ou um olhar sem visão
Trago ainda no açoite
Bem viva recordação.

Fui uma mísera escrava
A tudo ignorante
A mim somente importava
Lutar e seguir adiante.

Tentaram me tirar a essência
Mas ela é imaterial
Acusaram tudo de indolência
E me transformaram em animal.

Mas um trunfo tenho em mãos
Ninguém poderá me roubar
Podem tentar, será em vão
Ele é invisível ao olhar.

É algo que sempre trouxe comigo
Desde a mais tenra idade
E este algo sei que vou levar, amigo
Comigo para a eternidade.

É a minha alma negra
Tão negra assim como eu
Tal e qual minha cor tão negra
Que bom Oxalá me deu.

Quando um negro é bondoso
Dizem que é preto de "alma branca"
Mal sabendo o ditoso
Que é mais um golpe de retranca.

Se para alma existe cor
Quero-a negra como eu
Para que conserve o sabor
De quem com ela viveu.

Este é um excelente exemplo de consciência negra libertada
dos fantasmas da brancura, limpa dos falsos valores de uma cultura e de uma religião impostas. A revolução negra brasileira conta
agora com a poesia, tem nos poetas negros um instrumento de
luta; não mais, como os poetas sofisticados na alienação, tentam
escapar da cor e da condição racial no emprego de formas, imagens
e temas de origem grega, germânica, caucásica e assim por diante.

O Negro no Teatro Brasileiro

Segundo Procópio Ferreira, citando uma velha tradição teatral brasileira: "no teatro há duas regras que ninguém pode mudar. A de
que todo negro tem que ser criado, e a de que todo padre tem que
ser bom"[48]. O papel de criado em cena reproduz o mesmo papel

subalterno que a sociedade reserva ao negro na vida cotidiana. Antes da abolição da escravatura, ou depois dela, a situação só muda de aparência e varia de grau. Mas, no fundo, o mesmo desrespeito, igual desprezo, idêntica usurpação da sua humanidade. Cortando os liames do africano e seus descendentes com as raízes da sua origem e da tradição de sua cultura, o Brasil tem levado as populações negras a um estado de inanição espiritual de difícil, porém não impossível, recuperação. O candomblé tem desempenhado um papel básico na sustentação do espírito, das energias da resistência e das esperanças da população afro-brasileira.

Não obstante, a história do teatro brasileiro repete a trágica situação da cultura africana e do negro imposta pela sociedade colonial-escravocrata e mantida pela sociedade de classes baseada no capitalismo. E nada mudou em ambas as sociedades, porque o racismo das duas era o mesmo: um elenco de definições, conceitos, ideias e crenças justificadoras de uma estrutura que confere ao branco o privilégio da dominação e ao negro o ônus da subordinação. Não importa que transformações possam sofrer a sociedade brasileira: a estrutura racista (psicocultural-econômica-política) permanece. E sob o pálio da assimilação, da aculturação, da miscigenação, um processo de genocídio atravessa toda a história do país, e como um irônico arremate o mito da democracia racial e da luta de classes são as ideologias que, geradas em ventres diversos e opostos, se entrelaçam e compõem o amplo painel ideológico sancionador do racismo, da discriminação racial e do preconceito de cor!

A necessidade de organizações negras, dirigidas por negros, é um imperativo que vem de nossa experiência histórica, e da plena consciência de que nossa autodeterminação, o lugar que temos direito de ocupar em todos os níveis da sociedade brasileira, depende unicamente de nós mesmos. Do mundo dos brancos – pessoas ou instituições – só temos recebido ou a agressão frontal (somos uma maioria explorada e desprezada por uma minoria), ou a hipócrita solidariedade dos paternalizadores, sempre prontos a "ajudar", "aconselhar", "orientar" e, finalmente, cooptar nossas lideranças em potencial ou nossas organizações mais agressivas.

E o negro no teatro? No princípio do teatro no Brasil, era o padre José de Anchieta se utilizando dos autos sacramentais para assimilar os índios ao cristianismo. Extirpavam a cultura e a religião das nossas populações indígenas numa típica ofensiva do imperialismo cultural do Ocidente cristão. O *Auto da Pregação Universal*, de Anchieta, é o ponto de partida do nosso teatro e indicou a orientação de cópia metropolitana que vigorou durante séculos.

Mas os africanos não mereceram o "privilégio" dos índios. Inventaram para eles novas formas de opressão à margem dos autos sacramentais. E sucedia que, para enquadrar os africanos na tradição católica, se permitia a eles, durante épocas festivas como as do Natal, Reis, São João, praticar certos folguedos envolvendo canto, dança, tambores, vestuário característico, e assim por diante. Dessa forma, se erigiram ou se reelaboraram as Congadas ou Congos, o Quicumbre, os Quilombos, o Bumba-meu-Boi. Estas são algumas das danças dramáticas em que os escravos demonstraram sua qualificação dramática. Mesmo o Bumba-meu-Boi prova essa habilidade do africano; tido como de origem europeia, sofreu tamanha influência, que acabou adquirindo inconfundível identidade negro-africana. Tanto no tocante à teatralidade (estrutura do espetáculo) como na tipificação das personagens, a inteligência negro-escrava está presente, a qual se torna bastante óbvia com a inclusão de tipos como "Mateus" e "Bastião". Estes são os "negros engraçados", pitorescos, permitidos até mesmo no teatro convencional, já que sua função é fazer o branco rir. Todavia, mais além dessa capa folclórica, elementos culturais mais profundos existem, como exemplificam o sentido de morte e ressurreição do entrecho dramático de certas danças. Inegavelmente são projeções de antigas crenças africanas, originadas em mitos ou nos mistérios de Osíris. Estes e o culto do touro Ápis são crenças praticadas no antigo Egito, muitos milênios antes de Jesus Cristo. Assim como os judeus liderados por Moisés um dia se livraram da escravidão egípcia e carregaram consigo a ideia de um deus-homem que se sacrifica pelo bem da humanidade e ressuscita, o mesmo pode ter acontecido com outros aspectos daquelas crenças: através de longa jornada espiritual no tempo e no espaço, primeiro eles se detiveram na costa ocidental da África, Nigéria. E com a escravidão, acabaram se fixando no nordeste brasileiro, e influenciando a cultura afro-brasileira tanto religiosa quanto profana. Esta vinculação nossa com a África oriental necessita de trabalhos de pesquisa, de estudos comparativos e de interpretação dos elementos simbólicos presentes em nossa arte popular, ex-votos, objetos rituais, pensamento metafísico, que ligam o Brasil, por intermédio da cultura iorubá, ao Egito da antiguidade.

Enquanto os africanos mantinham no Brasil sua tradição de danças, cantos e folguedos profanos, dando continuidade à dimensão dramática que permeava qual fluido natural sua existência no continente de origem, os mulatos iam se tornando atores do teatro convencional. Via de regra, "filho natural", isto é, nascido fora do casamento, ou ainda, por outras palavras, fruto espúrio do estupro do português contra a mulher africana, o mulato tem consistido na própria ambivalência que conduz a um estado de tensão permanente. Da tensão de ser dividido, ou de ponte entre a casa-grande e a senzala, resultou a permanente instabilidade psicológica do mulato, a qual reproduz a trágica situação em que se acha socialmente inserido. Foi o mulato – em parte por causa dessas razões – o elemento indicado para certas tarefas odiosas como a de feitor e ajudante dos capitães-do-mato, em se tratando das áreas rurais. Já nas cidades, além de outros papéis, se permitia aos mulatos, considerados inquietos amantes do exibicionismo, a oportunidade de aparecerem no palco. Ser ator teatral era considerado, na escala social, atividade mais baixa e infamante que a de prostituta e criminoso profissional. Não se recomendava a um branco o teatro como profissão. O recurso estava à mão: bastava botar uma camada de pasta branco-avermelhada no rosto de um mulato, e pronto: eis um ator branco em cena. Aliás, mulatos claros, homens e mulheres, houve e há os de pele tão clara que se confundem aos brancos "legítimos". E já que a experiência com os mulatos satisfez, assim que o teatro ganhou posição e prestígio, o mulato e o negro se viram escorraçados dos palcos brasileiros. E uma providência inversa teve lugar: quando se necessitava de um ator negro, brochava-se de preto a cara de um branco. Tudo igual ocorria nos Estados Unidos, com os brancos se pintando de preto e explorando nos palcos a música dos escravos nos famosos conjuntos *minstrels* do século XIX.

O teatro reconhecido como atividade decente, os negros só tiveram chance de entrar nele depois de acabado o espetáculo, para limpar a sujeira deixada pelos brancos nos auditórios, camarins, palcos, banheiros e mictórios. As peças que se escreviam e se encenavam refletiam unicamente a vida, os costumes, a estética, as ideias, os problemas e as aspirações da classe dominante, completamente clara ou supostamente caucásica. Mais da metade da população, de origem africana, não contava nem mesmo existia para o nosso teatro. Participante de origem africana numa peça, só se fosse em papel exótico, grotesco ou subalterno, destituído de qualquer humanidade ou significação artística. Personagens tipificadas nas empregadinhas brejeiras, reboladeiras, de riso e acesso fácil; mães pretas chorosas, estereotipadas, amesquinhando o profundo e verdadeiro sofrimento das mulheres negro-africanas; negros idosos, pais-joões dos quais se tirava a dignidade e o respeito, pela imposição de um servilismo, uma domesticação, exibidas e proclamadas como qualidade genética da raça negra; com mais frequência, o que se via em cena eram os moleques gaiatos, fazendo micagens, carregando bandeja e levando cascudos. Tudo não passava da caricatura do negro que a sociedade cultivava, até que em 1944 fundei no Rio de Janeiro o Teatro Experimental do

Negro. Do grupo fundador participaram: Aguinaldo Camargo, Sebastião Rodrigues Alves, Tibério Wilson, José Herbel, Teodorico dos Santos, Arinda Serafim, Marina Gonçalves, e logo depois vieram Ruth de Souza, Claudiano Filho, Haroldo Costa, Lea Garcia, José Maria Monteiro, José Silva e muitos outros.

Se antes de 1888 a escravidão e a ideologia da superioridade do branco excluíram o africano da cena brasileira, após a abolição o racismo prosseguiu sua nefasta ação discriminatória. Nossa literatura dramática ignorou seu potencial humano, sua densidade dramática, o lirismo que impregna a criatividade imanente de sua cultura original africana. E todos esses elementos tiveram acréscimos e outras dimensões adquiridas à vivência de trabalho produtivo nos quase quinhentos anos de agressão permanente da sociedade brasileira. A epopeia das revoltas, insurreições, levantes armados, tentando resgatar a liberdade usurpada e a dignidade humana enxovalhada e esmagada pelo regime escravocrata, é uma página que os dramaturgos negros terão de escrever um dia. O que existe fixado em livros é muito escasso e muito aquém da importância daqueles sucessos, vistos sob a perspectiva e a dinâmica das lutas de libertação dos afro-brasileiros. E o desenvolvimento do teatro negro terá de incluir dramas e tragédias reconstruindo aqueles eventos, trazendo do passado aos nossos dias, através dos recursos do palco, os heróis de feitos legendários como Zumbi dos Palmares, Chico-Rei, Luísa Mahin, Luís Gama, João Cândido e tantos outros esquecidos na poeira dos tempos. Tornando novamente vivos, ainda que através do sortilégio teatral, estaremos honrando os que viveram, lutaram e morreram tentando libertar os povos negros e elevar a consciência dos descendentes de africanos do Brasil e de qualquer parte do mundo.

A literatura dramática convencional do Brasil até bem pouco tempo consistia na reprodução do que se fazia na Europa. A descolonização de nosso teatro principia com o extraordinário aparecimento de Nelson Rodrigues e de sua obra-prima *Vestido de Noiva*, por volta dos anos 1940. O que havia antes em matéria de negro em nossa literatura para o teatro? Umas poucas peças, entre elas *O Demônio Familiar* (1857) e *Mãe* (1859), ambas de José de Alencar; os *Cancros Sociais* (1865), de Maria Ribeiro; *O Escravo Fiel* (1858), de Carlos Antonio Cardoso; *O Escravocrata* (1884) e *O Dote* (1907), ambas de Artur Azevedo; as comédias de Martins Pena (1815-1848); e algumas poucas mais onde o negro participava, como *Yaya Boneca*, de Ernani Fornari.

Música e Dança

Para os africanos, a música e a dança, assim como a mímica, a poesia e o ritmo, são partes inseparáveis do espetáculo dramático tradicional. Aqui no Brasil, devido às condições impostas e reiteradamente expostas nestas páginas, ele viu sua coesão cultural desmembrada, e as parcelas ganham vida autônoma e independente. A música saiu do seu contexto religioso ou de sua função comunitária, e nos inícios da colonização ela atuou como um bálsamo que periodicamente aliviava as costas lanhadas do escravo, fornecendo ao seu espírito sofredor um pouco de consolo. Quando em nossos dias o samba brasileiro percorre o mundo identificando uma criação afro-brasileira, quase ninguém se lembra ou menciona sua origem e também sua evolução, repleta de obstáculos sempre tolhendo sua liberdade de criação, expressão e expansão. As objeções dos brancos nos tempos coloniais aos batuques chegaram a ponto de o conde dos Arcos, na Bahia, se sentir na obrigação de explicar, em documento oficial, que a permissão àquelas danças fazia parte da estratégia do governo para conservar separadas e inimigas as várias culturas africanas.

Mesmo que sob a reclamação dos brancos ou submetidos à tática divisionista oficial, o certo é que os africanos praticaram suas danças, bateram seus tambores, cantaram e se divertiram, recuperando algo de sua humanidade ferida de morte. Uma daquelas danças se chamava Quizomba, dança matrimonial vinda de Angola; os batuques de origem angola-congo, a umbigada ou semba (encontro de umbigos), de onde se acredita tenha se originado a denominação de nosso samba. Ainda de Angola recebemos a capoeira, luta de ataque e defesa, aqui transformada, em virtude de proibições policiais à sua prática, além de outras influências locais, em dança especialíssima, pela expressividade que exibe em movimentos corporais de grande beleza. Movimentos que só dançarinos de técnica apurada são capazes de executar; sua dinâmica e rítmica estética se desenvolvem ao ritmo e ao som do berimbau, instrumento africano de uma corda única. A dança, o ritmo e a música da capoeira compõem um evento criativo de herança africana de alta significação artística.

Mas, ao lado do berimbau, há outros instrumentos musicais introduzidos pelos africanos no Brasil, sendo o mais difundido o atabaque, de vários tipos, tamanhos e estilos; são utilizados nos rituais religiosos, na música popular e algumas vezes na chamada música erudita. Entre esses instrumentos estão o ganzá, o adjá, o agogô, o gongue, o urucungo, todos de percussão.

Não creio que a qualidade "bárbara" desses instrumentos tenha seduzido a música de formação europeia como foi a do padre José Maurício (1767-1830), que tocava o cravo, a viola, cantava música sacra e foi maestro da Capela Real de dom João VI. Críticos há que apontam, debaixo de suas composições de tema católico e forma europeia, um subterrâneo fermento africano. Mais recentemente, tivemos Paulo Silva, professor de fuga e contraponto na Escola Nacional de Música do Rio de Janeiro, e o compositor mulato Francisco Braga. Outros afro-brasileiros, menos interessados na erudição musical, deixaram composições nas quais a expressividade africana se afirma: Pixinguinha é um marco importante impulsionando a parábola da nossa música popular com uma inteligência criativa invulgar; e há outros nessa, como Donga, Ismael Silva, Ataulfo

Alves, Luís Soberano, Sinval Silva, Zé Keti, Paulinho da Viola, Cartola, Dorival Caymmi, João da Baiana, Jorge Ben, Caetano Veloso, Gilberto Gil. Quero sublinhar, a respeito de Gilberto Gil, a quem acabo de ver se apresentando em shows em várias cidades dos Estados Unidos, que nessas apresentações ele (Gil) se credencia como um verdadeiro músico (o primeiro, neste sentido) afro-brasileiro arauto do pan-africanismo. A marca de suas exibições foi a integração da ginga do corpo, expressões faciais, passos de dança, o incrível uso da voz, tudo articulado à significação das letras que ele canta e diz, formando um complexo que transcende a definição do show musical. Sua presença densa e alada no palco é mais um acontecimento que anuncia esperanças, critica situações históricas e abre uma fresta pela qual os povos africanos na diáspora podem vislumbrar um futuro de melhor qualidade em suas vidas. Artista consciente, profeta e homem histórico, Gilberto Gil sabe que as manifestações de arte não são eventos arbitrários e intemporais. Sabe das repressões atuais e antigas sofridas pelos africanos: "Conheço passagens a respeito do maxixe, por exemplo, que foi denunciado como obsceno por Rui Barbosa, e seus dançarinos acusados de atentarem contra o pudor público. Tentaram prescrever o maxixe que era um ritmo de origem negra. Sei também da repressão aos capoeiristas, da reação do mundo branco aos jogos, danças e músicas que eu chamei de 'ópera negra' do início do século."[49]

A perseguição iníqua e sem quartel dos poderosos mostrou-se incapaz de evitar que os negros dessem ao Brasil, semelhante ao que ocorreu em Cuba e nos Estados Unidos, a música da qual o país se orgulha de possuir. Essa música vem diretamente dos toques e cânticos rituais. Música negra diversa e rica, onde há de tudo: maracatu, samba, jongo, coco, cateretê, nomes indicativos das diversas origens linguísticas africanas que, para o Brasil, foram com a escravidão.

Um grupo de excelentes músicos negro-brasileiros acompanhou Gil na excursão a que me refiro. Entre eles estava Djalma

Correa, percursionista dos mais completos; o domínio que tem dos vários instrumentos é absoluto – tanto arranca os toques mais sensíveis e delicados, como sacode o público com o vigor torrencial do seu ritmo desatado num progressivo, ininterrupto crescendo de invenção e técnica insuperáveis. Emergindo de raízes tão profundas, a música afro-brasileira sempre esteve bem servida de talentos provados. Mas me parece que neste momento, cometida por músicos tão inventivos na composição, execução e apresentação, nossa música ingressa numa etapa de criações de originalidade sem precedentes, e se projetando de forma inusitada. Esta previsão não é uma hipótese arbitrária, nem fantasiosa. Basta se observar o que está acontecendo no mundo dos sons.

Aí estão um Milton Nascimento e Candeia; vozes negras de Jamelão, Clementina de Jesus, Carmem Costa, Araci Cortes, Alaíde Costa, Maria Bethânia e Gal Costa. Ou uma Zezé Motta, atriz e cantora com plena consciência de sua responsabilidade junto aos seus irmãos negros. Todos esses compositores e intérpretes, conscientes e inconscientes, são a continuidade dos cantares que a África nos enviou com seus filhos escravizados, nossos ancestrais. Artistas que ultrapassam as classificações de técnica vocal, linha melódica ou disciplina convencional: são artistas de outro diapasão, que se expressam em nível de totalidade expressiva, e nisso reside o impacto de sua presença na mensagem vocal que nos transmitem.

Quero registrar o nome de um músico notável: Abigail Moura, fundador e regente da Orquestra Afro-Brasileira. Este compositor de raro talento nasceu em Minas Gerais, porém foi no Rio de Janeiro que tentou realizar a obra de sua vida: a Orquestra Afro-Brasileira, iniciativa excessivamente arrojada para a estreita compreensão e percepção dos poderosos e dos poderes públicos que deviam tê-lo ajudado. Mas o racismo, inimigo das propostas mais sérias da cultura afro-brasileira, impediu que frutificasse sua intuição de gênio, e o sonho pelo qual viveu, morreu com ele, e não se concretizou plenamente.

Qual teria sido o sonho de Biga? Modesto e caladão, ele reuniu trinta ou quarenta músicos negros, empunhando uma enorme variedade de instrumentos de origem africana. Canto coral, percussão, ritmo pesado do urucungo, executavam composições baseadas na tradição africana. Entretanto Biga era um legítimo criador. Experimentava caminhos inéditos. O entrosamento desse complexo afro se misturava ao piano, ao sax, à flauta, à clarineta. Não porque copiasse o jazz. O Biga pisava em terreno virgem, no sentido de uma relação integrada de instrumentos, polirritmia, produzindo uma expressão sonora que diferenciava seu caminho mas não o alienava da autenticidade da fonte africana e nem da circunstância existencial por onde essa fonte se derramou. Então um concerto da Orquestra Afro-Brasileira constituía uma aventura sonora, a cada instante uma surpresa, na conjugação de instrumentos absolutamente assimétricos. Às vezes os sons pareciam lutar na sua impossível harmonização; pareciam. E aqui está o trágico na tentativa do Biga: a falta de recursos que lhe teriam permitido realizar o que ele tinha em mente, isto é, abrir caminho a uma outra etapa da música afro-brasileira, com a integração e assimilação dos recursos sonoros fornecidos por instrumentos até então estranhos à África, mas não ao Brasil. Esta síntese sonhada, Abigail Moura levou com ele para o túmulo. Sem se dobrar aos apelos bastardos da comercialização e sem se deixar corromper pelos cantos de sereias ideológicas que sempre tentaram envolver a ele e sua orquestra, Abigail Moura permaneceu fiel à sua inspiração.

Na década de 1930, houve a tentativa feita por Eros Volúsia de levar a dança e os ritmos negros às camadas ditas intelectuais, inclusive se apresentando no Teatro Municipal do Rio. Tratava-se de uma dança sofisticada, ou estilizada, ao gosto das elites, não importando a seriedade e o fervor que Eros Volúsia dedicava ao seu trabalho. Não deixou rastro, talvez bem poucos se lembrarão desse efêmero episódio coreográfico. Na década de 1940, começa a aparecer Mercedes Batista. Perseverante e enérgica, sustentou uma verdadeira batalha, da qual participei, para ser admitida, com Raul Soares, no corpo de baile do Teatro Municipal, onde se cultiva, num requinte de alienação cultural, o balé clássico dos europeus. Mercedes e Raul tinham formação de balé e decidiram confrontar a discriminação imperante naquele teatro que devia ser de todo o povo brasileiro, e não apenas o santuário de arte exclusivista de uma minoria. Estes dois afro-brasileiros conseguiram transpor as muralhas da discriminação racial e, por fim, foram admitidos como membros do corpo de baile. Mercedes Batista, ao mesmo tempo que bailava o clássico, dançava as danças negras fora do palco do Municipal. Até que permaneceu durante um ano como bolsista da Escola de Danças de Katherine Dunhan, em Nova York. Regressando ao Rio de Janeiro, assumiu a coreografia do meu musical *Rapsódia Negra*, e daí em diante criou seu próprio grupo, o Ballet Folclórico Mercedes Batista. Manteve uma escola de danças afro--brasileiras, e, com esforço sem limites, preparou dezenas e dezenas de moças e rapazes interessados na dança como carreira profissional. Empreendeu um trabalho sério e importante no sentido de desenvolver a capacidade potencial da raça negra numa dança que fosse mais artística e não uma pura repetição folclórica. Esta, Mercedes tinha plena consciência, é estática e oposta à dinâmica artística, criativa e em permanente superação. Ser fiel às raízes é um ponto de partida, não um retorno ao passado quietista ou à tradição petrificada. Nas raízes da dança brasileira estão os mesmos fundamentos que se encontram na música, nas artes plásticas, no teatro: o acontecimento ritual das religiões afro-brasileiras. Os pontos cantados, a música litúrgica, projetam nossa música popular e erudita; os pontos riscados, signos, emblemas, objetos rituais riscam a direção de uma pintura e escultura afro-brasileiras; a dança dos orixás, as danças dramáticas e folclóricas, oferecem a estrutura rítmica, temática e dramática de uma coreografia afro-brasileira e de uma dança brasileira tão genuína como a comida dos orixás que presentemente está incorporada ao cardápio brasileiro.

Positivamente se trata de todo um discurso cultural, complexo e global, entranhado e originado numa estrutura de pensamento simbólico e numa estrutura de organização social e familiar, que, vindo da África com os escravos, se constitui numa presença vital que tem sido capaz de impregnar e de impor sua força criativa ao Brasil, em que pesem as barreiras, subestimações, perseguições de toda ordem que os povos africanos e seus descendentes têm suportado por um tempo demasiadamente longo.

Artes Plásticas

Em 1968, publiquei na revista *GAM - Galeria de Arte Moderna*, n. 15, que se editava no Rio de Janeiro, o artigo "Arte Negra: Museu Voltado Para o Futuro".

O problema da criação artística relacionado a uma estética afro-brasileira sempre constituiu dado relevante na fundamentação do Teatro Experimental do Negro. Ainda na década de 1940, o TEN convocou a assessoria do antropólogo Arthur Ramos e do sociólogo Guerreiro Ramos, e promoveu concursos de beleza entre negras e mulatas, então excluídas dos certames do gênero, por não corresponderem aos padrões tidos como representativos da mulher brasileira. Usamos aqueles certames como uma tática sociológica e um instrumento pedagógico, pois não pretendíamos o diversionismo e, sim, o exercício de uma terapêutica de desrecalcamento em massa. As classes ditas superiores mantinham o nosso povo obnubilado pelos padrões estéticos alienados e alienantes da *brancura*, constituindo esta uma ideologia corruptora e perversa, ao negar a beleza negra no contexto vivo da estética brasileira. A forma secundária – melhor diríamos, clandestina – como se aceita a contribuição africana (não nos referimos aos trabalhos pesados, humildes e de baixo salário), antes que uma ofensa aos brasileiros de cor e uma negação de nossa proclamada democracia racial, é uma lesão criminosa contra o próprio Brasil. Teoriza-se entre nós uma cultura mestiça, mas se pratica, como válido e dominante, o padrão cultural branco europeu. "Somos um povo latino", eis como nosso país se autoidentifica, incorrendo no pecado mais nefasto registrado pelo nosso processo sociocultural. Não faltaram opositores quando lançamos, em 1955, ainda com Guerreiro Ramos, o Concurso do Cristo Negro, que, entretanto, despertou o interesse de artistas plásticos das mais variadas origens raciais e de autoridades religiosas, como foi o caso de dom Hélder Câmara. Obteve o primeiro lugar um significativo *Cristo na Coluna* (pelourinho), de autoria de Djanira. Não de maneira total e definitiva, conseguimos melhorar nossos critérios artísticos, e um Cristo – símbolo mais alto da cultura ocidental – já pôde daí por diante ser concebido com a fisionomia do ex-escravo sem que isso fosse considerado uma agressão. Ficaram abalados os critérios arianos de nossa estética, critérios exóticos à realidade concreta de nossa sociedade.

Sob maliciosa argumentação, acusam-nos de um *racismo negro*, ao propormos a vigência de uma arte negra. Estaríamos fazendo aquilo mesmo que condenamos em nossos negadores, ou seja, os racistas antinegros. Contestamos a acusação. Nada temos a ver com a palavra *negro* em rigor biológico, de raça pura. Nosso *negro* se movimenta culturalmente, em termos de história. Por isso mesmo, está consciente de que, apesar de cientificamente desmoralizado o conceito de raça e de cor, na vida diária e concreta, desgraçadamente, o negro – e suas manifestações culturais e artísticas, sua promoção social e econômica – sofre constantes limitações e injúrias por causa da coloração epidérmica e da diferença de sua herança espiritual.

Minha decisão de organizar o Museu de Arte Negra aconteceu durante a realização do 1º Congresso do Negro Brasileiro que o TEN promoveu no Rio em 1950, ao discutir-se a tese de Mário Barata sobre *A Escultura de Origem Africana no Brasil*. Reconhecendo que "O negro realizou na África e em parte na Oceania uma das mais impressionantes obras plásticas humanas", o autor embrenhou-se pelas áreas geográficas e culturais africanas de onde vieram escravos para construir este nosso país. Menciona as diferenças que particularizaram a concepção plástica respectiva a cada área do continente negro e assinala três tendências predominantes: uma realista, outra geométrica e outra mais recente, a expressionista. Segundo Mário Barata, esta última talvez não passe de uma forma secundária, resultante do contato entre as duas primeiras. Concluía o autor, lamentando a inexistência de um museu para estudo e exame da "função que as peças de origem exercem na vida do grupo 'racial' ou de toda a sociedade".

Ninguém poderia prever, naquele recuado começo do século xx, que à ação predatória do colonizador europeu sobre a África – sobre o africano e sua cultura – corresponderia a abertura de um novo universo artístico ao protagonismo da arte branca e do artista europeu. Aqueles desprezados *fetiches* – obra de feiticeiros selvagens e primitivos –, quando exibidos, em 1897, em Bruxelas, provocaram sensação. Imediatamente muitas das estatuetas, máscaras, esculturas passaram a habitar salões importantes e consagradas tais como o Trocadero, em Paris, o Museu Britânico e/ou o Museu de Berlim. Tornaram-se o polo de atração dos artistas promissores da época: Vlamink, Derain, Braque, Picasso, Matisse etc. Quase todos eles adquiriram peças africanas e conviveram com elas, como Matisse, que possuía cerca de vinte. São fatos registrados pela história da arte, mas citemos *Les Demoiselles d'Avignon*, de Picasso, como o exemplo ilustre do cubismo nascido sob a influência generosa e afetiva da escultura africana. Fauvistas e cubistas mergulharam naquele "esperma vivificador" (Paul Guillaume) expresso na absoluta e inusitada liberdade criadora do artista negro-africano.

Lembremos a data de 1898 como a do aparecimento do primeiro estudo sobre as máscaras africanas, publicado por Leo Frobenius, cujo *Decameron Negro* (1914) revelou ao mundo toda a complexidade e profunda riqueza da cultura africana. Estaria esgotada a vigência dos valores daquela cultura? Porventura seus estilos artísticos perderam a vitalidade na curva do tempo? Uma verificação imediata responde que não. Ocorre justamente o contrário: tanto a significação estética, os estilos formais, substância transcendente e atributos outros implicados no acontecer cultural negro-africano, continuam tão válidos hoje como ontem. Chamados ao desempenho de papel cada vez mais importante no concerto ecumênico da cultura se considerarmos o compasso que diariamente se amplia às nações da África livre.

Essa consciência do processo e da situação histórica da cultura negra confere uma intransferível responsabilidade a todos aqueles comprometidos com a produção de uma cultura brasileira isenta de distorções ideológicas, de pressões domesticadoras, ou de aculturações-assimalações branquificadoras racistas. Artistas e intelectuais, entre janeiro e fevereiro deste ano, depuseram pelas colunas do *Correio da Manhã*, analisando a criação do Museu de Arte Negra e apontando rumos. O sociólogo Diegues Júnior, por exemplo, referiu que "do negro livre, do negro artista, pouco se conhece", enquanto o pintor Loio Pérsio, na mesma linha de argumentação, afirmou que

> um museu de arte negra viria, de fato, satisfazer uma necessidade secular: o conhecimento das artes e da civilização brasileira, sob o ângulo estritamente racional [...] dentro do que se entende modernamente por museu, isto é, não só o acervo de documentos e monumentos, mas a sede de atividades técnicas e científicas paralelas, poderá trazer grande contribuição no campo das pesquisas, inventário, classificação, informação e divulgação dessas artes [negras].

Propondo uma ação e reflexão pedagógicas destinadas à promoção da arte do negro – e da arte de outros povos influenciados por ele –, o Museu de Arte Negra situa-se como um processo de integração étnica e estética, no caminho daquela civilização do universal de que nos fala Senghor.

Nos fundamentos teóricos do MAN está implícito o empenho de uma revalorização simultânea das fontes primitivas e de seu poder de fecundar a manifestação artística do povo brasileiro. Eduardo Portela assinalou que "um museu destinado à coleta e exposição permanente da contribuição negra à nossa cultura, não pode deixar de ser recebido com entusiasmo por aqueles que sabem da importância desse elemento fundamental de nossa composição étnico-cultural". O crítico Teixeira Leite lembrou que o MAN "é uma antiga necessidade, até mesmo dos estudantes, pois ele poderá converter-se, se tiver apoio oficial, num laboratório de pesquisas capaz de abrir novos horizontes nas artes plásticas brasileiras".

Em Brasília, visitei recentemente Rubens Valentim. Em seu ateliê na universidade, ergue-se sob suas mãos um mundo de relevos, esculturas e pinturas, mundo gráfico de forças atávicas que ele, entretanto, contém, disciplina e exprime em transfigurada e consciente linguagem erudita. O folclórico e o popular, signos rituais e ritmos negros. Afro-baianos se inserem dialeticamente em sua obra ao cânon artístico europeu. Realiza ele um dos propósitos do MAN indicado pelo embaixador Souza Dantas, isto é, tornar-se "ponte cultural entre o Brasil e a África negra".

Enquanto Rubens Valentim terça os refinados estilos, José Heitor representa o autodidata e mágico criador; mais parece um artista transviado em Além Paraíba (Minas). Cada peça que esculpe tem o compromisso de ato litúrgico e de função comunitária. E geralmente realizadas em proporções monumentais, sobre um caminhão, no carnaval, suas esculturas passeiam processionalmente pelas ruas da cidadezinha, como parte integrante das escolas de samba. E no desfile, ao suor do artista, se somam à peça o pó, a luz, o calor, o cheiro e a alegria do seu grupo. Os "sonhos" de José Heitor se apoiam em rigoroso sentido de volume e mantêm o *ritmo cruzado* – polimetria e polirritmia – de que nos falam os estudiosos da arte africana.

José Heitor trabalha o cedro, o vinhático e outras madeiras que seus amigos – sua tribo – lhe conseguem. Nunca visitou a

África, nunca frequentou escola ou meio artístico. Ele confirma outra frase de Mário Barata: "de todo o continente americano, só em nosso país se conservaram, de maneira evidente, as técnicas e concepções plásticas africanas".

A ausência de liberdade e de garantias para um trabalho desse tipo, derivado do reforço repressivo de fins de 1968, me conduziram aos Estados Unidos desde aquela data, e, com isso, o Museu de Arte Negra, como também o Teatro Experimental do Negro, deixaram de existir como instituições visíveis. Porém, visto de outra forma, as atividades do TEN e do MAN tiveram prosseguimento noutro contexto, na luta mais ampla do pan-africanismo. Passaram-se mais de dez anos desde que escrevi aquele artigo. Se fosse escrevê-lo hoje, faria nele alguns reparos, o principal destes seria não manifestar tanta esperança numa possível compreensão e apoio dos meios oficiais e dos elementos mais progressistas da classe dominante. Mesmo os chamados progressistas, na sociedade "branca" brasileira, ou foram afetados pela mentalidade escravocrata do latifúndio ainda vigente, ou estão comprometidos, como beneficiários, na exploração do nosso crescente capitalismo, que tem no povo afro-brasileiro seu exército de mão de obra desqualificada e massa marginal crescente, assim mantido à sua disposição e sujeição mais intensiva que aquela sofrida pelos trabalhadores de modo geral. Outro reparo seria o de não citar Leopoldo Senghor. Acreditamos que a civilização do universal jamais poderá ser atingida enquanto a ação do colonialismo ou do neocolonialismo permanecer corroendo as bases econômicas e políticas dos povos e países, e a pura declamação cultural vazia, conforme se tornou a Négritude do presidente Senghor, mostrou na prática sua carência de eficácia. Civilização do universal, para mim, significa um universo sem multinacionais ou transnacionais, isto é, livre do capital monopolista, do imperialismo e da guerra. Um universo em que as culturas não predominem umas sobre as outras; onde não haja uma religião superior às outras, nem uma raça privilegiada, já que todas se originam do mesmo Deus ou da mesma natureza. Mas que também não exista a colonização de uma classe sobre as outras, sob quaisquer disfarces ideológicos ou "científicos". Mesmo que o progresso histórico nos conduza (conduzirá?) a essa universalização radical, quero seguir amando a mim mesmo também e afirmar minha negrura, que é, em si mesma, um valor do universal. Ela não se oferece, minha cor da pele, como um objeto do qual desejo me desfazer; como se fosse um atributo estático e/ou aleatório. Minha negrura é parte integrante do meu ser histórico e espiritual, e se o mundo do Ocidente continua oprimindo e humilhando o negro e usurpando sua humanidade, cabe ao ofendido resgatar sua humanidade, e este resgate se inicia com a recomposição de sua integridade. Isso não significa que o negro esteja querendo provar ao branco que ele é diferente; muito menos que o negro está fazendo o jogo do racista branco, que o deseja "diferente". Falo de autoestima e autorrespeito, pois apenas como um ser íntegro e total serei digno de me irmanar ombro a ombro com outros homens íntegros na identidade de seu espírito e de sua composição histórica. Não existe esse homem e essa humanidade sem um rosto que assinale sua origem. Só para utópicos e românticos. E se como negros não podemos viver como homens, pelo menos morramos como homens, e não aceitemos, para viver, transacionar com nossa identidade por um prato de lentilhas ideológicas!

Em nossos dias, a imposição de certo marxismo é que o negro, para ser aceito como homem, precisa trocar sua cara negra por uma cara de classe oprimida, "sem cor". Ontem exigiam que o artista negro esvaziasse seu conteúdo de cultura negro-africana e pintasse, nas igrejas católicas, santos e anjos "universais", isto é, não negros. E foi recebendo no lombo a chibata ideológica da "civilização" que alguns africanos criaram e nos legaram obras importantes. Um Francisco Chagas, por exemplo, realizou na Bahia, durante o século xviii, pinturas valiosas na Igreja do Carmo. Ou no Rio de Janeiro, o escravo Sebastião, pintando a óleo, deixou trabalhos dignos de respeito em várias igrejas. Nascido em Minas Gerais, Mestre Valentim da Fonseca (1750-1813) desenvolveu prolífico e diversificado trabalho no Rio de Janeiro: esculpiu em madeira, fundiu em ferro e ouro, e produziu obras diversas. Oséias dos Santos é outro pintor negro nascido na Bahia em 1865.

A comunidade negra no Brasil, assim como tem produzido tantos criadores, precisa contar também com seus próprios analistas e teóricos para elaborar o juízo crítico do acervo que os africanos nos deixaram. A mim coube esta modesta incumbência de registrar alguns nomes e transmiti-los aos meus irmãos negros não familiarizados com a história das artes plásticas no Brasil, a fim de que esta parte da criatividade afro-brasileira não permaneça ausente da memória de nossa comunidade. Os sucessos da pintura e da escultura obtidos por artistas de origem africana não devem permanecer como um assunto esotérico, só conhecido dos especialistas de arte, em geral estudiosos brancos. Um Antônio Francisco Lisboa, nascido de mãe africana em Sabará, em 1730, é patrimônio da comunidade afro-brasileira, não importa que tenha se expressado em modos europeus do barroco. Esculpindo quase sem as mãos que a lepra devorou, Aleijadinho – escultor, pintor e arquiteto – é o genial inventor dos Profetas que à frente da igreja de Congonhas do Campo para sempre testemunhará, mais além da epiderme católica, a compulsão criativa que o sangue africano infundiu ao brasileiro e à cultura brasileira. Lá está na pedra e/ou na madeira a força transbordante do talento inundando as medidas canônicas, na utilização disciplinada e harmoniosa da indisciplina e da liberdade. Densidade e peso, polirritmia e pontos rituais se combinam para produzir a mágica comunicatividade africana da obra de Aleijadinho.

Em 1801 faleceu no Rio de Janeiro o pintor Estevão Silva, negro que ganhou fama com o retrato da escravidão que ele elaborou no seu quadro intitulado *Caridade*. Pedro Américo, mulato da Paraíba, pintou cenas históricas em quadros de grandes dimensões.

Um dos objetivos do Museu de Arte Negra era o de proceder a um levantamento dos africanos e de suas criações no Brasil. Isso necessita ser feito com urgência.

Um Olhar Sobre a Nossa Intelligentsia

Quem se desse ao trabalho de proceder ao exame e de fazer a história da *intelligentsia* brasileira teria que fatalmente chegar ao resultado de que tudo não passa de um dossiê assustador do racismo mais impenitente. O biombo tradicional do paternalismo luso-brasileiro para velar a prática racista brutal e cruel do escravismo, se transferiu, em toda sua componente psico-sócio-cultural, para os herdeiros da herança colonial, quer dizer, à sociedade dominante e dominadora da atualidade. Uma das categorias executivas do paternalismo está no *apadrinhamento*: padrinhos de batismo, padrinhos de casamento, padrinhos sociais, padrinhos políticos e padrinhos na carreira literária. Os negros, a maioria desamparada do povo brasileiro, sempre se constituiu como alvo preferido das *benesses* castradoras do paternalismo. Sebastião Rodrigues Alves há longo tempo vem denunciando a natureza dessa *norma*, principalmente quando se trata da carreira militar, no exercício e na marinha; os afro-brasileiros são barrados de entrar na Escola Naval e na Escola Militar, salvo uma ou outra exceção, quando se trata de um protegido bem apadrinhado. Entre os artistas, a patronagem se tornou verdadeiramente institucionalizada. Só faz carreira artística – principalmente de artista plástico – quem tem padrinho ou patrono, que se torna quase "proprietário" do artista; e isso acontece igualmente com a raça dos "descobridores". Os cronistas e críticos, com colunas nos jornais, são os "padrinhos, descobridores" e "protetores" mais frequentes e visíveis. E o pobre do negro artista, sem infraestrutura econômica, sem suporte social e familial, tem sido a vítima desse racismo sutil e frustrante. Porque a partir da "descoberta", do "lançamento" e da "promoção", o padrinho assume o papel de mentor e de "dono", já que, através da manipulação social e jornalística, combinada à engrenagem das galerias, ele tem nas mãos o êxito ou o fracasso do "afilhado".

Dessa experiência histórica, chega-se facilmente à conclusão de que o povo afro-brasileiro somente atingirá sua plena e total liberdade na medida em que se livrar da influência difusa, insidiosa, mas poderosamente negativa do apadrinhamento, da miscigenação compulsória e da integração segundo os modelos históricos conhecidos no Brasil e em outras partes do mundo onde a mesma ideologia foi aplicada, como Estados Unidos, Angola ou Cabo Verde. Lutando contra a exploração do seu trabalho, o negro precisa simultaneamente lutar contra a exploração de sua condição racial e étnica, já que esta última é anterior àquela. E o fato de haver tanta coincidência e tanto cruzamento entre as linhas de raça e classe, não deve obscurecer a clareza solar de que em nosso mundo capitalista, racialmente heterogêneo, o fator da condição racial é primordial na formação da estrutura econômico-sócio-psico-cultural da sociedade. No caso brasileiro, a questão racial como contradição primária da estrutura socioeconômica e psicocultural é um fato tão óbvio que deveria dispensar maiores argumentos. Entretanto, de um lado temos somados os reacionários convictos, os liberais e os "progressistas" negando essa realidade concreta com os mesmos argumentos utilizados pela esquerda e por marxistas tradicionais: trata-se de um problema de pobres e ricos, um problema de classes, e não de raça. Um argumento fantasioso, de meia-verdade. A ascensão econômica de um Pelé, por exemplo, não invalida o fator racial como principal contradição, assim como a transformação do imigrante Matarazzo em capitão da indústria paulista não erradica a noção de classe em nossa sociedade. Como observa Elisa Larkin Nascimento:

> Assim como existem alguns negros ou índios que "vencem" na sociedade de classes, também existem proletários ou pessoas

oriundas do "lumpen" que conseguem subir na escala socioeconômica. "Classe" não é uma categoria monolítica, rígida e imutável.

Se a ascensão econômica dos negros, apesar do racismo estrutural, invalida o fator racial como contradição social, então a ascensão de pessoas oriundas do "lumpen" ou da classe trabalhadora também teria que eliminar a classe como categoria fundamental. [...] o racismo, junto com a estrutura de classe, constituem fator determinante das relações econômicas de produção e distribuição nas sociedades industriais multiétnicas de dominação étnico-ocidental.[50]

A "classe" dos intelectuais, salvo os casos isolados, se confunde, em sua maioria, com "classe" dominadora tradicional; a outra parte se inclui na "classe" dos *classistas*. E desta "unidade nacional" se origina o fogo cerrado que dá apoio e sustentação ao esmagamento impiedoso das populações afro-brasileiras. Exploradas economicamente, sofrem o sistemático genocídio físico, a degradação moral, o desprezo de sua religião, de sua organização familiar, a folclorização de sua cultura. E sempre se repete, numa reiteração da mentira que acaba se tornando verdade pelo método nazista de propaganda, o caráter mestiço da raça e da cultura brasileiras, quando sabemos quais os valores que predominam, os critérios e as referências. O embranquecimento do povo brasileiro, pregado pelo uso da mentira da "integração", é de uma hipocrisia sem limites. E os intelectuais brasileiros de todas as tendências e colorações políticas têm colaborado nesse engodo ideológico fantasiado às vezes de "ciência". Mas vamos ilustrar com um poeta, o ilustre *metarraçado* Cassiano Ricardo, o cantor das "bandeiras" paulistas. Diz ele que

> Na formação dessa democracia biológica, o índio entra com a mobilidade social, o negro com a abundância de sentimento e de calor humano, o português com o seu espírito de aventura e de comando. Três riscos psicológicos bem marcados formam a trama moral de cada bandeira: comando, movimento e obediência.

Enquanto é comando, o momento é mameluco [leia-se português]; enquanto é movimento, o momento é índio; quando para, o momento é negro.[51]

Na definição de Cassiano Ricardo, temos estabelecidos os lugares destinados ao negro na bandeira e, por extensão, na democracia biossocial que as bandeiras fundaram, segundo o mesmo poeta; o lugar do negro é: a obediência na imobilidade. E revirando os olhos em beatitude angélica, em louvor dos criminosos bandeirantes, Ricardo exclama: "O que há de mais belo no negro é a sua obediência e resignação."[52] Está transparentemente óbvio que Cassiano Ricardo projetou, naquela generalização ao negro, seus próprios sentimentos mais íntimos, ligados à sua condição de mulato obediente e resignado. Sua "rebeldia" de poeta "moderno" se situa bem distante da rebeldia autêntica dos africanos, aos quais ele retratou segundo o figurino tradicional dos opressores. O africano escravizado e seus descendentes afro-brasileiros possuem uma autoimagem muito diferente; nossas referências culturais são outras, e elas não incluem os conceitos de inferioridade, cujo papel é só aquele de parar, obedecer e resignar. Os teóricos da opressão forjaram, nos cadinhos dos seus interesses, essas definições que em absoluto se confirmam nos fatos históricos, que, muito pelo contrário, expõem a desobediência sistemática dos africanos, a despeito das vigilâncias, barreiras de linguagem, castigos monstruosos e outras formas de intimidação. Desde o século XVI, os escravos agrícolas, em sua maioria de origem banta, souberam articular táticas de evasão das plantações e das senzalas; conceberam estratégias de resistência na forma de quilombos e organizaram comunidades bem estruturadas sob modelos trazidos da África e adaptados ao novo meio e circunstância. O africano de forma alguma ficou parado, obediente e resignado. E nunca é demais enfatizar que a República dos Palmares não foi apenas mais um entre os vários quilombos existentes por toda parte do território, mas consistiu numa organização avançada que integrava muitos quilombos. Um esforço gigantesco e superior, que depõe bem alto a respeito do amor à liberdade e da consciência de autorrespeito e dignidade humana que os africanos afirmavam naquela luta desesperada de resgate do seu ser total. Mas para Cassiano Ricardo e a sua classe, o que significaria Palmares? Eis como ele vê os quilombos, naquela típica linguagem do mulato deslumbrado com o êxito literário obtido à sombra da autonegação assimilacionista: "quistos étnicos que impossibilitariam a nossa democracia racial, como o da república negra"[53] (Ricardo, 1938: 44). E num rompante de fazer inveja aos radicais de todas as direitas, acha que tais "quistos étnicos" deviam ser esmagados, e

> a bandeira foi o "terror" dos índios e dos quilombolas, toda vez que negros e selvagens queriam impedir a democracia étnica brasileira, de que ela era a imagem viva e integral. Isto é, toda vez que o choque se estabelecia entre raças diferentes, a bandeira era a força que reduzia tais quistos étnicos recalcitrantes a uma expressão comum, neutralizado a ação unilateral de um contra o outro. Tal a bandeira contra os bárbaros do Recôncavo (Matias Cardoso) e tal a bandeira contra a república negra (Domingos Jorge Velho)[54].

Fica neste trecho, sem qualquer ambiguidade ou sutileza, o que Cassiano Ricardo e os que pensam como ele compreendem como democracia étnica: uma imposição com o uso da força armada. Ricardo comete aqui um típico ato de autoflagelação. E bem no discurso de tempero racista, o poeta não cita nem um exemplo de bandeira reduzindo as recalcitrâncias dos quistos étnicos brancos (por sinal, minoritários), estes, sim, perturbadores da harmonia étnica reinante no âmbito da República de Palmares. Assumindo bandeirismo tão radical na defesa do supremacismo branco, Cassiano Ricardo, relativamente ao Brasil, se equiparou aos Gobineau, Lapouge, Rosemberg e outros teóricos da superioridade da raça branca. E não esqueçamos, neste paralelo, que, na atualidade, idêntica caça ao negro, nos Estados Unidos, está a cargo da Ku-Klux-Klan. Sofismando, como faz todo racista, apela para "quistos raciais" quando se tratava de seres humanos que apenas defendiam sua liberdade e dignidade. Cassiano Ricardo justifica a chacina fria e calculada cometida por bandidos cruéis contra os africanos, e, na coerência de sua lógica, devemos concluir que o poeta sanciona igualmente o genocídio que vem dizimando índios e negros em toda parte deste vasto território nacional. Cassiano segue adiante para negar entre os palmarinos a existência de qualquer "espírito de solidariedade mais largo do que a família". E, por esse motivo, a organização social do quilombo não passou de "uma espécie de comunismo primário, explicável entre os negros que se organizavam em um estado em tudo equivalente, como observa o ilustre autor de *Os Africanos no Brasil* [Nina Rodrigues], aos que atualmente se encontram por toda a África ainda inculta"[55].

A ignorância, de braço dado com a arrogância intelectual frente aos africanos, e a mais abjeta submissão mental diante dos brancos, impediu que o poeta registrasse no seu estudo, que naquela época (1938) a África ainda se achava com quase todo o seu território ocupado pelos invasores *cultos* de sua devoção. Uma ocupação bárbara e sangrenta como não se tem memória nos registros da humanidade. Além do mais, ocupando tão alto nível de prestígio social como o cantor das bandeiras e outros verde-amarelismos tingidos de sangue negro e índio, Cassiano Ricardo não devia ignorar as civilizações africanas que floresceram na antiguidade, muitos séculos antes de a Europa existir como cultura. Em páginas anteriores, já me referi aos estudos de Cheikh Anta Diop, Chancelor Williams, Théophile Obenga, e outros africanos, provando definitivamente essa verdade histórica que a "ciência" europeia e os estudiosos ocidentais conseguiram velar por longo tempo.

Entretanto, a identificação de Cassiano Ricardo não é com as antigas ou modernas culturas africanas, mas sim com o racismo "científico" de Nina Rodrigues, no âmbito nacional e no internacional, com aquelas gloriosas figuras que vão do conde de Gobineau a Hitler.

O que torna a situação do negro brasileiro ainda mais difícil é o fato de ele estar rodeado de "amigos". Ninguém no país é racista, ninguém odeia ou quer mal ao índio ou ao negro em nossa gloriosa democracia biológica. Os "amigos" se espalham da direita à esquerda passando, obviamente, pelo centro. Em Cassiano, focalizamos um "amigo" da direita. Vejamos agora um da esquerda: Darcy Ribeiro, antropólogo especializado em índios, que afirma: "o que sobressai no mundo latino-americano é a unidade do produto resultante da expansão ibérica sobre a América e seu acelerado processo de homogeneização. [...] Todos são neoamericanos cuja visão do mundo, cujos modos de vida, cujas aspirações – essencialmente idênticas – fazem deles um dos rostos do fenômeno humano[56]".

O raciocínio lembra o de Gilberto Freyre quando pregava o luso-tropicalismo, conceito substituído neste trecho por "homogeneização". Esta, por sua vez, aplicada segundo aquela fórmula endossada por Cassiano Ricardo: sob a violência genocida. Também comprovamos a identificação com a direita nesse tipo de esquerdismo: Ribeiro unilateralmente quer afirmar a identidade de aspirações e de visão do mundo das populações de origem indígena com as da casta de origem espanhola que as explora economicamente, destrói suas culturas, impõe a elas uma língua estrangeira. E que dizer dessa imensa população africana na diáspora das Américas, até agora submetidas no Brasil, na Colômbia, no Equador, no Peru, na Venezuela, no Panamá, no Uruguai? Ribeiro se mostra um adepto das imposições. Elogiando a mestiçagem, ele menciona a "matriz básica – principalmente ibérica" (hispânica e portuguesa), salientando depois a imposição das línguas europeias sobre os índios e os africanos, como se tudo tivesse ocorrido num processo espontâneo do qual resultaria a elogiada (por ele) "uniformidade linguística quase absoluta". Idêntico tratamento recebe do antropólogo o fenômeno da imposição étnica. Ribeiro assinala o preconceito racial na tendência vigente de branquear e homogeneizar toda a população, e ressalva: "Mas se trata de um preconceito menos grave porque discrimina o fenótipo negroide e indígena por não estar ainda diluído na população majoritariamente mestiça, cujo ideal de relações inter-raciais é a fusão."[57]

Primeiro o antropólogo, que pertence evidentemente à camada branca dominante, se julga no direito de determinar qual o preconceito mais grave e menos grave para o negro e o índio. Mas, de qualquer forma, fica evidente que: 1. classificando de "menos grave", ele legitima o preconceito racial; 2. discriminar contra o fenótipo não é o mesmo que discriminar contra o genótipo, isto é, seu argumento é que esta pura masturbação de "cientista social" tem algo a ver com o sofrimento concreto dos discriminados seja lá por que *tipo* de racismo; 3. o ideal da maioria mestiça é a fusão. Neste último item é preciso previamente ressaltar que o "ideal" mencionado vem das camadas ibéricas minoritárias e de seus porta-vozes na antropologia e em outras "ciências humanas", na poesia, na história, na política, na literatura, e em outros campos; depois, mesmo se tratando de brancoides e não caucásicos puros, o mesmo Ribeiro acentuou enfaticamente que tal fusão ou mestiçagem resultou na imposição da língua colonial e de sua "homogeneidade cultural igualmente notória"[58]. Ribeiro finge discordar do racismo pondo a culpa no processo histórico como seu causador e não a "marca racial estigmatória". Acontece que a inconsistência desse subterfúgio desaba sobre a cabeça do seu próprio autor, quando Ribeiro, naquele tom desdenhoso tão característico da elite dourada, afirma: "É certo que reminiscências africanas no folclore, na música e na religião são palpáveis nas áreas onde a afluência negra foi maior. Sua persistência só se explica, contudo, pelas condições de marginalização dessas populações, e em nenhum caso constituem quistos inassimiláveis e aspirantes à autonomia."[59]

Um ponto logo chama a atenção: Ribeiro, que sabe usar tão bem a língua portuguesa, emprega o vocábulo *reminiscências* como se equivalesse a *persistência*. Reduzir a persistência do complexo cultural africano no Brasil, e em outros países da impropriamente chamada América Latina, à mera reminiscência folclórica tem sido a prática secular desenvolvida pela "matriz básica" ibérica. Outro ponto importante: sua preocupação com "quistos inassimiláveis e aspirantes à autonomia". Ribeiro ecoa a preocupação de Ricardo, e se este fala em democracia étnica, aquele endossa a "pacificação homogeneizadora", sob a égide hegemônica das elites ibéricas. Nunca se viu tanto desperdício verbal para justificar a opressão racista-genocida, pois aí está muito claro: os quistos minoritários hispano-portugueses nas Américas, ainda hoje manipulando o poder, temem e não admitem as aspirações autonomistas das nações índia e negro-africana. Como se liberdade, autonomia e dignidade fossem para sempre um privilégio de brancos-europeus ou de brancoides-americanos. O disfarce da fusão, da miscigenação, perdeu a eficácia, e o rei branco está nu.

Para Finalizar

Fique bem claro que, insistindo tanto na defesa dos valores africanos da cultura, religião, de arte, organização social, de história e visão de mundo, não os estou enfatizando apenas como uma forma defensiva no meio agressivo do Brasil. Tampouco separo a afirmação da cultura afro-brasileira das outras reivindicações fundamentais da gente negra, como as de ordem econômica e de sentido político. Há um entrelaçamento inseparável de aspectos que, somados, constituem a totalidade histórico-existencial e metafísica, que entendo como sendo a cultura. Mas a cultura afro-brasileira, possuidora de um inerente dinamismo, sempre esteve comprometida com a libertação do povo negro. Sempre tem sido uma cultura de libertação. Os que lançaram as sementes dessa cultura no solo do Brasil se chamam Zumbi, Chico-Rei, Luís Gama,

André Rebouças, João Cândido, Faustino Nascimento, Aguinaldo Camargo e os milhões de africanos martirizados, assassinados, torturados; os milhões de mulheres africanas estupradas, seviciadas, cuspidas e humilhadas. Esta é a herança que recebemos dos africanos que nos antecederam e não esmoreceram na luta. E ao lado do nome de pessoas, também incluo o de organizações de resistência física e cultural como o Centro Cívico Palmares (1920-1926), a Frente Negra Brasileira (1931-1937), a União Negra Brasileira (São Paulo), a Frente Negra Pelotense, o Centro de Cultura Afro-Brasileiro (Recife), o Teatro Experimental do Negro (1944-1968), o 1º Congresso do Negro Brasileiro (1950), a Convenção Nacional do Negro (1945-1946), o Comitê Democrático Afro-Brasileiro (1945), o Museu de Arte Negra (1968), o Movimento Negro Unificado contra o Racismo e a Discriminação Racial (1978).

Os afro-brasileiros estão perfeitamente conscientes de que sua libertação total está inextricavelmente ligada à libertação dos seus irmãos africanos nas Américas e no resto da diáspora. Por isso não desprezam as lições de um Marcus Garvey ou de um W.E.B. Du Bois, de um George Padmore ou de um Malcolm x. Sabem também que, como afro-brasileiros, sua sorte e seu futuro estão vinculados à sorte dos negro-africanos no continente de origem, e os ensinamentos e os exemplos de um N'Krumah, Lumumba, Amílcar Cabral, Nyerere, Samora Machel ou Agostinho Neto, constituem inspiração, estímulo e energia. Todos eles são heróis autênticos, teóricos e práticos, que souberam como transpor os obstáculos do colonialismo e as muralhas do supremacismo branco, e agora organizam seus povos soberanos, povos irmãos nossos, transmitindo-nos um modelo de lutas, legando-nos um exemplo de dignidade combativa no resgate da nação africana e dos povos negros.

Quero encerrar este documento, reafirmando minha confiança nos jovens negros do Brasil. Vejo que eles estão acordados e alertas, plenos de confiança e esperança. Uma esperança séria, engajada e consequente, de quem não espera o futuro perdido nos sonhos, na contemplação ou na abstração da história. Muito pelo contrário, a juventude negra mostra possuir uma terrível consciência histórica da esperança, porque se acha imersa numa terrível situação que só permite a desesperança. Há um jovem negro de 26 anos, paulista de Ourinhos, de nome Cuti (Luís Silva), pertencente ao grupo de poetas que publicaram os *Cadernos Negros de Poesia* (n. 1), e em cuja apresentação afirmam: "renascemos arrancando as máscaras brancas, pondo fim à imitação. Descobrimos a lavagem cerebral que nos poluía e estamos assumindo nossa negrura bela e forte. Estamos limpando nosso espírito das ideias que nos enfraquecem e que só servem aos que querem nos dominar e explorar. [...] Aqui se trata da legítima defesa dos valores do povo negro. A poesia como verdade, testemunha do nosso tempo"[60].

Cuti sabe que "Um poema é pouco", é preciso mais: "um entrelaçamento de mãos". E, trabalhando nesse sentido, ele cultiva sua

ESPERANÇA

Há uma esperança decisiva
na ponta do fuzil:
A morte ou a vida enriquecida
aquecida de amor e comida

Há uma esperança levantada
nos punhos fechados:
A morte ou a vida cheia de vida
Plena de igualdade e verdade

Há uma esperança na faca da sombra:
A morte ou a vida dos meninos
Meninas homens mulheres e os sinos

Há uma esperança de tocaia na fúria:
A vida crivada de sonhos
De balas de mel na boca do mundo.[61]

Bibliografia

ABIMBOLA, Wande. The Yoruba Traditional Religion in Brazil: Problems and Prospects. Palestra, Seminário Para Docentes, Departamento de Línguas e Literaturas Africanas, Universidade de Ifé. In: OYELARAN, O. (org.) *Faculty Seminar Series*, v. 1. Ife: Universidade de Ilé-Ifé, Departamento de Línguas e Literaturas Africanas, 18 out. 1976.

ALVES, Sebastião Rodrigues. Somos Todos Iguais Perante a Lei. Comunicação Apresentada ao 1º Congresso de Cultura Negra das Américas, Cáli, 24-28 ago. 1977.

BASTIDE, Roger. *African Civilizations in the New World.* Trad. Peter Green. New York: Harper & Row, 1971.

BENNETT, Lerone. *The Challenge of Blackness.* Trecho transcrito como epígrafe em Joyce A. Ladner, *The Death of White Sociology.* New York: Random House, 1973.

BOJUNGA, Cláudio. O Brasileiro Negro, 90 Anos Depois. *Encontros Com a Civilização Brasileira*, n. 1. Rio de Janeiro: Civilização Brasileira, 1978.

CARVALHO NETO, Paulo. *El Folklore de las Luchas Sociales.* México: Siglo XXI, 1973.

CUNHA, Henrique; GALVÃO, Angela Lopes; Cuti (Luís Silva) et al. *Cadernos Negros 1 (Poesia).* São Paulo: Edição dos Autores, 1978.

CUTI (Luís Silva). *Poemas da Carapinha.* São Paulo: Edição do Autor, 1978.

DASSIN, Joan Rosalie. *Política e Poesia em Mário de Andrade.* Trad. Antônio Dimas. São Paulo: Duas Cidades, 1978.

DEGLER, Carl N. *Neither Black Nor White.* New York: MacMillan, 1971.

DIOP, Cheikh Anta. *The African Origin of Civilization.* Trad. e org. Mercer Cook. Westport: Lawrence Hill, 1974.

_____. *The Cultural Unity of Black Africa.* Chicago: Third World Press, 1978.

DORNAS FILHO, João. Informação prestada à secção "Nomenclaturas das Ruas de São Paulo". *Revista do Arquivo Municipal*, n. 57. São Paulo: Departamento de Cultura, Prefeitura Municipal, 1938.

FIGUEIREDO, Guilherme. Apartheid, a Discriminação Racial e o Colonialismo na África Austral. *Tempo Brasileiro*, n. 38-39 (Brasil, África, Portugal), 1975.

FREYRE, Gilberto. *Casa Grande e Senzala.* 14. ed. Rio de Janeiro: José Olympio, 1966.

_____. Aspectos da Influência Africana no Brasil. *Revista Cultura*. Brasília, v. 6, n. 23, out.-dez. 1976.

GIL, Gilberto. Entrevista com Marco Aurélio Luz. *Revista de Cultura Vozes*, v. 71, n. 9, 1977.

GOULART, Maurício. *A Escravidão Africana no Brasil: Das Origens à Extinção do Tráfico.* 3. ed. São Paulo: Alfa-Ômega, 1975.

GOVE, Philip B. (org.). *Webster's Seventh New Collegiate Dictionary.* Springfield: G&C Merriam, 1971.

JAMES, George G.M. *Stolen Legacy.* 2. ed. San Francisco: Julian Richardson Associates, 1976.

LARKIN NASCIMENTO, Elisa (1979). *Pan-Africanism and South America: Emergence of a Black Rebellion*. Dissertação de Mestrado. Departamento de Estudos Americanos, Centro de Estudos Portorriquenhos, Universidade do Estado de Nova York, Buffalo, 1979. [Publicado no Brasil sob o título *Pan-Africanismo e América do Sul: Emergência de uma Rebelião Negra*. Petrópolis: Vozes/Ipeafro, 1981.]

MATTOS, Guiomar Ferreira de. O Preconceito nos Livros Infantis. In: *Teatro Experimental do Negro: Testemunhos*. Rio de Janeiro: GRD, 1966.

MENDONÇA, Renato. *A Influência Africana no Português do Brasil*. 4. ed. Rio de Janeiro: MEC/Civilização Brasileira, 1973.

NASCIMENTO, Abdias do (org.). *Dramas Para Negros e Prólogo Para Brancos: Antologia de Teatro Negro-Brasileiro*. Rio de Janeiro: Teatro Experimental do Negro, 1961.

_____. *O Genocídio do Negro Brasileiro: Processo de um Racismo Mascarado*. Rio de Janeiro: Paz e Terra, 1978. [3. ed. São Paulo: Perspectiva, 2016.]

_____. *O Negro Revoltado*. Rio de Janeiro: GRD, 1968. [2. ed. Rio de Janeiro: Nova Fronteira, 1982.]

PIERSON, Donald. *Negroes in Brazil: A Study of Race Contact at Bahia*. Chicago: The University of Chicago Press, 1942.

REVISTA *de Cultura Vozes*. Petrópolis: Vozes, ano 71, n. 9, 1977.

RIBEIRO, Darcy. A América Latina Existe? *Cadernos Trabalhistas*, n. 1. São Paulo: Global, 1979.

RIBEIRO, Joaquim. *Estética da Língua Portuguesa*. Rio de Janeiro: A Noite, [s.d.].

RICARDO, Cassiano. O Negro no Bandeirismo Paulista. *Revista do Arquivo Municipal*, v. XLVII. São Paulo: Departamento de Cultura, Prefeitura Municipal, 1938.

SANTOS, Deoscóredes Maximiliano dos. *Contos Crioulos da Bahia*. Petrópolis: Vozes, 1976.

SANTOS, Juana Elbein dos. O Ethos Negro no Contexto Brasileiro, *Revista da Cultura Vozes*, Petrópolis, ano 71, n. 9, nov. 1977.

UNESCO. *Introducción a la Cultura Africana en América Latina*. Paris: Organización de las Naciones Unidas para la Educación, la Ciencia y la Cultura, 1970.

VERGER, Pierre. African Religions and the Valorization of Brazilian of African Descent. Trad. W.F. Feuser. Faculty Seminar, Department of African Languages & Literatures, University of Ife, 21 fev. 1977. (Não publicado.)

YAI, Olabiyi Babalola. Alguns Aspectos da Influência das Culturas Nigerianas no Brasil em Literatura, Folclore e Linguagem. *Cultura*, Brasília, ano 6, n. 23 out.-dez. 1976.

DOCUMENTO 4

Etnia Afro-Brasileira
e Política Internacional [1]

*Eu, por exemplo, gostaria de enfatizar, dirigindo-me
sobretudo àqueles que se consideram líderes, a importância
de nos conscientizar da conexão direta entre a luta dos afro-
americanos deste país e a luta de nossa gente em todo o mundo.
Enquanto ficarmos pensando – como um dos meus bons irmãos
afirmou aqui há alguns domingos – que devemos resolver nossos
problemas em Mississippi antes de nos preocupar com o Congo,
nós nunca resolveremos o problema de Mississippi. Não antes
de compreender a nossa conexão com o Congo.*

MALCOLM X,
Malcolm X *Speaks*

Aqui no Primeiro Congresso de Cultura Negra nas Américas, nessa histórica assembleia onde pela primeira vez em quatro séculos os descendentes de africanos nas Américas têm a oportunidade de se reunirem, estou sumamente honrado e feliz de representar, como um afro-brasileiro, o Projeto das Culturas Africanas na Diáspora, da Universidade de Ifé, na Nigéria. Instalada nas vizinhanças do próprio local onde Obatalá, o enviado de Odudua, baixou sobre as águas de Olokum para fundar a terra e criar os seres humanos, Ilé-Ifé é a cidade que significa para o mundo negro-africano não somente o berço da nossa existência, com também um dos lugares onde os padrões da criação artística afro-negra atingiram os níveis mais altos em técnica e significação simbólica. Foi como se eu estivesse praticando a volta ritual às minhas origens no tempo em que lá permaneci como professor visitante em seu Departamento de Línguas e Literaturas Africanas; durante aquele ano, pude ser testemunha participante do que aquela bela instituição de ensino superior está realizando para atender às exigências da reconstrução da África, após os séculos de destruição colonial. Nesse esforço de recuperação das riquezas materiais e espirituais da África, a Universidade de Ifé, da qual espiritualmente me considero um membro permanente, com sabedoria incluiu em suas preocupações os africanos na diáspora: isto é, todos aqueles, como nós, os negros afro-americanos, que as circunstâncias históricas espalharam pelos quatro cantos do universo. Entretanto, a diáspora nesta etapa da história dos africanos adquiriu um sentido inverso daquele de dispersão: constituímos a diáspora do regresso; somos os povos negros que se voltam, em ritmo concêntrico, rumo à origem prístina do espírito e da história dos ancestrais, a fim de projetar o futuro.

Conforme enfatizou o doutor Cheikh Anta Diop: "O futuro dos negros de todo o mundo está interconectado. Foi assim no passado, quando as civilizações negras estiveram sob sérias pressões. No presente, esta interconexão é ainda mais necessária."[2]

Nos objetivos e no espaço desta comunicação informal, não cabe uma análise pormenorizada ou exaustiva da experiência africana e dos descendentes africanos no Brasil; estes constituem uma etnia afro-brasileira de cerca de 80 milhões de negros e mulatos dentro de uma população brasileira de mais ou menos 120 milhões de habitantes. Seja dito desde o início que os afro-brasileiros formam uma etnia encurralada pelo cerco de um sistema de pressões que vão desde o preconceito e a discriminação veladas, até as agressões culturais e/ou psicológicas, assim como se radicalizam em violências abertas de sentido econômico e de cunho policial ou institucional. Este tecido de violências sutis ou explícitas transformou o negro brasileiro em vítima de uma das colonizações internas de crueldade sem paralelo. Desde os tempos da escravidão, os africanos e seus descendentes vêm sendo submetidos a uma consumada técnica de eliminação que se caracteriza na forma de implacável genocídio. Em consequência, o afro-brasileiro – quer seja o negro, o mulato, o moreno, o pardo, o escuro, o crioulo, o mestiço, ou qualquer outra classificação étnica ou gradação epidérmica, mas com sangue de origem africana – está condenado ao desaparecimento ditado pela sociedade dominante, pois assim está determinado pela lógica da política racial vigente no país.

As agressões de que são vítima, os negros se inserem nos níveis físico-biológicos, através da ideologia do embranquecimento, segundo a qual o afro-brasileiro deve se tornar cada vez mais claro na aparência a fim de obter melhores condições de emprego, melhor aceitação no relacionamento social, enfim, estar credenciado ao pleno exercício de sua condição de homem e de cidadão. A agressão econômica é o fator mais intensamente negativo: atira os negros no desemprego, no subemprego, do que resulta a subversão de sua organização familiar e de sua personalidade, mantendo-os sem os recursos ao atendimento de suas mínimas necessidades de moradia, saúde, educação, alimentação e assim por diante. A trama desse racismo desumano e criminoso acha-se detalhadamente descrita e documentada no meu livro intitulado *"Racial Democracy" in Brazil: Myth or Reality?*, ou *O Genocídio do Negro Brasileiro*. Pretendo, neste momento, apenas reiterar algumas noções já bastante divulgadas e conhecidas, cristalizadas nos vários estereótipos que desde séculos vêm constituindo a identidade do africano ou a imagem do negro ainda em curso na sociedade brasileira. Trata-se de uma situação bastante complexa, a qual ergue-se como um obstáculo quase insuperável, impedindo ao negro uma vida sem humilhações, já que se lhe nega o direito a uma existência pacífica e criativa, baseada na segurança e no autorrespeito.

Um dos motivos da longa vigência do regime escravo que legalmente existiu no Brasil de 1500 até o dia 13 de maio de 1888 – e este país foi o último nas Américas a abolir o nefando sistema de exploração econômica –, mereceu a seguinte observação do historiador Nelson Werneck Sodré, em seu livro *Formação Econômica do Brasil*: "o escravo africano é marcado pela cor, esta é como um rótulo"[3]. A implicação óbvia é de que, já nos inícios da colonização, houve a identificação racial e de cor enfatizando a presença do africano no país. Interessa sublinhar tal fato por causa do importante papel que ele terá quando forem examinados os fatos que produzem o racismo. Vários ideólogos do racismo, quer se trate de equivocados, de ingênuos e/ou maliciosos, costumam apelar para metáforas conceituais que situam o fenômeno racista como fruto da relação entre *senhor* e *escravo*, subestimando ou omitindo ou negando o fator racial, e, nessa linha de raciocínio, opinam e tiram suas conclusões a respeito da clamorosa marginalidade do negro na sociedade contemporânea brasileira. Esse procedimento equivale a separar o elemento raça/cor da condição tanto do senhor, de origem europeia, quanto do escravo, de origem negro-africana. Este é um comportamento arbitrário que está tão longe de um procedimento científico como está perto do abstrato e subjetivo.

O racismo existia antes do século xv, quando principia a escravização dos africanos pelos europeus. Sob nenhum argumento os negros aceitam a versão de ter sido pura coincidência, ou resultado de uma peculiaridade no destino dos africanos, terem eles sido o único povo ou raça, em todos os tempos, a ser submetido a essa espécie de escravidão completamente desumanizadora a ponto de transformá-los em bem móvel dos europeus, e cujo horror ultrapassa de longe a todas as outras escravidões da História. Com efeito, representa um fácil e fútil escapismo tentar negar o fato inegável de que a servidão do cativeiro se assentava basicamente na raça dos escravizados, sem prejuízo de outros fatores decisivos. Uma verdade facilmente confirmada até pela escravização dos próprios filhos e filhas dos senhores brancos com as africanas escravizadas.

Essa perspectiva de situar a questão agrupa pesquisadores, cientistas, escritores e ideólogos de todas as tendências, inclusive aqueles da chamada esquerda. De um modo geral, todos eles assumem pontos de vista teórico-científicos e se comportam concretamente diante das lutas promovidas pelos negros, segundo normas, modelos e definições inspiradas ou fornecidas pela sociedade dominante: uma sociedade branca ou brancoide gerada no ventre do racismo e no caldo de cultura deste imersa por mais de quatrocentos anos. Assim o racismo constitui a espinha dorsal psico-sócio-cultural que faz da sociedade convencional brasileira uma entidade intrinsecamente preconceituosa e discriminadora dos descendentes afro-negros.

Há os reacionários que sustentam, ainda, o tão desmoralizado mito liberal-paternalista da "democracia racial", a fórmula domesticadora e de extrema eficácia na perpetuação dos velhos conceitos sobre *raça inferior* vigentes no passado, devidamente transfigurados em linguagem moderna. Esse truque apenas modificou a aparência verbal do racismo: na essência do conceito de inferioridade negra, tudo continuou da mesma forma. A exploração e o desprezo que as autoproclamadas classes superiores votam ao africano e ao negro é uma constante inalterável. E a esquerda brasileira é a cúmplice que endossa a "democracia racial" e se recusa "progressistamente" a compreender os fatos sociais de modo objetivo. Seu apoio aberto ou implícito às posições mais retrógradas rumo às possibilidades de uma sociedade brasileira verdadeiramente multirracial e multicultural faz das esquerdas, aos olhos da população negra, mais um instrumento de alienação domesticadora. O apelo de mascarar o racismo, substituindo-o pelo rótulo de mero acidente na dialética de classes, representa na prática uma inestimável doação de serviços às forças antinacionais, alienantes e agressoras dos mais legítimos interesses do povo brasileiro, do qual os descendentes africanos somam mais da metade.

Os atos e as atitudes mentais dirigidos nesse sentido ajudam a reforçar as manipulações da direita reacionária e colaboram com o elitismo brancoide-europeu na manutenção do seu supremacismo internamente e na divulgação exterior que ele faz da imagem étnica do país, segundo a qual os negros, após a abolição da escravatura em 1888, conforme afirma o historiador Caio Prado Júnior, estariam integrados ou absorvidos "pela nova ordem social e estrutura econômica de que passaram a participar, e que lhes condicionaram inteiramente a cultura e a personalidade"[4].

Objetivamente, os afro-brasileiros não se integraram nem social e muito menos economicamente nas estruturas do país.

E Caio Prado Jr. deixa de apontar a violência inerente ao condicionamento cultural e da personalidade do negro brasileiro. Mais adiante voltaremos a tratar com outros aspectos ideológicos de textos de Caio Prado Jr. relacionados aos interesses da gente negra. Por ora, basta situá-lo ao lado de outros fabricantes de modelos brasileiros exportáveis: de ditadura militar travestida em revolução democrática; de entreguismo catapultado em milagre econômico; de opressão étnica mascarada em democracia racial.

De Como o Olho Azul do Itamaraty Não Vê, Não Enxerga o Negro

Desse modelo de mascarada étnica que o país exporta, temos um bom exemplo no volume *Brazil 1966*, publicado pelo Ministério do Exterior, cujo ministro na época, ironicamente, se chamava Juracy Magalhães, o ex-governador do estado africano da Bahia. Neste volume em inglês, destinado a promover o Brasil internacionalmente, há um capítulo intitulado "Características da População", no qual se pode ler o seguinte: "3. Cor – A maioria da população brasileira é constituída de brancos, *sendo diminuta a percentagem de pessoas de sangue misto.*"[5]

O testemunho do desprezo das elites dirigentes à população de origem africana aqui está registrado de maneira insofismável: trata-se do desprezo institucionalizado e com a chancela oficial das armas da República. Além do desprezo, há o desrespeito total aos milhões de negros que o Itamaraty apaga do mapa demográfico do país como se fossem moscas ou baratas incômodas. Assinalando pessoa de sangue misto, o livro parece querer desmentir as estatísticas, também oficiais, do Instituto Brasileiro de Geografia e Estatística. No último censo em que se computou o item *cor*, o de 1950, apesar das deficiências notórias, denunciadas pelos próprios especialistas em demografia, como Giorgio Mortara e Rêmulo

Coelho, temos os seguintes algarismos: brancos, 32.027.661; negros, 5.692.657; pardos, 13.786.742[6]. Em primeiro lugar, diga-se que, do ponto de vista puramente técnico, não tem cabimento a classificação de "pardos" dada aos descendentes africanos: tanto que os mulatos claros, médios ou escuros são, etnicamente, negros, pois é assim que a sociedade os trata. Além do mais, não existe este negro idealmente puro, o mesmo sendo válido para o branco. Não há dúvida de que a ideologia do branqueamento está fundamentando os critérios de censos demográficos realizados nessa perspectiva, aliás muito útil à política de genocídio da raça negra em execução há quase quinhentos anos.

De qualquer forma, os números citados provam que a classe governante, a fim de melhorar sua imagem e torná-la mais agradável aos olhos dos *masters* metropolitanos, não trepida em riscar da população do país cerca de 19.479.399 de negros e "pardos", ou seja, 38% do povo brasileiro! Isto segundo o cálculo sabidamente distorcido a favor da ideologia predominante, porém, mesmo assim, um ato escandaloso de linchamento estatístico. Na pressa e no fervor de reforçar a consistência do Brasil no seio e no ritmo do supremacismo branco, o livro do Itamaraty explica que "Como uma consequência dos baixos padrões de vida e higiene dos grupos negros e mulatos, suas taxas de mortalidade são mais altas que aquelas dos brancos."[7]

Obviamente, o Itamaraty não expõe as razões de baixos padrões de vida dos negros, nem por que eles carecem de casas higiênicas, atendimento médico, alimentação decente, e por isso morrem mais do que os brancos que monopolizam tudo. O livro parece querer dizer que todas as desgraças da vida negra são produto da maldição de Deus, ou da ausência de vontade de uma situação melhor por parte da população negra. Não menciona nem o racismo nem a exploração em todos os sentidos que vitimam sob violência os descendentes africanos. Com tais expedientes – o massacre físico e a manipulação ideológica-censitária –, o eurocentrismo dominante pretende resolver o *problema do branco*, pois este é a minoria que está sempre e sempre tentando erradicar compulsoriamente os negros, que nem são mencionados como existentes, poucos ou muitos, no texto dos riobranquenses. Sob o olho azul da hipocrisia e do ódio itamaratyanos, que é uma extensão do mesmo olho nórdico que domina nossa sociedade, pretendem a liquidação maciça dos afro-brasileiros. Mas se trata de uma pretensão, apenas. Os negros têm resistido e resistirão.

Digno de registro é a confusão que a mentira do Ministério do Exterior causa aos seus próprios representantes no estrangeiro. No ano seguinte ao da publicação do *Brazil 66*, ou seja, 1967, de 24 de julho a 4 de agosto, nosso país compareceu ao Seminário Internacional Sobre o *Apartheid*, a Discriminação Racial e o Colonialismo na África do Sul, em Kitwe, na República de Zâmbia, sob os auspícios da ONU. O escritor Guilherme Figueiredo representou o Brasil, enviado pelo Itamaraty. Ele declarou à assembleia daquele Seminário, entre outras coisas, que "se pode calcular que contamos com trinta e cinco milhões de negros e mestiços, o que faz do Brasil uma das maiores comunidades negras do mundo"[8].

Sem dúvida, Figueiredo está muito mais perto da nossa realidade demográfica ao desmentir frontalmente a versão fantasiosa do *Brazil 66* da não existência de negros na população brasileira.

Um aspecto curioso no comportamento do delegado brasileiro ao Seminário foi seu esforço em disfarçar e/ou esconder os compromissos do Brasil com o regime *apartheísta* da União Sul-Africana e do salazarismo em Angola e Moçambique, tentando

> evitar que dentro dele [Seminário] aparecessem alusões a fatos que nos colocam, diante dos países africanos e dos mais extremados quanto aos métodos de erradicação internacional do *apartheid*, do colonialismo e da discriminação racial na África Meridional, em posição de não cumpridores de medidas já recomendadas pelas Nações Unidas e seu Conselho de Segurança: a manutenção de representações diplomáticas e consulares na União

Sul-Africana, em Angola e Moçambique, a existência de trocas comerciais com aquele país e com as colônias portuguesas, o comparecimento de desportistas brasileiros a certames na África do Sul e as negociações e encomendas de barcos ainda a esse país[9].

Seria necessário algo mais para documentar os compromissos do Brasil com o *apartheid* e o sangrento terrorismo salazarista da África? Mais adiante transcrevo os votos brasileiros de cão fiel do salazarismo nas medidas anticolonialistas das Nações Unidas. Quero, antes disso, transcrever outro trecho de Guilherme Figueiredo, no qual ele uma vez mais tenta impingir à África a ideologia putrefata da democracia racial juntamente com a tão hipócrita quanto inconsistente posição "anti*apartheid*" e "anticolonialista" do Brasil: "Repito aqui [no Seminário] o que havia dito antes: a posição do Brasil, como país multirracial e sem conflitos raciais, é a de apoio a todas as recomendações e medidas aceitas pelas Nações Unidas para a mais rápida e pacífica eliminação do '*apartheid*', da discriminação racial e do colonialismo."[10]

Quer dizer: usam todas as formas de violência ilegal contra os africanos, inclusive o napalm, com o pleno apoio do Brasil, como veremos adiante, e, para opor-se a essa horrorosa desumanidade, o Brasil advoga uma eliminação "pacífica"!

A propósito de sua participação naquele Seminário, Guilherme Figueiredo redigiu para o Itamaraty um relatório tecendo várias considerações. Uma delas trata de uma possível "solidariedade popular nossa às vítimas do *apartheid*", e o autor comenta que para "suplementá-la com medidas de conscientização mais enérgicas"[11], o país poderia enfrentar o risco de uma cisão racial: de um lado os descendentes africanos, do outro os descendentes portugueses. Tudo se agravaria com uma possível implicação de luta de classes, já que os brancos ocupam o "mais alto nível econômico"[12]. Aqui se desmorona toda a arquitetura ideológica construída por Figueiredo em seu documento. Antes ele havia afirmado que "a condição de negro ou branco diluíra-se na mistura sanguínea"[13], e na página seguinte o mesmo Figueiredo aponta um risco de divisão racial entre brasileiros. Como e onde fica então a decantada mistura de sangues e fusão de raças? Fica meridianamente claro o artifício ideológico, pois miscigenação não significa que os mulatos de pele mais esbranquiçada, os mulatos sararás, ou aqueles de tez mais escura, estejam em situação diferente daquela dos negros. Entretanto, o ponto crucial é este: em face do *apartheid* e da discriminação racial em Angola e Moçambique, houve uma série de argumentos racionalizando a posição negativa do Brasil; quando se tratou de beneficiar o salazarismo, muito pelo contrário, ninguém argumentou que poderia causar qualquer seccionismo racial do povo brasileiro, e o país assinou um tratado de amizade e consulta com Portugal que equivaleu a uma completa subordinação do Brasil aos objetivos e práticas colonial-genocidas de Salazar na África. Tal tratado o Brasil cumpriu dando seu voto a favor da opressão portuguesa no continente africano quando a onu discutia a descolonização da África.

O que comentamos sobre Guilherme Figueiredo é válido para a maioria dos diplomatas de carreira do Ministério do Exterior. Um deles, considerado brilhante, é o embaixador José Sette Câmara. Câmara proferiu uma conferência na Universidade de Brasília, em 21 de julho de 1970, e disse coisas brilhantes, como esta:

> O Brasil, que sempre teve uma política de absoluta coerência de apoio ao processo de descolonização das Nações Unidas, linha esta mantida sem solução de continuidade em todos os Governos dos últimos 25 anos, assume com relação a Portugal uma posição especial, dado os laços que nos ligam ao povo lusitano. [...] Afinal, o problema colonial português oferece peculiaridades que devem ser consideradas. As colônias são vitais para a vida econômica de Portugal, que se delas se desfizer perderá grande parte de sua população e suas melhores fontes de divisas.[14]

Nunca se viu brilho mais retrógrado e fascista! Seguindo a lógica do argumento de Câmara, da "vital necessidade econômica de Portugal", com muito mais razão o Brasil deveria até hoje continuar sendo sua colônia. Aliás, toda invasão imperialista, seja em busca de matérias-primas, de mercado ou de mão de obra escrava, de modo geral tem a justificativa da vital necessidade econômica. Mas aqui se tratava do Portugal branco (provavelmente de onde se origina a família Câmara) e das "colônias" negro-africanas, cuja população, na lógica do embaixador, deve compulsoriamente estar somada à população metropolitana em sua função de força de trabalho espoliada e desprezada. Na verdade, as populações africanas de Angola e Moçambique e Guiné Bissau nunca formaram na composição demográfica de Portugal, riscadas que estavam da cidadania através da chamada lei do indigenato. Assinalo ainda uma passagem interessante no trecho de Câmara, aquele em que menciona a "absoluta coerência" da posição anticolonialista do Brasil. Deixo o trabalho de desmenti-lo a um seu colega também diplomata do Itamaraty, o ex-secretário geral do Ministério do Exterior, Antônio Mendes Vianna, quando afirma: "Como a América do Norte não houvesse feito pressão para liquidar o colonialismo português e tivesse aceito a transformação dessas colônias [Angola, Moçambique e Guiné Bissau] em territórios de ultramar, nossa atitude acompanhou a conduta geral dos grandes Estados capitalistas com relação a Portugal."[15]

Havia, sim, uma coerência absoluta do Brasil, não em relação ao anticolonialismo, mas na docilidade com que o nosso país seguia os "grandes Estados". E caracterizando tal docilidade, nada melhor do que o desenho cáustico e real feito pelo ex-ministro do exterior Afonso Arinos de Mello Franco: "nossos representantes na ONU e outros postos costumavam pôr o Brasil como um elefante puxado pela tromba, pelos espertos, tenazes e calculistas diplomatas de Salazar"[16].

Afonso Arinos, conforme é da tradição liberal, no discurso que fez ao tomar posse do cargo de ministro, repetiu os chavões ideológicos de sempre:

O Brasil se encontra em situação especial para servir de elo ou traço de união entre o mundo afro-asiático e as potências ocidentais. Povo democrático e cristão, cuja cultura latina se enriqueceu com a presença de influências autóctones, africanas e asiáticas, somos etnicamente mestiços e culturalmente mesclados [...] Além disso, os processos de miscigenação com que a metrópole portuguesa nos plasmou facilitaram a nossa democracia racial.[17]

É cansativo e nauseante ter de enfrentar uma vez mais e mais o argumento da miscigenação como fundamento de uma infundamentável democracia racial inexistente; em verdade se trata de uma autêntica demagogia racial que na boca dos ideólogos se torna em democracia racial. Outro tanto se aplica à afirmação de uma cultura latina que teria precedido a cultura brasileira, e a qual os africanos e os índios teriam "enriquecido". São uns mitólogos incorrigíveis essas flores da nossa *intelligentsia*.

Quero nesta altura fazer um registro positivo: uma recomendação de Guilherme Figueiredo, a qual, justamente por ter sido boa, não mereceu maiores considerações pelos que decidem nossa política exterior. Em seu relatório, Figueiredo escreveu verdades como estas:

> A fraternidade que nos liga a Portugal é menor que a do sangue que nos liga a Angola, Guiné e Moçambique. [...] Na África do Sul, na Rodésia, em Angola, em Moçambique existe o *apartheid*; existe o tráfico de escravos; existem as "reservas", *ghettos* negros na floresta, onde cada homem tem marcada na própria pele, mais que os judeus nos campos de concentração, a sua condição servil. São vastas senzalas, piores do que as do Brasil escravagista, a sustentar a mais impressionante das injustiças sociais. Devemos ter a coragem de aplicar com rigor as sanções com as quais nos comprometemos: por sua significação moral, porque aplicadas pelo Brasil, restabelecerão para os povos africanos uma autoridade que já nos enfraquece.[18]

Esta recomendação forte, dramática e verdadeira de Guilherme Figueiredo, se aceita pelo governo brasileiro e devidamente implementada nas votações da ONU, por certo teria produzido grande efeito no processo de descolonização dos territórios africanos sob o jugo português. Mas o que se viu foi o contrário: o supremacismo branco e o racismo cegando nossa política externa e colocando nosso país na cauda do mais reacionário e anti-histórico regime de opressão. Mais adiante trato desse lamentável episódio com mais detalhes e documentação.

Os Povos Negros e os Marxistas

Com referência aos africanos na diáspora e suas relações com os comunistas e marxistas muito já se discutiu, escreveu e publicou. No Brasil, vários expoentes da chamada esquerda têm compartilhado, ativamente ou por omissão, no processo de liquidação da raça negra, que vem desde 1500 até os nossos dias. Parece que certo segmento dos adeptos do marxismo – talvez a chamada ala direita – quer dar prosseguimento no tempo e no espaço a certas colocações feitas por Marx e Engels no seu tempo. Creio não ser preciso ser um iniciado em marxiologia para verificar como é que Marx compreendia, interpretava e justificava a escravidão africana que se praticava no Caribe, no Brasil e nos estados meridionais da América do Norte. Dizia Karl Marx:

> A escravidão direta é um pivô do nosso industrialismo atual, o mesmo que as máquinas, crédito etc. Sem a escravidão não haveria algodão, e sem algodão não haveria indústria moderna. É a escravidão que deu valor às colônias, são as colônias que criaram o comércio mundial, e o comércio mundial é a condição necessária da grande indústria mecanizada. Assim, antes do tráfico dos negros, as colônias não davam ao mundo antigo mais que uns poucos produtos e não mudavam visivelmente a face da terra. A escravidão é, portanto, uma categoria econômica da maior importância.[19]

A comparação do africano escravizado com as máquinas e o crédito fala por si mesma da objetificação do negro e de sua total desumanização. Temos ainda a escravização africana tratada como condição necessária ao industrialismo moderno, e até adquirindo uma "categoria econômica". Seguindo tal lógica, teríamos de aceitar como válidas as razões da necessidade invocada pelo embaixador Sette Câmara para a continuidade do colonialismo e do *apartheid* salazarista em Angola e Moçambique. E a escravidão e genocídio dos judeus na Alemanha, não teriam sido motivados por uma "necessidade" do regime nazista, visando salvar o país do caos econômico vivido na República Weimar?

A razão e a lógica dos negros têm outros fundamentos. Adotar a análise marxista aos nossos problemas significa uma contradição fatal: nós os negro-africanos fomos as vítimas do processo capitalista e fomos novamente as vítimas daqueles que supostamente combatem o capitalismo na área industrializada do euro-norte-americanismo. A análise de Marx foi induzida da realidade socioeconômica da Inglaterra, nos primórdios da industrialização capitalista, quando os africanos estavam sendo caçados como feras em seu continente e trazidos para as plantações de algodão da Louisiana e do Maranhão, ou para os canaviais de Cuba, da Bahia, ou da Jamaica. E quando os operários europeus, independente da contradição de classes, tinham seus padrões de vida elevados à medida que a exploração industrial-capitalista se expandia às custas da escravização, opressão e destituição dos africanos. Marx substituiu a categoria humana dos africanos pela categoria econômica. Não aceitamos que uma pura mágica conceitual possa apagar a realidade terrível do holocausto desencadeado pelos brancos europeus contra todo o continente e sua raça negra. E à medida que o industrial-capitalismo se desenvolvia, adubado pelo racismo e pela exploração colonialista da África e da Ásia, os operários europeus iam se tornando sócios e parte do sistema, o mesmo ocorrendo nos Estados Unidos, cuja classe operária é notória pelo conservadorismo e pelas posições mais reacionárias imagináveis em relação ao operariado da periferia subdesenvolvida. No Brasil, o fenômeno se repetiu. No fim do século passado, os imigrantes europeus chegaram ao país e imediatamente passaram a usufruir as *benesses* do racismo: tomaram os lugares de trabalho do negro recém-liberto da escravidão e rapidamente ascenderam na escala social, enquanto os descendentes africanos, que edificaram a estrutura econômica da nação, foram excluídos do mercado de trabalho e permanecem até hoje vegetando na zona rural ou marginalizados nos *ghettos* urbanos das grandes cidades brasileiras.

Os afro-brasileiros podem assumir, com toda a razão, a crítica do operário da indústria automobilística norte-americana James Boggs; este é um negro marxista que pergunta, em face do *slogan* "Trabalhadores do mundo, uni-vos":

> Quem vai unir-se? Com quem? A subclasse da África, Ásia e América Latina que edificaram as nações colonizadas, ex-colonizadas, semicolonizadas? Ou os trabalhadores da Europa e América [Estados Unidos] altamente desenvolvidas, cuja melhoria de condições e alto padrão de vida só foi possível pela exploração colonial da subclasse do mundo? Não é óbvio que as classes trabalhadoras da Europa e América são semelhantes à pequena burguesia do tempo de Marx, que colaboram com a estrutura de poder e apoiam o sistema porque seu alto padrão de vida depende da continuação dessa estrutura de poder e desse sistema?[20]

Não só no século XIX os trabalhadores negros foram preteridos em benefício dos trabalhadores de origem branco-europeia. Isso está acontecendo nesse instante em vários setores do trabalho, mas, especialmente, nas fábricas paulistas de automóveis, segundo pesquisa levada a efeito sob a direção do historiador e sociólogo Clóvis Moura. Também tive ocasião de fazer idêntica investigação no Rio de Janeiro, em companhia de Sebastião Rodrigues Alves e de Aguinaldo Camargo, na qualidade de membros da Comissão de Recenseamento Nacional, sob a direção de Rafael Xavier, na década compreendida entre 1940 e 1950. Nós constatamos que a indústria ou repelia a mão de obra negra, o que era a norma, ou, quando admitia um trabalhador negro, era porque este tinha um nível mental e técnico superior; nesse caso, o negro desempenhava uma função classificada, mas recebia um ordenado de desclassificado. Que eu saiba, nunca houve qualquer solidariedade dos trabalhadores do Rio ou de São Paulo aos negros operários discriminados. O que se pode constatar é o silêncio conivente dos trabalhadores brancos, que desde o século XIX se beneficiam com a permanência da massa negra como trabalhadores desclassificados e até mesmo à margem da estrutura de mãos de obra.

Os líderes e os órgãos mais avançados e progressistas da classe operária sistematicamente silenciam sobre tão grave questão. Boggs também aponta que "Os radicais dos Estados Unidos e da Europa aceitam o poder branco como tão natural que eles nem mesmo veem sua cor. Eles acham perfeitamente natural exortar os negros a integrar a sociedade branca e a estrutura branca [...] e não podem conceber isto da outra forma."[21] Assim,

> Integração é um guarda-chuva sob o qual os radicais americanos têm podido pregar a colaboração de classe sem dar na vista. Sob o disfarce de combater o racismo dos brancos eles realmente estão tentando realizar a colaboração entre a raça oprimida e a raça opressora, assim sabotando a luta revolucionária contra a opressão, que em face do desenvolvimento histórico dos Estados Unidos requer a mobilização dos negros oprimidos para lutar contra os brancos opressores.[22]

É impressionante a semelhança da situação descrita por Boggs com a registrada no Brasil: o supremacismo branco é o mesmo em qualquer país onde a "civilização" e o "humanismo" europeu estejam presentes. Porém, pelo menos duas décadas antes de conhecer o texto de Boggs, já denunciávamos idênticos fatos relacionados às lutas do negro brasileiro. Não necessito retroceder aos tempos da Frente Negra Brasileira, que mesmo antes de fechada pelo Estado Novo se viu cindida por questões ideológicas estranhas aos seus objetivos e à sua luta específica. Quero focalizar fatos mais recentes, dos quais fui protagonista e agora o testemunho para a história política do negro brasileiro.

Em 1945, no Rio de Janeiro, com Aguinaldo de Oliveira Camargo e Sebastião Rodrigues Alves, além de outros militantes negros, fundamos uma espécie de braço político do Teatro Experimental do Negro: o Comitê Afro-Brasileiro, que funcionava na mesma sede da UNE onde se localizava o TEN. O objetivo imediato do Comitê era a luta pela anistia geral dos presos políticos. O Comitê estava aberto a todos os que quisessem colaborar, não importando raça, cor, profissão, credo político. O Comitê desenvolveu uma atividade intensa até que veio a anistia e foram libertados os prisioneiros políticos, em sua maioria membros do partido comunista. A esta altura dos acontecimentos, os "radicais" brancos da UNE, somados a alguns "radicais" negros, se tornaram maioria na direção do Comitê. Chegara o instante de o Comitê se engajar noutras batalhas políticas mais restritas aos interesses da comunidade afro-brasileira, vencida que estava a etapa da anistia. Foi então que os "radicais", negros e brancos, revelaram a verdadeira razão de sua presença no seio do Comitê: tratar de questão específica do negro era fascismo, que ia resultar na divisão das classes oprimidas. O grupo fundador insistiu na necessidade de o Comitê cumprir seu objetivo fundamental: a defesa da população negra em todos os aspectos da realidade do país. E aqui chegamos ao momento culminante: utilizando como escudo a máscara negra dos "radicais" negros, os "radicais" brancos, como maioria, expulsaram do Comitê os seus três fundadores: Abdias Nascimento, Aguinaldo de Oliveira Camargo e Sebastião Rodrigues Alves. O motivo justificador da expulsão: éramos negros racistas! Com a nossa exclusão, os "amigos" brancos destruíram mais esse esforço no sentido de organizar uma força política independente da comunidade negra. Pois logo que saímos do Comitê, este morria de morte natural: para defender a classe operária e os oprimidos de qualquer origem já existia o Partido Comunista, ao qual os "radicais" pertenciam.

Aprendemos a lição e prosseguimos a luta, não importando que os "radicais" negros continuassem sempre e sempre em nossos calcanhares. Organizamos ainda naquele mesmo ano de 1945 a Convenção Nacional do Negro com, além de Aguinaldo Camargo e Rodrigues Alves, Isaltino Veiga dos Santos, José Pompílio da Hora e Ruth de Souza, a qual se reuniu em São Paulo. Os radicais da esquerda lá compareceram, tentaram, mas não conseguiram, perturbar o ritmo dos trabalhos, e pudemos no fim dos trabalhos redigir um documento final, registrado em meu livro *O Negro Revoltado*[23]. O comportamento lesivo ao negro desses "amigos" brancos da esquerda teve seu ponto alto durante a sessão de encerramento do 1º Congresso do Negro Brasileiro, promovido pelo Teatro Experimental do Negro, no Rio, em 1950. Este incidente está retratado no mesmo livro[24], dispensando novos comentários.

Tal espécie de sabotagem, traição e supremacismo branco dos "aliados" das lutas negras tem ocorrido em todos os lugares e em todas as épocas onde tentam abrir o seu próprio caminho ou manter a integridade de sua perspectiva de luta. Um incidente que se transformou em escândalo político internacional envolveu o militante negro de Trinidad, o escritor George Padmore. Comunista ativo, Padmore fez carreira no partido até acabar como o responsável por todo o setor da África e dos povos de ascendência africana na Internacional Comunista, em Moscou. Ele acreditava que no Partido Comunista encontraria apoio e uma base para sustentar e desenvolver o esforço de emancipação revolucionária dos povos africanos. A desilusão de George Padmore veio em 1935. Transcreverei o relato daqueles acontecimentos na versão do seu amigo de infância C.R.L. James, também de Trinidad, marxista e destacada figura do movimento pan-africanista. Naquela época, James vivia em Londres e Padmore, em Moscou. Certo dia de 1935, Padmore surgiu à porta da residência de James com uma aparência descuidada, o que não era do seu hábito. C.R.L. James conta, reproduzindo o diálogo de Padmore com os líderes do partido comunista:

> Eles [os líderes comunistas] lhe disseram: "Bem, George, a situação está mudando e queremos que você agora seja suave com os imperialistas democráticos – a Inglaterra, a França e os Estados Unidos –, e dirija o ataque contra os imperialistas fascistas – a Alemanha, a Itália e o Japão." Padmore disse a eles: "Mas como posso fazer isso? Alemanha e Japão não têm colônias na África, como vou atacá-los quando é a Inglaterra e a França que têm colônias na África, e os Estados Unidos é o país mais racista do mundo? Como vocês querem que eu diga a esses três na minha propaganda que eles são os imperialistas democráticos?" Então eles falaram a ele: "Bem, George, você sabe, esta é a linha." [...] Eles não queriam conversa. [...] Então George disse que falou a eles que não ia fazer aquilo e eles disseram: "Mas, George, você compreende, devemos ter disciplina." Ele disse: "Vocês podem ter disciplina mas não vão me disciplinar para dizer que a Inglaterra, a França e os Estados Unidos são 'imperialistas democráticos' e são amigos do comunismo. Isto de nenhuma forma." E ele fez suas malas e veio para Londres.[25]

Em seu livro *Pan-Africanismo ou Comunismo?*, George Padmore relata as manipulações e a atuação oportunista tanto do comunismo como da esquerda de modo geral junto aos movimentos de libertação da África, dos negros norte-americanos e dos povos colonizados nas décadas de 1930 e 1940. Refere-se, para começar, ao governo soviético vendendo petróleo a Mussolini quando o ditador fascista estava planejando a invasão da Etiópia[26]. Há vários depoimentos reiterando fatos dessa ordem, inclusive o livro de Wilson Record, *O Negro e o Partido Comunista*, no qual relata a história das relações do partido comunista com o negro norte-americano. À época da guerra da Itália contra a Etiópia, uma típica invasão imperialista europeia do solo africano, Record lembra:

> Como a crítica à U.S.S.R. aumentava, houve considerável tensão dentro dos quadros negros do próprio Partido, resultando em inúmeras defecções. O caso mais conspícuo foi o de Herman W. Mackwain, secretário-substituto da então em funcionamento Liga da Luta Pelos Direitos dos Negros. Em sua resignação, Mackwain acusou a U.S.S.R. de ter sido instrumento para armar e equipar o exército de Mussolini, por isso perdia qualquer direito como uma campeã dos direitos das minorias raciais.[27]

Importante é assinalar que vários críticos dessa manipulação comunista continuaram em sua posição marxista, embora enfatizando a afirmação de uma independente força revolucionária negra. É o caso de um C.R.L. James que, em 1948, na 13ª Convenção do Partido dos Trabalhadores Socialistas dos Estados Unidos, falando sobre "A Independência da Luta Negra", disse

> que a luta negra, a luta negra independente tem uma vitalidade, uma vitalidade própria de profundas raízes históricas no passado da América [Estados Unidos] e nas lutas do presente; ela tem uma perspectiva política orgânica. [...] Este movimento negro independente está apto a intervir com uma força terrífica sobre a vida geral, social e política da nação a despeito do fato de ele se lançar sob a bandeira dos direitos democráticos, e não necessariamente ser dirigido nem pelo movimento operário organizado nem pelo partido marxista: [...] ele é em si mesmo uma parte constituinte da luta pelo socialismo[28].

James acentua que precisam, o quanto antes, serem reconhecidos os aspectos particulares da luta negra, que difere do movimento proletário na direção do socialismo. Estão registrados na história as características específicas dessa luta, e não nos manuais ideológicos. "A degradação econômica, política, social e cultural dos negros, abaixo dos níveis das camadas mais exploradas das classes trabalhadoras, localiza-os numa excepcional posição e os impele a exercer um papel excepcional dentro da estrutura social do capitalismo americano."[29]

Por tudo o que já se conhece a respeito da situação do negro brasileiro, pela extensa documentação apresentada neste livro e em muitos outros de autores brancos e negros, podemos facilmente chegar à conclusão da semelhança de condições do negro do Brasil e dos Estados Unidos. A única grande diferença é que nos Estados Unidos os africanos são minoria e no Brasil constituímos uma maioria de ascendência africana. E também o papel histórico desempenhado pelo africano na edificação do Brasil foi muito mais extenso, tendo a escravidão aqui se iniciado quase um século antes e terminado mais de duas décadas depois. Assim como a opressão dos africanos é idêntica no norte e no sul, os métodos de luta também se assemelham e diferem só em aspectos secundários.

São raros os exemplos de marxistas não dogmáticos, capazes de respeitar democraticamente a experiência histórica da qual derivam os meios revolucionários do combate negro. Via de regra o que se vê é a intolerância, como aquela que alijou das fileiras comunistas norte-americanas o escritor Richard Wright. Em seu livro póstumo, publicado recentemente, intitulado *American Hunger* (Fome Americana), Wright relata aspectos dolorosos de sua experiência comunista e do seu rompimento com o partido operário. Ele desejava escrever um livro a respeito da vida dos trabalhadores e líderes negros, e o partido considerou este propósito como um divisionismo da classe obreira. Wright afastou-se do partido, mas continuou militando no movimento dos trabalhadores. Seus antigos camaradas de partido o perseguiram, tentando criar dificuldades em sua vida, chegando a ponto de fazer com que fosse despedido de empregos em áreas de influência comunista. Certa vez, Wright foi desrespeitado em plena rua, os antigos camaradas gritando e injuriando-o de "filho da puta", "bastardo", "traidor"[30].

O dia 1º de maio se aproximava e o sindicato de trabalhadores ao qual Wright pertencia decidiu aderir ao desfile organizado por

205

toda a classe operária. Os membros do sindicato receberam instruções escritas sobre hora e local do encontro. Ao chegar no suposto local, Wright não encontrou os companheiros de desfile. Procurou-os, estava ainda procurando, quando ouviu um chamado: era um antigo camarada do partido comunista. Ele convidou Wright, insistindo com ele, a desfilar com aquele grupo. Wright relutou em aceitar o convite por causa dos recentes problemas com o partido; estava quase cedendo à insistência do amigo, quando uma voz ladrou em seus ouvidos: "cai fora daqui".

Eu me virei. Um comunista branco, um líder distrital do Partido Comunista, Cy Perry, um sujeito magro e de cabelo curto, me fitava com hostilidade. – Eu Este é o dia 1º de maio e eu quero marchar – disse eu. – Cai fora! – gritou ele. – Eu fui convidado! – disse.

Virei-me para o comunista negro que tinha me convidado para o grupo. Eu não queria violência pública. Olhei para o meu amigo. Ele direcionou seus olhos para longe. Ele estava com medo. Eu não sabia o que fazer. – Você me pediu para marchar aqui – disse para ele.

Ele não respondeu. – Diga a ele que você me convidou – eu disse, puxando sua manga. – Peço a você pela última vez para cair fora daqui. – gritou Cy Perry.

Não me mexi. Tencionava, mas estava perturbado por tantos impulsos que não conseguia agir. Outro comunista branco chegou para ajudar Perry. Perry me agarrou pelo colarinho da camisa e me puxou. Resisti. Eles me seguraram firme. Lutei para me livrar. – Larguem-me!!! – eu disse.

Mãos levantaram meu corpo. Senti que era atirado de ponta cabeça pelo ar. Escapei de aterrar de cabeça agarrando a beirada da calçada com as mãos.

Vagarosamente me levantei e fiquei de pé. Perry e seu assistente me fitavam com agressiva hostilidade. As fileiras de comunista brancos e negros me olhavam com olhares frios de não conhecimento. Não podia acreditar no que tinha acontecido, apesar de minhas mãos estarem doendo e sangrando. Eu sofrera um assalto físico em público, por parte de dois comunistas brancos, enquanto os comunistas negros assistiam. Eu não podia me mover do lugar. Fiquei sem saber o que fazer. Não seu quanto tempo permaneci ali, insensível, atônito; mas, subitamente, as imensas filas do partido comunista começaram a se deslocar. Bandeiras vermelhas com o emblema da foice e do martelo da revolução mundial se levantavam, e flutuavam à brisa de maio. Soavam tambores. Vozes cantavam. A batida de muitos pés sacudia a terra.[31]

Não resisti à tentação de transcrever tão extensamente por causa da iluminação que o trecho nos oferece sobre o comportamento sectário, dogmático e intolerante de certos segmentos comunistas, marxistas e esquerdistas de um modo geral. Já contei páginas atrás a experiência do Comitê Democrático Afro-Brasileiro e a forma como foram expulsos dele os seus fundadores. Mas a coisa não parou por aí. Ordenaram que também o Teatro Experimental do Negro deveria desocupar as dependências da União Nacional dos Estudantes que usava por empréstimo. O TEN passou uns tempos ensaiando na rua, entre as colunas do Palácio da Cultura, até que Bibi Ferreira cedeu aos negros o sótão do teatro Fênix do qual ela era concessionária. Muitos anos depois, num encontro casual com um antigo dirigente da UNE daquela época, o escritor e advogado Paulo Mercadante, fiquei sabendo que nossa expulsão do Comitê e despejo da UNE foram em obediência a ordens recebidas do exterior pelo partido comunista. A atitude de Mercadante revela uma coragem moral rara, porque a regra é deixar que as ofensas e agressões ao negro e a suas organizações passem desapercebidas até caírem no esquecimento. A ironia contida nesses fatos da UNE é que as organizações negras e seus dirigentes são frequentemente acusados de racismo negro, fascismo e divisionismo, e outras transgressões. No entanto, não se registrou um único caso de brancos sendo vetados ou expulsos dos movimentos negros. Nós sempre sustentamos o diálogo e o debate democrático, derrotando lealmente as posições reacionárias dos "amigos" liberais, radicais, e dos "cientistas", conforme ocorreu no 1º Congresso do Negro Brasileiro (1950), ou na mesa-redonda que organizei por ocasião dos Oitenta Anos de Abolição, em 1968, sob os auspícios da revista *Cadernos Brasileiros*.

A Ação Internacional do Brasil

Já vimos que a diplomacia brasileira dependeu sistematicamente dos poderes coloniais, em particular atrelada à cauda do colonialismo português. Flutuando sempre aos interesses das grandes potências do capitalismo industrial euro-norte-americano, a política externa do Brasil é o retrato da eterna pretensão etno-ocidental, arianista, da cúpula que tem governado o país na direção oposta aos interesses da maioria do povo brasileiro, que é de origem africana. Coletivamente, como um grupo nacional coeso, os negros jamais tiveram vez, voz ou voto nas instituições que tomam as decisões no país. Repito: o negro, como uma coletividade, jamais foi parte dos círculos onde se tomam decisões, mesmo quando o assunto tratado se referia específica e imediatamente ao negro. Por exemplo, nunca foi ouvido e nunca emitiu opinião quando nas Nações Unidas se discutiu e se votou a descolonização do continente africano. Durante o processo inteiro da descolonização o Brasil votou sistematicamente com Portugal, ou seja, contra a independência das "colônias" de Guiné Bissau, Moçambique e Angola. Quando o voto do Brasil não era dado diretamente a favor de Portugal, era dado na forma indireta da abstenção.

É bom recordar que Portugal inaugurou a etapa histórica das agressões coloniais na África quando, em 1441, Antão Gonçalves levou a Portugal os primeiros cativos africanos[32]. Daí até findar a Segunda Guerra Mundial, em 1945, os colonialistas europeus – países grandes ou pequenos, movidos por um "destino manifesto" – se avocaram o direito e a missão de civilizar partes do território africano, as quais saquearam, aterrorizando e escravizando seus habitantes, tudo em nome de Cristo e da Civilização.

A política exterior do Brasil não só apoiou como até se subordinou aos interesses colonialistas portugueses de qualquer índole ou espécie. Seguindo esse enfoque, o presidente Juscelino Kubitschek afirmava que a política externa do Brasil seria a mesma de Portugal, chegando ao extremo de declarar que nossa independência havia sido uma dádiva portuguesa[33]. Com Portugal, o Brasil firmou um Tratado de Amizade e Consulta, a 16 de novembro de 1953, durante o governo de Getúlio Vargas. Esse instrumento servia unicamente às manipulações internacionais do colonialismo salazarista em radical detrimento das aspirações da África. Por essa época, o escritor português Almerindo Lessa comentou que "O Brasil é e será cada vez mais uma pedra fundamental em nossa política atlântica e, nomeadamente, em nossa ação africana."[34]

Uma estranha afirmação predizendo um processo verdadeiro, como teremos ocasião de ver adiante.

Fiéis a essa pauta de atuação no seio das Nações Unidas e no âmbito mais geral da política internacional, está alinhada uma tendência do pensamento brasileiro que tem no historiador Gilberto Freyre um dos seus conspícuos representantes. Desempenhou de modo brilhante o papel de ideólogo justificador do colonialismo português; principiou, com elogio, a valorização dos portugueses no Brasil em seu livro *Casa Grande e Senzala*, e prosseguiu a celebração da superioridade lusa na colonização do trópico noutra obra intitulada *O Mundo Que o Português Criou*.

Em conformidade a essas diretrizes ideológicas, o Brasil votou na ONU a favor de Portugal quando se discutiu o eufemismo colonial português designando de "províncias de ultramar" as suas colônias na África[35]. Os ministros de relações exteriores brasileiros, quer pertencessem formalmente ao mais ilustre reacionarismo e se chamasse Raul Fernandes, quer militasse nas fileiras do socialismo-trabalhista e fosse na pele de um Negrão de Lima e de um Afonso Arinos de Melo Franco, todos eles facilitaram, com sua gestão, o expansionismo ou a permanência do colonialismo português na África. Um deles, o ministro João Neves da Fontoura, com enfático despudor, declarava em 1957 que "a política com Portugal não chega a ser uma política. É um ato de família"[36].

Em 1969, foi criado o Comitê Especial das Nações Unidas para investigar a implementação da Declaração das Nações Unidas Concedendo a Independência dos Países e Povos Coloniais, de 14 de dezembro de 1960. Esse Comitê documentou e relatou à Assembleia Geral os continuados horrores da situação colonial em todo o sul da África: Zimbábue, Namíbia e territórios sob administração portuguesa. O Comitê expôs as atrocidades e o derramamento de sangue cometidos por Portugal, condenando "a persistente recusa do governo de Portugal de implementar a resolução 1514 (xv) e todas as outras relevantes resoluções da Assembleia Geral, do Conselho de Segurança e do Comitê Especial, como também a guerra Colonial que está sendo efetuada por aquele Governo contra os povos dos Territórios sob seu domínio, a qual constitui um crime contra a humanidade e uma grave ameaça à paz e à segurança internacionais[37]".

Ao mesmo tempo, o Comitê Especial declarou-se:

> Profundamente perturbado pelas intensificadas atividades dos interesses estrangeiros, econômicos e financeiros e outros, os quais impedem a realização das legítimas aspirações dos povos africanos naqueles territórios à autodeterminação e independência, notando ainda com profunda preocupação que Portugal continua recebendo ajuda em forma de treino militar, equipamento, armas e logística, além de outras assistências, de certos Estados, e, em particular, dos seus aliados militares, ajuda que o habilita a prosseguir suas operações militares contra a população daqueles territórios.[38]

Na secção intitulada "Relações Internacionais de Portugal Afetando os Territórios Sob Sua Administração", o relatório de antemão dedicou uma subsecção às "Relações Luso-Brasileiras", na qual se lê:

101. Conforme relatado anteriormente (A/6700/Ver. 1, Chap. V, parágr. 91-93), em setembro de 1966 Portugal e Brasil assinaram acordos sobre comércio, cooperação técnica e cultural, e uma declaração conjunta sobre cooperação econômica. Foram trocados entre os dois governos instrumentos de ratificação só em março de 1968, embora ambos os países pareçam ter considerado que as provisões dos acordos tivessem efeito anterior e o Comitê Econômico estabelecido sob as provisões do novo acordo comercial tivesse já se reunido várias vezes antes daquela data.

102. Em julho de 1968, o sr. Franco Nogueira notou que, dentro das Nações Unidas, os governos de Portugal e Brasil tomaram as mesmas posições sobre o problema do controle internacional da energia atômica, e que, como resultado, Portugal forneceu ao Brasil urânio completamente livre de quaisquer condições. Mais tarde, em outubro, o ministro das relações exteriores do Brasil, sr. Magalhães Pinto, disse, numa entrevista coletiva à imprensa de Nova York, que os laços de sentimento e amizade entre Portugal e Brasil eram muito sinceros e que, na Assembleia Geral, o Brasil votaria contra qualquer medida hostil a Portugal; ele [Brasil] se absteria de votar sanções contra Portugal e votaria contra qualquer proposta de um boicote.

103. Pela primeira vez em sua história, em agosto de 1968, Portugal e Brasil realizaram manobras navais conjuntas em águas brasileiras. Participaram embarcações portuguesas que incluíam as fragatas recentemente entregues: a Almirante Pereira da Silva e a Almirante Gago Coutinho.[39]

Essas atitudes e atos do Brasil estavam flagrantemente violando, com persistente não cumprimento, as muitas resoluções da Assembleia Geral das Nações Unidas, que condenavam as guerras coloniais de Portugal, e cujo preço, segundo relatório, o Brasil recebeu em urânio "livre de quaisquer condições". Pela Resolução 2.395 (XXIII), de 29 de novembro de 1968, a Assembleia Geral

5. Apela para todos os Estados no sentido de concederem aos povos dos Territórios sob a dominação portuguesa, a assistência moral e material necessárias à restauração dos seus inalienáveis direitos;

6. Reitera seu apelo a todos os Estados, em particular aos membros da Organização do Tratado do Atlântico Norte (Otan), para suspenderem qualquer assistência a Portugal que habilite a prosseguir a guerra colonial nos territórios sob seu domínio;

9. *Urgentemente* apela a todos os Estados no sentido de tomarem medidas que evitem o recrutamento ou treinamento em seus territórios de quaisquer pessoas como mercenários tanto para guerra colonial existente nos Territórios sob domínio português, como para violação da integridade territorial e da soberania de Estados independentes africanos;

11. Deplora também as atividades dos interesses financeiros em operação nos Territórios sob domínio português os quais obstruem a luta dos povos por autodeterminação, liberdade e independência, e reforçam as ações militares de Portugal.[40]

Como sempre, o Brasil ignorou esta e outras recomendações da ONU e continuou emprestando sua fiel colaboração ao salazarismo colonial. Como prêmio ou compensação, além do urânio referido, segundo denunciou o sr. Dadet, da República do Congo (Brazzaville), à ONU, Portugal teria oferecido ao Brasil uma participação em seu império colonial em troca de ajuda à sua manutenção[41]. O historiador José Honório Rodrigues desenhou o retrato perfeito daqueles sucessos: "Votamos sempre com as potências coloniais nas Nações Unidas, cedíamos a todas as pressões portuguesas, a do governo oligárquico de Salazar ou da colônia, e vez por outra disfarçávamos nosso alinhamento colonial com as abstenções. Não tínhamos uma palavra de simpatia pela liberdade africana."[42]

Os Votos do Brasil nas Nações Unidas

A fim de ilustrar a posição do Brasil em face da descolonização da África, vou relacionar algumas das inumeráveis resoluções discutidas e aprovadas pela Assembleia Geral, sublinhando o voto da delegação brasileira. De onze resoluções apoiando a independência dos territórios africanos sob domínio português, houve três votos *contrários* do Brasil, seis *abstenções* (na prática, o voto contra) e dois a favor, sendo que um destes foi dado em 1974, às vésperas da independência conquistada por aqueles países africanos, e quando não havia mais possibilidades de tentar sabotar ou impedir um fato histórico consumado.

O único voto significativo que o Brasil deu a favor da descolonização foi quando se votou a Resolução 2.288 (xxii), adotada pela Assembleia Geral a 7 de dezembro de 1967 (Round-up, Sessão xxii, Parte vi: 13-16). Essa resolução aprova o relatório do Comitê Especial sobre a Situação Com Respeito à Implementação da Declaração Concedendo a Independência aos Países e Povos Coloniais na Rodésia do Sul (Zimbábue), África Sul-Oeste (Namíbia) e Territórios sob o Domínio português, e reitera seu apelo a todos os Estados-membros no sentido de apoiarem a Resolução 1.514 (xv) e outras relevantes resoluções pedindo por descolonização.

Um ano mais tarde, entretanto, quando se votou a Resolução 2.425 (xxiii) a 18 de dezembro de 1968, a qual essencialmente repetia os mesmos princípios da Resolução 2.288, o Brasil absteve-se de votar: Portugal e África do Sul foram os únicos votos contrários. Os Estados Unidos e a Inglaterra também adotaram o recurso da abstenção. Dessa maneira sinuosa, o mínimo que se podia dizer é que o Brasil reverteu seu único ato positivo rumo à independência africana. Essa resolução contém a seguinte cláusula em que a Assembleia Geral "Solicita a todos os Estados tomarem medidas práticas a fim de assegurar que as atividades dos seus nacionais envolvidos em interesses econômicos, financeiros e outros, em Territórios dependentes, não se desenvolvam contra os direitos e interesses dos povos coloniais, de conformidade com os objetivos da Resolução 1.514 (xv) e outras relevantes resoluções."[43]

Esta cláusula constitui a principal diferença da resolução de 1967.

Em 21 de novembro de 1969, a Assembleia Geral adotou a Resolução 2.507 (xxiv), a primeira delas tratando especificamente das "colônias" portuguesas e do próprio governo de Portugal. Algumas de suas cláusulas são esclarecedoras e merecem transcrição aqui:

> *Condena* a persistente recusa do governo de Portugal em implementar a resolução 1.514 (xv) e todas as outras relevantes resoluções da Assembleia Geral e do Conselho de Segurança; [...]
> *Deplora* a ajuda que o governo de Portugal continua a receber [...]
> *Exorta* a todos os Estados e particularmente os estados-membros da Organização do Tratado do Atlântico Norte a suspenderem ou desistirem de conceder mais assistência militar e outras que habilitem Portugal a prosseguir a guerra colonial nos Territórios sob seu domínio.[44]

Essa resolução também

> *Reafirma* o inalienável direito dos povos de Angola, Moçambique e Guiné (Bissau) e de outros territórios sob domínio português à autodeterminação e independência, de acordo com a Resolução 1.514 (xv) da Assembleia Geral;
> *Reafirma* a legitimidade da luta dos povos daqueles territórios por sua independência e liberdade; [...]
> *Condena* a colaboração entre Portugal, África do Sul e o ilegal regime racista minoritário da Rodésia do Sul, concebido para perpetuar o colonialismo e a opressão no sul da África.[45]

De antemão, o Brasil absteve-se de votar essa resolução.

A Resolução 2.795 (xxvi), adotada em 10 de dezembro de 1971, eloquentemente evoca a deterioração da situação das "colônias" portuguesas e a progressiva intensificação da violência e horror dos ataques portugueses e inocentes africanos; nesta, a Assembleia Geral

> *Condena* o bombardeio indiscriminado de civis e a impiedosa e completa destruição de povoados e propriedades que estão sendo efetuados pelas forças militares portuguesas em Angola, Moçambique e Guiné (Bissau); [...]

Exorta o governo de Portugal a suspender o uso de substâncias químicas em suas guerras coloniais contra os povos de Angola, Moçambique e Guiné (Bissau), pois tais práticas são contrárias às geralmente reconhecidas regras da lei internacional incorporadas ao Protocolo sobre a Proibição do Uso na Guerra de Gases Asfixiantes, Venenosos ou outros Gases e de Métodos Bacteriológicos de Guerra, assinado em Genebra, em 17 de junho de 1925, e Resolução 2.707 (xxv) da Assembleia Geral de 14 de dezembro de 1970;

Exorta o governo de Portugal a tratar os lutadores da liberdade de Angola, Moçambique e Guiné (Bissau) capturados durante a luta por liberdade como prisioneiros de guerra de acordo com os princípios da Convenção de Genebra relativa ao Tratamento de Prisioneiros de Guerra de 12 de agosto de 1949, e a cumprir com a Convenção de Genebra relativa à Proteção dos Civis em Tempo de Guerra, de 12 de agosto de 1949.[46]

E como os atos de Portugal tornavam-se mais graves e mais horríveis, o apoio fornecido pelo Brasil àqueles atos consequentemente assumiam caráter mais enfático: dessa vez o Brasil votou contra.

Em 20 de dezembro do mesmo ano, a Assembleia Geral aprovou a Resolução 2.878 (xxvi), na qual mais uma vez

Deplora veementemente a política daqueles Estados que, em desafio às relevantes resoluções do Conselho de Segurança, da Assembleia Geral e do Comitê Especial [...] continuam a cooperar com o governo de Portugal e da África do Sul e com ilegal regime racista minoritário da Rodésia do Sul; [...]

Requer ao Comitê Especial um estudo especial sobre o cumprimento pelos Estados-membros da Declaração e outras relevantes resoluções sobre a questão da descolonização, particularmente daquela relacionada aos Territórios sob o domínio português, Namíbia e Rodésia do Sul, e relatar a respeito para a Assembleia Geral em sua vigésima sétima sessão.[47]

Novamente o Brasil usou seu costumeiro recurso da abstenção (68). Essa resolução ainda *"Solicita* a todos os Estados, às agências especializadas e outras organizações dentro do sistema das

Nações Unidas a fornecerem [...] assistência moral e material a todos os povos que lutam por sua liberdade e independência nos Territórios coloniais."[48]

Em 1972, a Assembleia Geral das Nações Unidas ouviu o histórico e tragicamente emocionante depoimento de Amílcar Cabral e Marcelino dos Santos, líderes dos movimentos de libertação de Guiné Bissau e Moçambique, respectivamente. Sob impacto desses depoimentos e muitas outras considerações, a Assembleia Geral deu o passo decisivo de reconhecer esses movimentos de libertação de Angola, Moçambique e Guiné Bissau como os "autênticos representantes das verdadeiras aspirações dos povos daqueles Territórios"[49], recomendando que eles fossem incluídos em todos os assuntos pertinentes àqueles Territórios, "num papel adequado e em consulta com a Organização da Unidade Africana"[50], até a ascensão dos Territórios à independência. Quase todos os outros conceitos incorporados nas resoluções anteriormente mencionadas foram integrados, junto com a mais específica expressão condenatória da

> continuação dos bombardeios indiscriminados de civis pelas forças militares portuguesas, assim como a completa destruição de vidas e propriedades e do impiedoso uso do napalm e substâncias químicas, em Angola, Guiné (Bissau) e Cabo Verde, e Moçambique, como também as violações contínuas da integridade territorial e da soberania de Estados africanos independentes vizinhos de Angola, Guiné (Bissau) e Cabo Verde e Moçambique, o que perturba seriamente a paz e a segurança internacionais[51].

O Brasil, a despeito de suas alegações anticolonialistas, votou contra essa resolução, aprovada em 14 de novembro de 1972.

Cerca de um mês mais tarde, a Assembleia Geral adotou uma resolução tratando com as "Atividades da economia estrangeira e outros interesses que estão impedindo a implementação da Declaração sobre Concessão da Independência aos Países Coloniais etc." Tal Resolução, de n. 2.979 (XXVII), expressa que a Assembleia Geral,

Profundamente perturbada pela crescente intensificação das atividades daqueles interesses econômicos financeiros e outros, nos territórios, as quais, contrariando relevantes resoluções da Assembleia Geral, ajudam os governos da África do Sul e Portugal [...] e impedem a realização das legítimas aspirações de autodeterminação e independência dos povos daqueles Territórios [...]

Condena a política dos Poderes coloniais e de outros Estados que continuam dando apoio àqueles interesses econômicos estrangeiros e outros, engajados na exploração dos recursos naturais e humanos dos Territórios sem considerar o bem-estar dos povos indígenas, assim violando os direitos sociais, políticos e econômicos, bem como os interesses dos povos indígenas, e obstruindo a completa e veloz implementação da Declaração relativa àqueles Territórios; [...]

Requer de todos os Estados medidas efetivas para acabar o suprimento de fundos e outras formas de assistência, inclusive suprimentos militares e equipamentos, àqueles regimes que usam tais assistências para reprimir os povos dos Territórios coloniais e seus movimentos de libertação nacional.[52]

A respeito desse ponto tão essencial à descolonização das nações africanas, o Brasil reiterou sua lamentável posição abstencionista[53].

Em 12 de dezembro de 1973, a Resolução 3.113 (xxviii) sobre a "Questão dos Territórios sob Administração Portuguesa", condenou "o massacre brutal dos habitantes de aldeias, a maciça destruição de povoados e propriedades, e o impiedoso uso do napalm e substâncias químicas, no propósito de asfixiar as legítimas aspirações de liberdade e independência desses povos", exigindo que o governo de Portugal cessasse sua repressão cruel aos direitos inalienáveis daqueles povos, "inclusive a evicção de suas casas, o reagrupamento das populações africanas em aldeamentos e a instalação de colônias de imigrantes estrangeiros nos Territórios;" e reiterou a exigência da adesão de Portugal à Convenção de Genebra relativa ao tratamento de Prisioneiros de Guerra; a Assembleia Geral convidou "o Comitê

Internacional da Cruz Vermelha a continuar mantendo contato íntimo com os movimentos de libertação [...], fornecer relatórios sobre as condições nos campos de prisioneiros de guerra e sobre o tratamento dos prisioneiros de guerra custodiados por Portugal"[54]. Essa resolução contém ainda temas referidos em sessões prévias referentes ao mesmo assunto[55]. Lamentável e vergonhoso, o voto do Brasil à Resolução 3.113 foi *não!* Nesse mesmo dia, a Resolução 3.117 (xxviii) sobre atividades econômicas estrangeiras e outros interesses repetiu os conceitos das resoluções anteriores sobre o mesmo assunto, os quais já referimos, alguns agora expressos em linguagem mais forte; o Brasil absteve-se.

Um ano mais tarde, em 1974, quando se tornou patente aos olhos do mundo que a vitória dos movimentos de libertação estava às portas, o Brasil se dispôs, finalmente, a conceder seu voto favorável à Resolução 3.299 (xxix) a respeito das atividades da economia estrangeira e outros interesses, expressando, na substância, o mesmo propósito da Resolução 3.117.

O quadro triste e revoltante da política externa brasileira que acabamos de rascunhar proclama algo mais que simples falta de simpatia e total carência de amizade aos povos africanos. Trata-se de algo mais, muito mais: desprezo racista, supremacismo branco, elitismo oficial, plasmando uma irredutível posição de antagonismo do Brasil-dirigente com as aspirações de liberdade e independência dos nossos irmãos do continente. José Honório Rodrigues caracterizou o comportamento do Brasil com estas palavras:

> Nada mais, nenhuma mensagem de simpatia, nenhuma solidariedade, nenhum gesto, para não falar em cooperação, como se nos envergonhasse a primavera do Poder africano, como se nos humilhasse a outra alma que possuímos, como se tivéssemos acanhamento da nossa identidade comum, como se fosse possível continuar esta dicotomia entre política internacional dirigida por uma elite europeizada, que trabalhava pela conservação do *status quo*, e o povo, cuja entrada na área de decisão só agora começou.[56]

José Honório Rodrigues escreveu estas palavras antes de 1964, quando ainda se podia, ao menos teoricamente, formular a hipótese da participação popular nas áreas de decisão. Porque após a implantação do fascismo militar de 64, o povo foi expulso, especialmente os trabalhadores e estudantes, de toda e qualquer atividade política. E uma boa parcela da população viu-se excluída do próprio país, espoliada arbitrariamente de sua nacionalidade, definhando num exílio injusto por várias esquinas do mundo.

O Embranquecimento Compulsório Como Política Oficial

Mais uma vez reitero o óbvio: nem antes de 1964 o negro teve qualquer oportunidade, como certamente não terá depois que findar o reinado de 64, de integrar-se na sociedade brasileira e em suas instituições convencionais de maneira concreta e significativa. Seu lugar e sua função têm sido os do marginalismo social que lhe destinaram as camadas dominantes e predominantemente claras. Isso sucede até mesmo em regiões, como o estado da Bahia, onde o afro-brasileiro constitui a maioria absoluta da população.

A rejeição desse aspecto da personalidade brasileira, assinalada por J.H. Rodrigues, isto é, a repulsa da fundamental contribuição africana à formação do nosso povo, cultura, arte e economia, não é uma característica apenas da elite europeizada que domina a política do país. Ela abrange também vários teóricos supostamente progressistas, e muitos ideólogos da "revolução brasileira". Entre os intelectuais ditos esquerdistas se encontram os que mais veementemente negam o fator racial determinando a existência de um problema social específico. Identificam simplisticamente o fenômeno ao contexto da relação entre *senhor* e *escravo*, *oprimido* e *opressor*, *rico* e *pobre*, rejeitando a substância básica da *condição racial ou de cor* em nossa interação social diária. Ironicamente, alguns desses intelectuais esquerdistas fornecem o testemunho insofismável de que, tanto no passado como na atualidade, a situação do negro é de um racismo que transcende a consciência de classe. Um exemplo desse raciocínio temos no escritor Caio Prado Jr., que no trecho seguinte revela com nitidez as suas ideias a respeito do ser africano constituinte do povo brasileiro:

> a imigração europeia constitui fator particularmente notável na estimulação dos padrões culturais da população brasileira. O que tem como comprovação fácil e imediata a grande diferenciação verificada, sob esse aspecto, entre o sul e o norte do país, e que se deve em grande senão principal parte, à incorporação num caso, e ausência em outro, de apreciáveis contingentes demográficos que se situavam em níveis sensivelmente superiores aos da preexistente massa da população trabalhadora do país[57].

Para aqueles não familiarizados com os traços humano-geográficos do país, esta afirmação requer alguns esclarecimentos. Basicamente ela se refere ao fato de que a área norte-nordeste, especialmente os estados da Bahia, Alagoas, Pernambuco, Maranhão e Sergipe, onde a influência africana é mais profunda e mais visível, tanto de sua cultura original como na formação do povo, no qual é maioria, consiste a área "atrasada" segundo os parâmetros de Caio Prado Jr., os quais, segundo veremos adiante, não se referem apenas a um atraso técnico-histórico na qualificação da mão de obra afro-brasileira. Oportunamente, a região sulista, principalmente os estados de São Paulo, Rio de Janeiro, e, em menor escala, Paraná, Santa Catarina e Rio Grande do Sul, formam a área mais "avançada". Por quê? Porque é a região mais urbanizada, industrializada, comercializada, mecanizada, impessoalizada e plasticizada mimeticamente sob modelos europeus e dos Estados Unidos; tais modelos não se restringem ao plano da economia, crescentemente englobam estilos de vida e visão do mundo. Mais importante ainda: o sul foi inundado, no decorrer do século xx, por um influxo maciço de imigrantes branco europeus, em grande parte assistidos financeiramente pelo Estado, com o objetivo explícito de embranquecer a população brasileira; estes são os que Prado Jr. manifestamente considera "sensivelmente superiores" em cepa e cultura à "preexistente massa da população trabalhadora", isto é, os africanos escravizados e seus descendentes. O despudorado fundamento "científico" de cunho branco-supremacista contido nessa definição é uma amostra representativa da mentalidade "progressista" da esquerda brasileira, em sua adesão à utópica "democracia racial" e unidade mundial dos trabalhadores.

Com efeito, a visão perseguida pelos intelectuais dessa tendência é complementar das aspirações consignadas no Decreto-Lei 7.969, assinado pelo ditador Getúlio Vargas em 1945, regulando a entrada de imigrantes no país, a qual devia obedecer à "necessidade de preservar e desenvolver na composição étnica da população as características mais convenientes da sua ascendência europeia"[58].

Dessa forma, temos ambos, o marxista e o ditador, convergindo e completando-se em suas assunções em face do conteúdo africano existente na composição do povo e na formação da cultura do Brasil. E o resumo conceitual do racista mulato Nina Rodrigues exprime o dogma oculto no recesso da alma das classes dominantes: "A raça negra no Brasil permanecerá para sempre como a base de nossa inferioridade como povo."[59]

Eis uma constatação fácil e imediata: o estado ou situação do africano é algo irredutível, tanto como escravo ou cidadão "livre" – ele foi, é e será o eterno ser inferior, segundo tal concepção ideológica. A supressão do tráfico, em 1850, e a abolição legal da escravatura, em 1888, eventos que teoricamente deveriam ensejar oportunidades de integração social através do trabalho assalariado, mostraram-se na prática efetivos aliados das forças repressoras: os afro-brasileiros, a quem as classes dirigentes criminosamente negaram acesso ao regime de trabalho livre, foram *rechaçados* do mercado de trabalho, e Caio Prado Jr. assinala "o estímulo à imigração europeia de trabalhadores destinados a suprir a falta de mão de obra"[60] sem, entretanto, explicar como, havendo carência de mão de obra, aqueles milhões de negros recém-libertos não obtinham trabalho, nem meios de vida ou de sobrevivência.

Mesmo antes de abolida a escravidão, por volta de 1882, a força de trabalho do negro "livre" significava uma sobra refugada pelo sistema, cujo objetivo declarado era a liquidação dos africanos e dos seus descendentes no Brasil. Um levantamento estatístico naquele ano, efetuado nas importantes províncias de São Paulo, Minas Gerais, Bahia, Pernambuco, Ceará e Rio de Janeiro, revelou a seguinte decomposição da vida negra:

Trabalhadores livres	1.433.170
Trabalhadores escravos	656.540
Desocupados (desempregados)	2.822.583[61]

Estes algarismos revelam que a categoria dos *desempregados* superava a soma de ambos: trabalhadores livres e escravos. O termo *desocupado*, equivalente ao *vadio* da gíria policial, era o eufemismo pejorativo carimbado à identidade dos "africanos livres", ou seja, os ex-escravos aos quais se negavam as possibilidades materiais de existência. Foram expelidos por aquela mesma camada social usufrutuária das riquezas criadas por negro-escravos que, agora "livres", deveriam desaparecer, extinguindo-se na inanição; decretaram-lhes uma espécie de morte lenta pela fome e toda sorte de destituições. Um inexorável extermínio coletivo sem derramamento ostensivo de sangue, muito conveniente ao sistema dirigente e às classes dominantes. É fácil seguir o ritmo desse processo genocida observando-se a diminuição do número de escravos à medida que se aproxima o 13 de maio de 1888, data da abolição:

ANO	POP. DO PAÍS	POP. ESCRAVA	% ESCRAVOS
1850	5.520.000	2.500.000	31%
1852	8.429.672	1.500.000	15%
1887	13.278.616	723.419	5%[62]

Na lógica desse processo, o número de escravos diminui na proporção do aumento dos *desocupados*, ou seja, daqueles que devem morrer à mingua de qualquer recurso. Realmente não havia escapatória para o africano: da escravidão legal, atiraram-no à escravidão de fato. Os imigrantes branco-europeus preencheram o que Prado Jr. chamou de "falta de mão de obra", e aqui o círculo se fecha: os recém-chegados imigrantes brancos se juntaram à antiga cepa branco-brancoide colonial de origem lusa, e a muralha contra a população negra reforçou seu poderio e seu exclusivismo no monopólio da riqueza e do poder.

Mencionamos anteriormente o desprezo das classes dominantes brasileiras pela África e pelos africanos como uma ocorrência que vem dos tempos coloniais até a época presente. A perspectiva desse Brasil arrogantemente arianista dirige-se rumo aos interesses das potências colonizadoras, e se ontem a metrópole chamava-se Europa, hoje, indiscutivelmente, denomina-se Estados Unidos. Sua política exterior, portanto, só poderia refletir os compromissos dessa realidade, tanto a concreta como a outra, subjetiva; de ambas, o negro está ausente, como ausente sempre esteve dos negócios exteriores do país, até mesmo porque o ministério respectivo, significativamente mantendo o Instituto Rio Branco para formar diplomatas, se erigiu, na tradição e na prática, ao lado da marinha de guerra, no mais forte e militante baluarte de discriminação racial: não existe um único diplomata negro em seus quadros de alvura imaculada. Desde 1850, com a supressão do tráfico negreiro, o Brasil virou as costas à África, de onde procederam aqueles que plantaram, colheram, mineraram, aboiaram e aleitaram a economia, assim como povoaram o território em parte esvaziado pelo implacável massacre da população indígena ainda agora em plena execução.

Já vimos como o Brasil se comportou durante todo o processo de descolonização dos territórios sob domínio português. Particularmente em relação a Angola, a quem nossa formação histórica tem uma dívida de sangue, de trabalho, de produção impossível de ser avaliada devidamente, o Brasil, além de votar contra ou de abster-se, conforme já vimos, às vezes distribuía uma *nota oficial*, como exemplifica esta, de 1961, na qual o Itamaraty, ou Palácio Rio Branco (Ministério das Relações Exteriores), diz sobre Angola: "a orientação do nosso País decorre, de um lado, da firme posição anticolonialista do governo, e, de outro, dos compromissos internacionais e dos vínculos de natureza especialíssima que unem Brasil e Portugal"[63].

E tais vínculos, obviamente, tanto poderiam ser aqueles inscritos no citado Tratado da Amizade e Consulta, entre Brasil e Portugal, de 16 de novembro de 1953, disfarçados na "especialíssima" combinação denunciada nas Nações Unidas pelo delegado do Congo àquele organismo internacional. Nada se pode afirmar com segurança dado o sigilo, o segredo, a confidência que presidem e encobrem os gestos e as gestões dos diplomatas brasileiros, como se o Ministério do Exterior funcionasse como um verdadeiro laboratório de atos e ciências ocultas.

A respeito da herança colonial do secretismo vigente no Itamaraty, quero registrar um fato recente: fui à sede das Nações Unidas, em Nova York, à procura de informação sobre a Convenção Internacional Contra a Discriminação Racial; no Comitê respectivo da ONU, quis conhecer a justificação que o Brasil apresentou (uma exigência burocrática) no ato de aderir à dita Convenção. O funcionário encarregado me informou que nosso país usou o direito de *proibir* que alguém, a não ser os delegados dos países representados na ONU, tomasse conhecimento dos termos da justificação do Brasil. Tratando-se de assunto do interesse universal de todos os povos, é estranha a proibição brasileira, a qual provoca legítimas suspeitas de que o Brasil aderiu à Convenção com restrições das quais se envergonha publicamente. O que sucede, em verdade, é que o Itamaraty abusa da impunidade de que tem desfrutado, e, na frase acertada de Clóvis Brigagão, ele "opera num caminho muito secreto e autoritário"[64].

Antirracismo Oficial: "Humor Branco" Brasileiro

No amplo contexto que engloba esses fatos, sucessos e acontecimentos da política externa, no registro de nossas relações raciais dentro do país, certas declarações do governo do Brasil ecoam como se tivessem sido enunciadas com o fito único de fazer "humor branco". Pois não é outra coisa que resulta da carta enviada pelo presidente general Ernesto Geisel, originário de boa cepa germânica, como de praxe reiterou o estilo tradicional do racismo à moda brasileira:

> desejo associar-me, em nome do governo e do povo brasileiro, às manifestações universais de repúdio às práticas do *apartheid* e da discriminação racial [...] Compartilham os brasileiros da convicção de que os direitos da pessoa humana são desrespeitados nas sociedades onde conotações de ordem racial determinam o grau de respeito com que devem ser observadas as liberdades e garantias individuais. Oferecemos contra esse quadro, que infelizmente perdura, o exemplo de uma sociedade formada pela espontânea e harmoniosa integração que é a própria essência da nacionalidade brasileira[65].

Neste documento, o presidente unicamente reforça e expande a insensibilidade e o cinismo das classes dominantes do país, em face de uma maioria de origem negro-africana que está sendo inexoravelmente exterminada, da mesma forma e modo como aconteceu com os índios. Insisto no trecho da carta presidencial sobre a "essência da nacionalidade brasileira". Onde está, em que consiste essa "essência"? Para nós, os milhões de afro-brasileiros, a "essência da nacionalidade brasileira" consiste precisamente em sua inalterável ideologia e prática do genocídio. E expressando esses milhões de brasileiros de origem africana, compulsoriamente incluídos na carta do presidente Geisel, tive ocasião de também enviar ao Secretário-Geral da ONU, via Western, o seguinte telegrama:

> Rio de Janeiro, 15 de agosto de 1978
> Sr. Kurt Waldheim
> Secretário-Geral das Nações Unidas
> Genebra-Suíça.
>
> No instante em que a ONU realiza a Primeira Conferência Mundial de Combate ao Racismo e à Discriminação Racial, desejo informar a Vossa Exª. que nesta data estou lançando meu livro *O Genocídio do Negro Brasileiro*. Em meu nome e de milhões de afro-brasileiros quero expressar nossa esperança de que medidas efetivas sejam tomadas contra o crime de racismo e da discriminação racial que infelicita também a maioria do povo brasileiro constituída de negros e descendentes de africanos.
> a. Professor Abdias Nascimento, Diretor do Centro de Pesquisas e Estudos Portorriquenhos da Universidade do Estado de Nova York, em Buffalo, N.Y.

O Brasil atrelou-se à política imperialista de Portugal na África em parte talvez fiando-se naquela "eternidade" do colonialismo pregada pelo embaixador português em Washington, Pedro Teotônio Pereira, ao declarar enfatuado, em 1961 (apud Rodrigues, 1964: 348): "Prosseguiremos na nossa missão em África, crendo firmemente que ali ainda nos encontraremos quando toda esta poeira levantada pelo anticolonialismo tiver caído por terra."[66]

Todavia, essa associação Brasil-Portugal contra a África é antiga. Basta por exemplo evocar um capítulo da história: Angola e Brasil lutavam por sua independência do domínio português, e os movimentos emancipacionistas de ambos países mantinham uma tácita e recíproca relação de apoio. É quando tem lugar o "Grito do Ipiranga" e a Independência do Brasil em 7 de setembro de 1822. Logo depois, o Brasil assina o primeiro tratado com Portugal, onde "afirma renunciar a toda política de aliança com as forças separatistas 'angolesas'"[67]. Foi, sem dúvida, uma traição dos dirigentes ao povo angolano. E desde aquele tratado, o Brasil, até a recente independência que Moçambique, Guiné Bissau e Angola conquistaram pelas armas, se manteve desempenhando o papel de serviçal do mais retrógrado colonialismo europeu, a ponto de prender e torturar, em suas famosas prisões militares, meu companheiro de representação do MPLA no Brasil, Lima Azevedo. Esta façanha mais uma outra, a de prender os representantes da China em nosso país, foram provas públicas da disposição com que os "revolucionários" de 1964 se atiravam ao desempenho das tarefas "especiais" em defesa da civilização ocidental-cristã e de suas potências.

Com tais antecedentes, não surpreende que a política imigratória do Brasil tivesse conservado sempre a preocupação de vetar a entrada de africanos e estimular a vinda de imigrantes europeus, aos quais oferecia todas as facilidades, inclusive financiamento. Mais recentemente, abriu os braços para os brancos racistas escorraçados do Quênia, do ex-Congo belga[68], de Moçambique e de Angola. Além do mais, o Brasil converteu-se num verdadeiro ninho de criminosos racistas e genocidas, acoitando entre outras sinistras figuras, os últimos dirigentes salazaristas a infelicitar os povos de Portugal e desgraçar os povos da África: Marcelo Caetano e Antônio Tomaz.

Possuía bem fundadas razões um representante belga na Comissão de Informações dos Territórios Não Autônomos das Nações Unidas[69], que sustentou a tese do "colonialismo interno" com vistas à proteção dos índios brasileiros; só que a estes devemos, por uma questão de justiça, acrescentar os milhões de afro-brasileiros submetidos a toda sorte de indignas agressões, humilhantes proscrições e clamorosa ameaça de extermínio, tudo por causa de sua cor, etnia e origem racial.

Tratado do Atlântico Sul: Urânio, Supremacia Branca, Anticomunismo

O problema do Atlântico Sul está hoje na ordem do dia internacional devido à sua importância estratégica e comercial; tem sido uma preocupação crescente de políticos e militares brasileiros, e, logo depois da Segunda Guerra Mundial, o então coronel Golbery do Couto e Silva, atual Chefe da Casa Civil da Presidência e ex-Chefe de Serviços de Inteligência, advogou o Atlântico como uma suposta "rota de paz", na busca de cooperação e amizade[70]. Entretanto, parece que o antigo sonho de um Tratado do Atlântico Sul que englobaria Portugal, África do Sul, Brasil e Argentina está em vias de se tornar realidade, com a exclusão de Portugal por óbvias razões. No passado, para certos portugueses, o "Atlântico Sul (África e Brasil) era um mar lusitano" que poderia em breve se tornar "mar norte-americano".

Farei um breve retrospecto no sentido de alinhavar certos fatos: no dia 13 de junho de 1973, falando perante a Comissão Especial de Descolonização da ONU, o representante do Movimento Popular de Libertação de Angola (MPLA), Manuel Jorge, denunciou que: "Os aliados de Portugal já não escondem a intenção de estender a responsabilidade da Otan ao Atlântico Sul e ao Oceano Índico, buscando utilizar os portos de Angola e Moçambique para defender as rotas marítimas do petróleo. Com o mesmo pretexto, a *África do Sul e o Brasil intensificam sua colaboração com Portugal em todos os planos – político, militar, diplomático e econômico.*"[71]

Segundo divulgou a revista *África*, n. 71, de julho de 1977, em reportagem intitulada "Pretória Volta-se Para os Latinos", passos estão sendo dados pelos Estados Unidos tendo em vista resolver problemas estratégicos e econômicos resultantes da "agonia histórica" do regime da África do Sul, bem como as guerras de libertação nacional dos povos de Zimbábue e Namíbia, tudo, naturalmente, no complexo total de estabilização dos governos de Moçambique e Angola. *Africa* continua, dizendo que os Estados Unidos, na qualidade de líder do chamado "mundo livre", e constrangidos em suas relações com o governo de Pretória, internacionalmente execrado, buscam outras saídas ou alternativas. Estas consistiriam na opção de caminhos indiretos, como um Tratado do Atlântico Sul, inspirado e modelado pelo Tratado do Atlântico Norte; nas palavras de Zbignew Brzezinski, substituto do Kissinger no governo Jimmy Carter: "A aliança do Atlântico Sul oferece a Washington a ferramenta que necessita para proteger os seus interesses dentro de um mundo pós-Vietnã. Utilizar aliados locais para servir como testas de ferro [*proxies*] está na linha de 'Doutrina Nixon'."[72]

Objetivo básico na projetada Aliança ou Tratado seria integrar a África do Sul ao perímetro de defesa ocidental, e os "aliados locais", neste caso, seriam o Brasil, a Argentina e o Chile. A revista *Africa* menciona ainda "conversações secretas" em curso desde 1969 entre os governos desses países[73], citando reuniões realizadas na base naval Argentina de Porto-Bergano, logo após o golpe militar que derrubou a senhora Perón da Presidência da República, entre os Estados Unidos, Argentina e Brasil. O motivo do encontro teria sido, oficialmente, para discutir, entre outras questões de manobras navais e coordenação de política naval, o problema mais amplo e urgente da segurança do Atlântico Sul, já que a União Soviética tem seus aliados nos governos de Angola e Moçambique. O jornal *La Nácion*, porta-voz do regime de Buenos Aires, divulgou o seguinte comentário: "Somente três países, que pelas suas culturas e suas tradições são parte do mundo Ocidental, têm uma situação geográfica que lhes credencia exercer um papel importante no controle e proteção do Atlântico Sul: Argentina, Brasil e África do Sul."[74]

Pouco depois, uma missão militar argentino-brasileira chegou à base naval de Simonstown, na África do Sul, a fim de planejar as logísticas da futura cooperação naval. *África* acentua a recente inauguração da linha aérea Buenos Aires-Pretória como parte do esforço recíproco em aumentar o volume do fluxo comercial entre a semi-isolada África do Sul e os lucrativos mercados sul-americanos, sem prejuízo de outras implicações de caráter demográfico, conforme veremos adiante. *África* observa que "o Brasil e a Argentina estão lutando para reduzir sua marcada dependência dos fornecedores americanos, diversificando suas fontes de urânio. Como é bem conhecido, Pretória possui uma das maiores reservas de urânio do mundo. Usando este importante trunfo, ela (Pretória-África do Sul) pode negociar seu caminho para dentro do mercado latino-americano sob condições favoráveis"[75].

E repetindo uma vez mais o conhecido jargão reacionário imperialista, uma 8ª Conferência Naval Inter-Americana, realizada no Rio de Janeiro, no verão de 1976, sublinhou o tema da "cabeça de ponte adquirida pelos países pró-comunistas por causa do governo amigo de Angola". O comandante naval sul-africano, James Johnson, participou dos Exércitos Navais Inter-Americanos daquele ano.

Os perigos de uma Aliança ou Tratado dessa natureza foram denunciados mais uma vez no seio da ONU pelo ex-ministro do exterior de Angola, José Eduardo dos Santos, quando teve oportunidade de advertir que o Tratado do Atlântico Sul "é, com efeito, um pacto militar ofensivo contra o sul da África e constitui uma ameaça à paz mundial"[76]. E, corroborando o que afirmou o ministro angolano, aí está no registro da história recente a eficácia com que as armas da Otan assistiram as tropas salazaristas em sua impiedosa guerra colonial contra os africanos, e na qual fizeram o uso de elementos desumanos de extermínio como o napalm e gases venenosos, conforme registram as diversas resoluções das Nações Unidas.

Em que pese toda essa movimentação dos poderosos, os ventos da história estão soprando a favor dos oprimidos. Vietnã testemunha isso; e com certeza se evidenciará a futilidade desses últimos esforços das forças repressivas do Ocidente contra os povos da África. Samora Machel, o extraordinário condutor do povo moçambicano no combate à sofisticada tecnologia da Otan e Portugal, pôs em relevo, no discurso que pronunciou no Simpósio em Homenagem a Amílcar Cabral, realizado em 1973 em Conacri, Guiné: "Foi a luta, a unidade do povo em seu combate, que, desferindo golpes poderosos ao inimigo, não só permitiu que o povo forjasse a sua personalidade, como também se afirmasse no plano internacional. É isto que as balas disparadas pelos agentes da Pide (polícia portuguesa) contra Amílcar Cabral ou as bombas assassinas pelos aviões da Otan contra o povo nunca puderam atingir."[77]

Estão cada dia mais evidentes os objetivos e a estratégia do regime da África do Sul reforçando seus antigos laços e cooperação econômica, política e militar com Israel, de um lado, e com a América do Sul, do outro. É notório o papel que o urânio desempenha nesse jogo, como moeda forte de Pretória em suas tramas internacionais. As possibilidades de armas nucleares em Israel são tidas por algumas pessoas responsáveis como um fato consumado; o mesmo teme-se que ocorra brevemente na África do Sul. Se juntamos as perspectivas do próximo desenvolvimento nuclear da Argentina e do Brasil, teremos o mapa completo do cinturão bélico do imperialismo em torno dos árabes e africanos.

As articulações diplomáticas da África do Sul na América do Sul expandem-se sem cessar: em 1965, mantinha relações diplomáticas apenas com Brasil e Argentina; no prazo de dez anos, abriu mais de sete embaixadas em países sul-americanos, à medida que seu prestígio internacional decaía, principalmente junto aos países que ultimamente vêm adotando uma posição anti-*apartheid*. Mas o anti-*apartheid* proclamado por certos países, como é o caso do Brasil, não impede que continuem apoiando o regime de Pretória.

Tanto assim acontece, que o Brasil tem participado no planejamento da importação do *apartheid* para a América do Sul, sob a forma de trazer "colonos" brancos da Rodésia, Namíbia e África do Sul. Clóvis Brigagão, em recente estudo sobre a política exterior do Brasil, investiga os elementos que integram uma concepção básica para a estratégia de "acesso brasileiro à região sul-africana, tendo em vista proteger o Atlântico Sul e a região antártica"[78]. Desde longa data, a região antártica é considerada pelo Brasil de alto interesse geopolítico; em decorrência, desenvolve atualmente naquela região intensa "penetração pacífica". Seriamente implicada nas combinações sulistas África-América, o Brasil tenta ao mesmo tempo conseguir certas vantagens sem correr riscos, por exemplo, preferindo "ajudar a Bolívia a criar uma espécie de 'polo de *apartheid*' para os novos colonos de qualidade especial vindos da Rodésia e da África do Sul"[79].

Segundo reportagem publicada na revista *Versus*, de outubro de 1977, assinada por Armand e Michelle Mattelart, sob o título "Os Colonos do *Apartheid*" (tradução de Leda Beck), enquanto o Uruguai estuda um projeto de imigração de vinte mil colonos sul-africanos, a Bolívia trabalhou rápido e adotou um plano, sob a égide do Comitê Intergovernamental para as Migrações Europeias, da República Federal da Alemanha e do Banco Interamericano de Desenvolvimento, o qual prevê "a chegada escalonada de 150.000 pessoas"; além dos créditos fornecidos pelos países de origem ou por organismos internacionais, o Estado boliviano colabora com o equivalente a 250 milhões de dólares em terras colocadas gratuitamente à disposição dos colonos brancos vindos da África. Constatamos, por intermédio dessa informação, que os atos de discriminação racial já funcionam, a começar da própria origem do plano, contra a população indígena da Bolívia que nunca mereceu nem de longe idêntico tratamento. Muito pelo contrário, segundo denuncia a mesma reportagem, "As autoridades de La Paz confessaram delibera-damente o caráter racista de sua iniciativa, da qual esperam que 'remedeie de uma vez por todas a inaptidão para o progresso' da população indígena."

Com sua política institucionalizada do *apartheid*, agora tam-bém mercadoria de exportação, a África do Sul constitui uma ameaça à humanidade; sua prática diária do genocídio contra a maioria negro-africana daquele país clama por um fim e por justiça. Evitar a continuidade impune desse processo criminoso, impedir o reforçamento e a expansão desse poder destruidor, constitui um dever de autodefesa de todos nós, africanos na diáspora.

Muito ao contrário de tratados, alianças e imigrações que beneficiam o regime da África do Sul, o que a consciência de jus-tiça dos afro-brasileiros e dos africanos em geral esperam e exigem é que os responsáveis pelos extermínios racistas do sul da África, em iguais condições com os responsáveis nazistas pelo genocídio dos judeus após a Segunda Guerra Mundial, sejam levados diante de um Tribunal e julgados pelo crime contra a humanidade na pessoa de indefesos africanos assassinados por aquele regime de incomparável crueldade e desumanidade.

Bibliografia

BOGGS, James. Black Power: A Scientific Concept Whose Time Has Come. *Black Fire*. New York: William Morrow, 1968.

BRIGAGÃO, Clóvis. Brazil's Foreign Policy: The Military Command, Itamaraty Embellishes, Multinationals Gain. *PRIO Publication*, Oslo: International Peace Research Institute, n. S-18/1978.

CÂMARA, José Sette. O Fim do Colonialismo. *Tempo Brasileiro*, n. 38-39, 1975. (Brasil, África e Portugal).

CLINGTON, Mário de Souza. *Angola libre?* Paris: Gallimard, 1975.

DIOP, Cheikh Anta. Entrevista a *Black Books Bulletin*, coord. e trad. do francês para o inglês por Shawna Maglangbayan Moore. In: VAN SERTIMA, Ivan (org.). *Great African Thinkers: Cheikh Anta Diop*. Rutgers: Journal of Afri-can Civilizations, 1986.

FIGUEIREDO, Guilherme. Apartheid, a Discriminação Racial e o Colonialismo na África Austral. *Tempo Brasileiro*, n. 38-39, 1975. (Brasil, África e Portugal).

FRANCO, Afonso Arinos de Melo. Portugal – Brasil – África. *Tempo Brasileiro*, n. 38-39, 1975. (Brasil, África e Portugal).

GOULART, Maurício. *Escravidão Africana no Brasil*. São Paulo: Alfa-Ômega, 1975.

JAMES, C.R.L. *The Independence of the Black Struggle*. Washington, DC: All African Peoples Revolutionary Party, 1975.

JAMES, C.R.L. Towards the Seventh: The Pan-African Congress – Past, Present and Future. *Ch'indaba /Transition*, n. 2, jul.-dez. 1976.

MACHEL, Samora. Falar de Amílcar Cabral é Falar de um Povo. Intervenção da FRELIMO no Simpósio em Homenagem a Amílcar Cabral, Conacri, Lisboa: CEC, 31 jan. 1973.

MINTZ, Sidney W. África em América Latina: Una Reflexión Desprevenida. *África en América Latina*. Relator Manuel Moreno Fraginals. Ciudad de México: Unesco / Siglo Veintiuno, 1977.

MOORE, Carlos. *Were Marx and Engels White Racists? The Prolet-Aryan Outlook of Marx and Engels*. Chicago: Third World Press, 1972.

MOURA, Clóvis. *Rebeliões da Senzala: Quilombos, Insurreições, Guerrilhas*. Rio de Janeiro: Editora Conquista, 1972.

NAÇÕES UNIDAS (1974). *A Luta Contra o Colonialismo na África Meridional*. Depoimentos Feitos Perante as Nações Unidas em 1973 Por Delegados de Movimentos de Libertação Nacional. Rio de Janeiro: Escritório de Informática Pública, OPI/510-04168, ago. 1974.

_____. *Report of the Special Committee on the Situation With Regard to the Implementation to the Declaration on the Granting of Independence to Colonial Countries and Peoples*. V. 2, U.N. Official Records: 24ª sessão, Suplemento n. 23. New York: Assembleia Geral das Nações Unidas, 1974.

_____. *Assembleia Geral Round-up and Resolutions*. Sessões 22ª a 29ª. New York: Assembleia Geral das Nações Unidas, 1974.

NASCIMENTO, Abdias do. *"Racial Democracy" in Brazil: Myth or reality?*. Trad. Elisa Larkin Nascimento. Ibadan: Sketch Publishers, 1977.

_____. *O Genocídio do Negro Brasileiro: Processo de um Racismo Mascarado*. Rio de Janeiro: Paz e Terra, 1978. [3. ed. São Paulo: Perspectiva, 2016.]

_____. *Mixture or Massacre? Essays in the Genocide of a Black People*. Trad. Elisa Larkin Nascimento. Buffalo: Afrodiáspora, 1979. [2. ed. Dover: The Majority Press, 1989.]

PADMORE, George. *Pan-Africanism or Communism*. New York: Doubleday, 1972.

PRADO Jr., Caio. *A Revolução Brasileira*. São Paulo: Brasiliense, 1966.

PRETORIA Turns to the Latins. Reportagem Especial. *Africa*, n. 71, jul. 1977.

RECORD, Wilson. *The Negro and the Communist Party*. New York: Atheneum, 1971.

RODRIGUES, José Honório. *Brasil e África: Outro Horizonte*. 2. ed. Rio de Janeiro: Civilização Brasileira 1964.

RODRIGUES, Nina. *Os Africanos no Brasil*. São Paulo: Companhia Editora Nacional, 1945.

SKIDMORE, Thomas E. *Black Into White: Race and Nationality in Brazilian Thought*. New York: Oxford University Press, 1974.

_____. *Preto no Branco: Raça e Nacionalidade no Pensamento Brasileiro*. Trad. Sá Barbosa. Rio de Janeiro: Paz e Terra, 1976.

SODRÉ, Nelson Werneck. *Formação Econômica do Brasil*. 5. ed. São Paulo: Brasiliense, 1970.

VIANNA, Antônio Mendes. Aprendizagem Democrática no Portugal de Hoje. *Tempo Brasileiro*, n. 38-39, 1975. (Brasil, África e Portugal).

WRIGHT, Richard. *American Hunger*. New York: Harper & Row, 1977.

DOCUMENTO 5

Reflexões de um Afro-Brasiliano[1]

Se os nobres desta terra empanturrados,
Em Guiné têm seus parentes enterrados;

Se mulatos de cor embranquiçada,
Já se julgam de origem refinada;

Aqui nesta boa terra,
Marram todos, tudo berra;

Brigadeiros coronéis
Destemidos generais
Capitães de mar e guerra – Tudo marra, tudo berra;

Folgue e brinque a bodaria;
Cesse, pois, a matinada.
Porque tudo é "bodorrada".

LUÍS GAMA
excertos de *A Bodorrada*

Cabe aos especialistas de estudos bibliográficos o exame dos aspectos técnicos da *Afro-Braziliana: A Working Bibliography* (1978), que Mrs. Dorothy B. Porter compilou com amor, paciência e competência. Da minha parte, como afro-brasiliano residente nos Estados Unidos, posso testemunhar que esse livro se impõe, de saída, como um instrumento básico e indispensável às pessoas de fala inglesa interessadas em conhecer a experiência negro-africana no Brasil, em termos de seu registro escrito.

Para mim, a obra de Mrs. Porter contém um significado bastante amplo e abrangente, que vai além, talvez, daquela significação partilhada rotineiramente pelos intelectuais brasileiros, sejam eles literatos, historiadores, cientistas sociais e políticos, ou outros estudiosos. Para um afro-brasileiro consciente, é natural que a leitura dessa bibliografia provoque umas tantas reflexões que certamente não ocorrem à nossa *intelligentsia*, de modo geral aspirante à condição de ariano-brasileira.

Sem se dar conta, pois este não era seu objetivo, Mrs. Porter erigiu, com seu livro, um terrível documento no qual traça e exibe o mapa da liquidação mental dos afro-brasileiros. E as ferramentas e os meios utilizados pelas classes dominantes – pequena elite de origem europeia – contra os africanos e seus descendentes, a maioria do país, estão à vista de quem quiser ver: o *branco* elevado como o valor absoluto do bem e do belo; o *negro* relegado como o símbolo e a encarnação do feio e do mal. Dessa premissa da superioridade da raça branca (caucásica, europeia) e da inferioridade da raça negra (africana), resultou a ideologia do branqueamento da população brasileira, a qual teoriza e dinamiza a prática da miscigenação compulsória, bem como efetiva a alienação mental dos negros através da imposição assimilacionista aos intelectuais afro-brasileiros dos padrões culturais da raça "eleita" dos branco europeus. Para reforço desse programa "integracionista", desde os fins do século XIX o Brasil estimulou, apoiou e financiou uma imigração maciça de europeus, com o explícito propósito de "preservar e desenvolver na composição étnica da população, as características mais convenientes da sua ascendência europeia"[2].

Folheando as páginas da *Afro-Braziliana*, nos defrontamos com mais de cinco mil títulos de obras e nomes de autores que Mrs. Porter registrou, de afro-brasileiros ou sobre tema afro-brasileiro. Até mesmo alguém acostumado a lidar com tal "problemática", como é o caso deste que escreve, recebe um verdadeiro choque à presença de documentação tão estarrecedora a respeito do supremacismo branco triunfante em sua atuação sistemática de ceifar, para a raça negra, as inteligências mais bem-dotadas de origem africana em meu país.

Na verdade, a ideologia do supremacismo branco, no Brasil denominada metaforicamente de "democracia racial" ou de "metarracismo", em sua dinâmica cotidiana significa a prática de um tipo de violência oculta, insidiosa e difusa, mas de alto teor destrutivo. E a prova desse fenômeno não se encontra em nenhuma legislação à moda norte-americana ou sul-africana; os resultados dessa ideologia é que atestam o profundo grau da sua periculosidade. Alguns exemplos esclarecerão melhor a situação. Mrs. Porter assinala certo mulato, ilustre nome afro-brasileiro: o Padre Antônio Vieira (5152)[3]* que, no século XVII, defendia a escravidão, aconselhando aos escravos sujeição e obediência aos seus senhores, ainda que maus e injustos. Em Lisboa, em 1662, Vieira pregava num sermão: "Um etíope que se lava nas águas do Zaire, fica limpo, mas não fica branco: porém na do batismo sim, uma coisa e outra."[4] Outro afro-brasileiro importante: o barão de Cotegipe, João Maurício Vanderley (5214), baiano e senhor de escravos, sempre considerou o "elemento servil" indispensável à lavoura. Na qualidade de Primeiro Ministro, chefiou um dos Gabinetes de dom Pedro II, e, conforme o historiador Brasil Gerson, Cotegipe orgulhava-se "de sempre ter sido, como autoridade (chefe de polícia na Bahia ou ministro de Estado), um executor rigorosíssimo das leis vigentes sobre a escravidão, ou contra os traficantes ou contra os excessos dos senhores"[5].

Até às vésperas da abolição da escravatura, em 1888, tanto no parlamento como nos altos cargos executivos que desempenhou, Cotegipe manteve, para os africanos escravizados, a atitude paternalista tradicional do escravocrata luso-brasileiro: mostrando uma face de superficial humanitarismo contra os castigos excessivos dos senhores, mas, no fundo, um consistente defensor do regime escravo com sua intrínseca crueldade e inerente desumanização aos africanos.

Vale a pena citar mais alguns notórios afro-brasileiros que pensaram, viveram, escreveram e agiram como reflexos da sociedade dominante (branca e/ou brancoide), e que, apesar de escritores influentes, em sua obra muito pouco ou quase nada se pode encontrar que os identifique com os destinos de suas origens africanas: Machado de Assis (2879) foi um desses. Por causa da alvura de sua personalidade literária, o famoso abolicionista branco Joaquim Nabuco considerava Machado de Assis um grego, não um negro. Outro que também negaceou uma adesão mais decidida à sua ancestralidade negra foi Mário de Andrade (95-96). Ambos estão classificados como afro-brasileiros na bibliografia. É interessante notar que este autor encontrou apenas um trabalho de Mário de

241

Andrade relacionado às condições sociais, econômicas e raciais dos negros no Brasil. O artigo intitula-se "Linha de Cor" e apareceu no diário *O Estado de S. Paulo* de 29 de março de 1939. Nele Andrade relata que no Departamento de Cultura de São Paulo, do qual era diretor, numa das sessões realizadas para solenizar o cinquentenário da Abolição, "um escritor de origem negra, o sr. Fernando Góes, apresentou uma documentação muito curiosa, na intenção de provar essa inferioridade com que o branco concebe o negro, entre nós. Mas a documentação apresentada, apesar de interessantíssima, me pareceu na realidade pouco convincente como demonstração de preconceito de cor, porque quase toda ela se convertia principalmente em preconceitos de classe. Era documentação de classe e não de cor".

Este é o discurso clássico dos acadêmicos brancos (e de uns poucos negros ideologizados por eles) quando desejam diluir a significação do racismo no Brasil: chutá-lo para o lado como "um mero problema de classe, destituído de conteúdo racial". Mário de Andrade, no artigo mencionado, foi em frente para pisar sobre um terreno mais firme e familiar, o qual ele frequentemente visitava: o campo tradicional do folclore. O folclore pode ser "muito curioso", porém é um elemento estático, oposto a qualquer tratamento sério da dinâmica socioeconômica e política da realidade da raça negra: precisamente o que se procura evitar com o apelo ao folclore. Andrade, igual a todos os folcloristas brancos, divorcia o folclore negro de suas raízes sociohistóricas, mumificando-o num estéril vácuo cultural, destituído da verdadeira e mais profunda significação da arte e filosofia africanas em sua integridade. Folclore, a banalização da cultura africana, jamais poderia constituir o tratamento daquilo que Fernando Góes estava tentando propor: equacionar o dilema existencial de um povo oprimido pela discriminação racista. O próprio tratamento dispensado por Andrade a Góes é frio e distante, aquele de alguém que se considera "por dentro" e concede o benefício de ouvir o outro que "está de fora";

dificilmente demonstraria a própria identidade racial de Andrade com um "escritor de origem negra". Semelhante a muitos outros figurões afro-brasileiros curvados aos valores das classes dominantes, Mário de Andrade divorciou sua própria pessoa de um compromisso com sua raça. Assim fazendo, ele se autoincapacitou em dar uma resposta adequada a Fernando Góes, que foi muito além do folclore em sua análise da necessidade de pesquisa para a gente negra: "Penso que é tempo de todos olharem o negro como ser humano, e não como simples curiosidade ou assunto para eruditas divagações científicas. Que se cuide de ciência, não é só louvável, como imprescindível. Mas que se assista ao desmoronamento e à degradação de uma raça, de braços cruzados, me parece um crime, e um crime tanto maior quando se sabe o que representou para a formação e desenvolvimento econômico do nosso País."[6]

A diferença entre Fernando Góes, intelectual negro e renomado escritor, membro da Academia Paulista de Letras, que contudo não abandona sua raça e seu povo, e Mário de Andrade, afro-brasileiro que exercitou os jogos do academismo branco, evadindo-se às consequências de suas origens africanas tanto em sua identidade pessoal como no conteúdo de sua obra, não escapará à comunidade negra, que tem visto essa qualidade de comportamento se repetir em todos os continentes através da nossa experiência ocidentalizada.

Presumo que o volume de Mrs. Porter irá causar alguma surpresa, certo desgosto, e muita raiva reprimida à chamada intelectualidade brasileira, normalmente autoconsiderada branquíssima e muito acima da pecha infamante de mulato (ou afro-brasileiro) que a autora da bibliografia pespega ao nome de várias personalidades tidas e havidas como brancas: Carlos Gomes (1905), Castro Alves (2435), A. Austregésilo (366), Nilo Peçanha (3100), para citar uns poucos. Aliás, com relação ao último, acho oportuno divulgar um incidente que se passou comigo. Antes de vir para os Estados Unidos, em 1968, projetei escrever um livro de breves biografias de vinte afro-brasileiros eminentes que haviam ajudado a construir o

Brasil; Nilo Peçanha, ex-Presidente da República (de 14/06/1909 a 15/11/1910), seria um dos biografados, e, para isso, me dirigi por telefone ao seu descendente (neto ou bisneto) Celso Peçanha, a quem conhecia pessoalmente. Após me ouvir, do outro lado do fio telefônico Celso Peçanha muito amavelmente respondeu mais ou menos o seguinte: "Essa é uma infâmia que espalharam a respeito de Nilo Peçanha. Não há em nossa família nenhuma gota de sangue negro-africano." Viajei, e por motivos tão óbvios, o livro não foi escrito. Porém meu diálogo com Celso Peçanha aqui fica registrado para a edificação da "democracia racial" e do "metarracismo" gilbertofreyriano.

Alguns outros episódios dessa ordem poderiam parecer anedotas ou piadas e que, no entanto, são parte do trágico humor destilado pelo ideal do embranquecimento. É o caso do poeta Judas Isgorogota (2057), definido na bibliografia como um afro-brasileiro: certa feita, Judas solicitou fosse ele examinado pelo laboratório de biotipologia da Penitenciária de São Paulo a fim de provar, cientificamente, que nem no sangue de suas veias nem em suas características somáticas havia algo de africano conforme alguns "intrigantes" maliciosamente diziam a seu respeito. Quase no mesmo tom ocorreu com Jorge de Lima (1114, 2444), ao solicitar ao seu editor argentino que retirasse da apresentação de um livro de sua autoria a qualificação de "poeta negro". Talvez por isso, apesar dos inconfundíveis traços negros que lhe embelezavam o semblante, Jorge de Lima não figura como afro-brasileiro na bibliografia.

Mrs. Porter explica o critério adotado para identificar um nome como afro-brasileiro: "Em toda a bibliografia, os autores afro-brasileiros são indicados pelo uso de um asterisco (*). No caso de um autor que é definido por um crítico brasileiro como mulato e por outro como branco, nenhuma indicação de cor foi feita."[7]

Nessa espécie de "democracia racial" onde ser definido como negro ou afro-brasileiro significa um insulto, mesmo para pessoas de suposto alto nível de "inteligência" como nos exemplos citados, compreendem-se as precauções adotadas pela compiladora da bibliografia.

No confuso labirinto de qualificação racial, criado pela dominante ideologia do embranquecimento progressivo com a consequente erradicação progressiva do negro, aguça-se, de forma patológica, a sensibilidade dos supostos intelectuais, ansiosos em evadir-se não só de sua alma africana como da própria cor epidérmica. Em consequência, tratar dessa questão é caminhar em terreno escorregadio e perigoso.

Toda essa situação confusa aumenta ainda mais de gravidade quando acadêmicos de formação metropolitana se metem a redigir conceituações e conclusões sobre problemas para os quais não se acham devidamente qualificados. É o que acontece com esse alienado dos problemas do país, Wilson Martins, que, segundo parece, leciona literatice javanesa ou coisa parecida numa universidade americana. Martins enfatiza seu aleijão mental quando, em artigo publicado no *Jornal do Brasil*, em 24 de fevereiro de 1979, critica a *Afro-Braziliana*, sob o título provocativo de "Mal-entendidos intercontinentais". Categoricamente, Martins afirma que "não devem ser muito numerosos os intelectuais brasileiros que, a exemplo de Deoscóredes Maximiliano dos Santos e Abdias Nascimento, reivindiquem a condição de 'afro-brasileiros'".

Incompetente e/ou desonesto, Martins não faz alusão à repressão sistemática e sutil, constante e frustradora, que historicamente tem perseguido, implacavelmente, a livre identificação dos afro-brasileiros com suas origens étnicas e espirituais. O desdém elitista de Martins pelos negros é tão grande que ele nem enxerga a existência de dezenas e dezenas (talvez centenas) de afro-brasileiros confessos na poesia, no conto, no jornalismo, no ensino, na música, no teatro, nas artes plásticas; em sua maioria, não são estes afro-brasileiros, por razões óbvias, professores em universidade americana, nem têm seus livros publicados pelas editoras de prestígio, ou seus artigos impressos nos grandes jornais do país.

Porém estão criando e produzindo obra significativa para a cultura afro-brasileira e para os destinos do povo negro no Brasil. Nomes? Aí vão alguns da memória: Henrique Cunha, Ângela Lopes Galvão, Hugo Ferreira da Silva, Célia Aparecida Pereira, Jamu Minka, Luís Serafim, Cuti (Luís Silva), Adão Ventura, Edivalda Moreira de Jesus, Maria Isabel do Nascimento, Zezé Motta, Sebastião Rodrigues Alves (923), Abelardo Rodrigues, e muitos outros que iguais a estes afirmam sua afro-brasilidade. Isso sem contar as inumeráveis organizações que em vários Estados funcionam para reivindicar o direito de serem, seus membros, afro-brasileiros livres: o Movimento Negro Unificado Contra o Racismo e a Discriminação Racial opera nos estados de São Paulo, Rio de Janeiro, Bahia, Minas Gerais e Pernambuco; no Rio de Janeiro há o Centro de Cultura e Arte Quilombos; em São Paulo, o Centro de Cultura e Arte Negra (CECAN) e a Federação das Entidades Afro-Brasileiras do Estado de São Paulo, que publica o periódico *Jornegro*; na Bahia existe a organização dos Malês e o Grupo Palmares; ainda no Rio, funciona o Instituto de Pesquisa das Culturas Negras e a revista *Tição*. Essa pequena lista de entidades negras peca por muitas omissões, mas vale como amostra.

Em parte por causa da ignorância e da má-fé de "intelectuais" tipo Martins, as dificuldades se avolumam quando se tenta penetrar na verdade mais íntima das relações raciais brasileiras. É assim inevitável que Mrs. Porter algumas vezes se confunda, conforme aconteceu ao se referir aos Rios Brancos. No índice da bibliografia, o nome do Visconde do Rio Branco (3060, 3067), José da Silva Paranhos, é registrado como se fosse o mesmo do seu filho, o Barão do Rio Branco (2632, 3067), José da Silva Paranhos do Rio Branco. Mrs. Porter define Rio Branco como sendo um afro-brasileiro, e isso foi para mim uma surpresa. E surpresa maior porque o Barão do Rio Branco, que exerceu por longo tempo o cargo de Ministro das Relações Exteriores (1902 a 1912), é exatamente quem empresta seu nome ao Instituto Rio Branco – a escola de formação dos diplomatas brasileiros – que, juntamente com o próprio Ministério do Exterior do qual é parte, corporifica a cidadela do racismo mais retrógrado: não existe um único diplomata negro ou afro-brasileiro num país construído por negros. Ainda recentemente, o Instituto Rio Branco admitiu uma jovem negra, Mônica Menezes Campos, e desencadeou pela imprensa uma campanha sensacionalista tentando demonstrar a inexistência de racismo naquela instituição pública. A esse respeito, alguns títulos da propaganda itamaratyana são ilustrativos:

> Primeira Negra Aprovada Para Estudar Diplomacia Prefere Servir na ONU (*Jornal do Brasil*, 2 de agosto de 1978).

> Mônica do Itamaraty. Atriz de uma Peça Necessária à Política Externa Brasileira (*Jornal do Brasil*, 3 de agosto de 1978).

> Uma Negra no Itamaraty: Chega ao Fim a Discriminação Racial no Seio da Diplomacia Brasileira (*Diário de Notícias*, 5 de agosto de 1978).

Mônica, que significa apenas a única exceção na política discriminatória tradicionalmente mantida pelo Ministério do Exterior em relação aos afro-brasileiros, tem um destino certo: melhorar a imagem ário-nórdica do Brasil perante a África, onde a indústria brasileira tenta conquistar mercados, especialmente nos países possuidores de petróleo: Nigéria e Angola. É significativo notar que a própria Mônica afirmou que no interesse de reforçar o impacto do evento: "Eu fui transformada em negra da noite para o dia. Antes, eu costumava ser mulata." (*Los Angeles Times*, 23 de novembro de 1978, p. 5).

Entretanto, a encenação de uma única afro-brasileira como estudante do Instituto Rio Branco não engana ninguém. Tanto assim que o presidente do Superior Tribunal Federal, Antônio Neder, orador na comemoração do Dia Internacional Para a

Eliminação da Discriminação Racial, realizada no próprio recinto do Ministério do Exterior, com a presença de todo o corpo diplomático e do respectivo Ministro, viu-se na necessidade de atacar o racismo ali imperante, evitando que a solenidade se tornasse uma farsa, proferindo as seguintes palavras: "eliminem, o quanto antes, a estupidez do racismo, para que seus netos não venham a ser vitimados, amanhã, pela vingança de um Hitler negro".

A *Folha de S. Paulo* de 22 de março de 1979, que publicou essa notícia, comentou, por sua vez, que a advertência do presidente do STF "provocou um clima de desconforto entre os presentes no auditório do Itamaraty". Pudera!

Há outros nomes, os quais, à semelhança dos Rios Brancos, estão definidos como afro-brasileiros: Olavo Bilac (2549), Augusto dos Anjos (2549), Hermes Fontes (2549), Austregésilo de Ataíde (2486), Humberto de Campos (3520), e que transitam normalmente como brancos. Outros, apesar de negros confessos ou mulatos inconfundíveis, carecem da classificação de afro-brasileiros. Neste caso estão: Arlindo Veiga dos Santos (4101) e José Correia Leite (400), fundadores da Frente Negra Brasileira na década de 1930; Milton Santos (1240), Clóvis Moura (507), Rosário Fusco (2975), Miguel Barros (755, 945) que, por sinal, se autocognominava Barros, o Mulato; Guiomar Ferreira de Mattos (2987), Dorival Caymmi (1710), Ruth Guimarães (1736), Darwin Brandão (106, 1378), Thales de Azevedo (934), Oliveira Vianna (907), Nina Rodrigues (521), René Ribeiro (2342), Manuel Diegues Jr. (34, 134), Cassiano Ricardo (567, 727), Santa Rosa (3020), Dalcídio Jurandir (4241), mestiço afro-índio igual a Nunes Pereira (1786), na bibliografia confundido com Altamiro Nunes Pereira, este, sim, um branco; Sebastião Rodrigues Alves (923) e Emanuel Araújo (929). Já Édison de Sousa Carneiro (1659) é registrado como afro-brasileiro, enquanto, numa linha anterior, seu pai, Antônio Joaquim de Sousa Carneiro (1658), possivelmente muito mais próximo da África do que seu filho, não teve seu registro como afro-brasileiro. Édison Carneiro, folclorista de renome e historiador, foi profundamente atingido pela coerção do embranquecimento a ponto de afirmar certa vez que "a obra que chamamos de 'civilização do Brasil' foi exatamente a destruição das culturas particulares do negro e do índio, negra e indígena. [...]de modo que o fato de o negro ter rompido esses laços com a África, embora por meio de processos muitas vezes brutais, me parece uma aquisição válida do povo brasileiro"[8].

Édison endossa o genocídio praticado pelas classes dirigentes brancas contra os negro-africanos e os indígenas e, numa espécie de mágica verbal, debita o crime à responsabilidade do "povo brasileiro". No final das contas, talvez Carneiro nem mereça o asterisco. No entanto, a omissão mais surpreendente de todas foi aquela de Pelé, ou Edson Arantes do Nascimento (2418), não registrado como um negro na *Afro-Braziliana*! Carência de informação não poderia ter sido. Teria sido erro tipográfico ou de revisão? Ou, mais provavelmente, excessiva cautela da autora? Cautela, aliás, compreensível, quando nos lembramos que esse homem de ébano registrou sua filha como uma criança branca.

Estas observações, conforme acentuei anteriormente, não pretendem e não são uma crítica, o que é da competência dos estudiosos que se dedicam ao tema. Minha intenção é de apenas acentuar as barreiras quase intransponíveis que um trabalho dessa natureza tem de enfrentar em sua realização. E Dorothy B. Porter enfrentou dificuldades enormes, não por ela ser estrangeira ou culturalmente incapaz de perceber a significação da realidade factual brasileira, conforme maliciosamente insinua no artigo referido o desonesto e incompetente Wilson Martins, quando afirma: "Condicionado por suas estruturas mentais e quadro de valores, é inevitável que, ao estudar os problemas raciais em nosso país, o pensamento dos especialistas norte-americanos sofra uma refração deformadora, seja qual for o seu grau de informação e conhecimento factual."

Diz ainda Martins ser "o próprio conceito de 'afro-brasileiro' que me parece discutível em relação à situação brasileira". Discutível por quê? Martins não explica, mas implica que no Brasil todos somos brasileiros, que só existe a cultura brasileira (obviamente sob a égide da cultura branco-europeia), e que, portanto, o afro-brasileiro não passa de uma ficção, pondo-se de lado as duas exceções que ele mencionou: Deoscóredes dos Santos e Abdias Nascimento. Com este procedimento, Martins e todos aqueles da sua posição ideológica reacionária pretendem atingir algo fantástico e absurdo: erradicar a África, que está plantada na eternidade do povo brasileiro, de suas instituições, da sua paisagem física e espiritual. Tão viva e palpitante está a África no Brasil que nigerianos, angolanos, e outros africanos irmãos, vão ao nosso país aprender sobre coisas africanas destruídas no continente africano pela agressão colonialista. Um filme recente do nigeriano Ola Balogun é simbólico: o herói, um nigeriano, vai ao Brasil em busca de suas raízes. Intitulado *A Deusa Negra*, esse filme apresenta um movimento dramático inverso daquele que aciona *Roots*, a obra de Alex Haley, na qual a personagem-herói vai dos Estados Unidos à África à procura de suas origens.

Com efeito, se a definição de afro-brasileiro fosse estranha à situação do nosso país, dificilmente se justificaria a existência de tantas organizações afro-brasileiras mencionadas anteriormente, assim como não teriam sentido as muitas atividades e Semanas Afro-Brasileiras acontecidas ultimamente na Bahia, em Belo Horizonte, em São Paulo, no Rio de Janeiro, estudando, celebrando e comemorando a herança africana no Brasil. Algumas dessas Semanas, realizadas no Museu de Arte Moderna do Rio de Janeiro entre 30 de maio e 23 de junho de 1974, sob o patrocínio da Sociedade de Estudos da Cultura Negra da Bahia e do Centro de Estudos Afro-Asiáticos da Universidade Cândido Mendes, do Rio de Janeiro, mereceram registro numa edição especial da *Revista de Cultura Vozes*, inteiramente dedicada ao tema da "Cultura Negra e as Semanas Afro-Brasileiras"[9]. Com tais testemunhos, não resta dúvida de que o estranho à situação do país não é outro: é o próprio Wilson Martins.

Há uma continuidade histórica na luta dos afro-brasileiros por sua identidade étnica e cultural que vem desde o século XVI, com a resistência dos quilombos e da República dos Palmares (1595 a 1695), até à série de revoltas entre 1805 a 1835 na Bahia. Essa luta armada existiu até 1888, e, com a emancipação formal dos negros escravizados, os esforços dos descendentes africanos por sua total libertação e resgate de sua dignidade humana continuaram através de diversas organizações, como exemplificam a Frente Negra Brasileira, na década de 1930, o Teatro Experimental do Negro, na década de 1940 até a de 1960, os periódicos *Clarim d'Alvorada* e *Quilombo*, o primeiro editado em São Paulo e o segundo no Rio de Janeiro. Em nossos dias, existem incontáveis entidades negras em todo o país, bem como o já mencionado Movimento Negro Unificado Contra o Racismo e a Discriminação Racial, que dá continuidade à mesma luta socioeconômica, cultural e política dos afro-brasileiros. A arrogância intelectual de certos brancos brasileiros em face desses fatos históricos não passa de uma espécie de retórica que pretende ajudar a manter o afro-brasileiro na condição de matéria-prima à espera da elaboração dos brancos, os únicos portadores da capacidade egrégia de criação.

Esta impostura encontra-se brilhantemente refletida nas palavras e no trabalho de um L.A. Costa Pinto, "cientista" social e autor de *O Negro no Rio de Janeiro*. Segundo ouvi dizer, também este anda mascateando sua "ciência" às portas do consumo americano. Na época em que seu livro foi publicado, década de 1950, alguns afro-brasileiros no Rio, insatisfeitos com o péssimo registro das atividades negras dentro de um pior esquema conceitual, denunciaram publicamente a ideologia "científica" de Costa Pinto. Esta, sob o usual disfarce paternalista, estava eivada da tradicional agressão oculta e defendia interesses contrários aos legítimos interesses da comunidade afro-brasileira. A resposta do "cientista", previsivelmente, foi a clássica reação do branco "superior" do Brasil ao sentir-se tocado em sua intocabilidade privilegiada: a reação do insulto. Aqui transcrevemos os termos de Costa Pinto aos seus críticos negros, entre os quais estavam Guerreiro Ramos, Sebastião Rodrigues Alves, Romeu Crusoé, Abdias Nascimento, Aguinaldo Camargo e Ironides Rodrigues: "Duvido que haja biologista que depois de estudar, digamos, um micróbio, tenha visto esse micróbio tomar da pena e vir a público escrever sandices a respeito do estudo do qual ele participou como material de laboratório."[10]

Esta afirmação, além de revelar a verdadeira atitude da maioria dos pesquisadores brancos brasileiros diante do seu "material de laboratório", tipifica o teor global da "democracia racial", um conceito formado e formulado exclusivamente pelos dominantes setores arianoides. Somente umas poucas exceções nos chamados círculos acadêmicos têm penetrado dentro da nauseabunda hipocrisia dessa ideologia, para ver quão longe estamos de uma democracia. Florestan Fernandes, a mais eminente exceção, não sacrifica sua integridade pessoal e/ou acadêmica aos pés dos mitos e dos interesses da elite no poder. Sua conclusão, no seu importante livro *O Negro no Mundo dos Brancos*, é a de que "uma verdadeira revolução racial democrática, em nossa era, só pode dar-se sob uma condição: o negro e o mulato precisam tornar-se o *antibranco*, para encarnarem o mais puro radicalismo democrático e mostrar aos brancos o verdadeiro sentido da revolução democrática da personalidade, da sociedade e da cultura"[11].

Uma parte integral desse processo dialético de edificar a consciência entre os afro-brasileiros deve ser a exposição e a denúncia das falsidades e decepções oficiais ou oficializadas que se utilizam para encobrir a sistemática destruição física e cultural das nossas inteligências e energias negras documentada no livro de Mrs. Porter. Destruição sistemática ou genocídio que se tem concretizado tanto pelo assassínio direto dos africanos – matança pelos capitães-do-mato, agressões permanentes da polícia, liquidação coletiva através da fome, da ausência de moradia decente e de assistência médica adequada – quanto por intermédio da destruição das línguas, cultura, costumes, religiões e instituições dos africanos escravizados e seus descendentes.

No entanto, a política de branqueamento coercitivo é parte do genocídio, e tanto mais eficaz quando sabemos que tal política assume em sua prática formas tão sutis e disfarces de benevolência capazes de enganar as próprias vítimas. O branqueamento (ou miscigenação) compulsoriamente instalado é apregoado pelas classes dirigentes brancoides e pelos intelectuais representantes dos seus interesses como um *valor* significativo da harmônica convivência entre povos diferentes. E a comunidade internacional vem aceitando tal distorção criminosa da realidade, como se fosse um fato objetivo de democracia racial. Pior ainda, a própria comunidade negro-africana, no continente e na diáspora, carente de informações fidedignas, tem se encontrado no dilema de aceitar a versão deturpada fornecida por brancos da marca de um Wilson Martins e de um Costa Pinto.

Se nós, descendentes de africanos espalhados pelos países da diáspora, estamos para forjar uma unidade significativa no sentido de elevar a qualidade de vida da população negra, de melhorar a nossa situação coletiva (pois ela é irredutivelmente coletiva) e compreendermos uns aos outros em nossa situação única, específica, devemos conter resolutamente esse tipo de distorção, produzindo a nossa própria versão da realidade por meio do testemunho escrito. A obra de Mrs. Porter é uma valiosa contribuição para os objetivos de reforçar e melhorar nossa comunidade recíproca.

Em verdade, Dorothy B. Porter praticou uma autêntica façanha compilando esta *Afro-Braziliana*. Sua amplitude e objetividade a situam como uma fonte única entre as obras fidedignas, raras e preciosas nos Estados Unidos, como também no Brasil. Os estudos negros independentes serão imensamente ajudados pelo trabalho de Mrs. Porter. As críticas que emergem dos setores da ignorância, do reacionarismo e da vaidade ferida na pomposa *intelligentsia* brancoide brasileira, e as poucas revisões e correções necessárias à obra, não alteram o fato fundamental: no atual esforço de reunificação que está sendo desdobrado pela família africana na diáspora, a *Bibliografia Afro-Braziliana* constitui um importante marco referencial. Com trabalhos dessa qualidade e envergadura, os descendentes de africanos têm um terreno sobre o qual reconstruir sua História e sua Nação. Ao contrário do julgamento arbitrário de comentaristas estranhos à família afro-americana (norte-americana e brasileira), o volume de Mrs. Porter é um começo extraordinário de *compreensão intercontinental* entre os povos negros da diáspora e do mundo.

Bibliografia

CADERNOS *Brasileiros: 80 Anos de Abolição*. Rio de Janeiro: Cadernos Brasileiros, 1968.

FERNANDES, Florestan. *O Negro no Mundo dos Brancos*. São Paulo: Difusão Europeia do Livro, 1972.

GERSON, Brasil. *A Escravidão no Império*. Rio de Janeiro: Pallas, 1975.

NASCIMENTO, Abdias do. *O Negro Revoltado*. Rio de Janeiro: GRD, 1968. [2. ed. Rio de Janeiro: Nova Fronteira, 1982.]

_____. *"Racial Democracy" in Brazil: Myth or Reality?*. Trad. Elisa Larkin Nascimento. Ibadan: Sketch Publishers, 1977.

_____. *O Genocídio do Negro Brasileiro: Processo de um Racismo Mascarado*. Rio de Janeiro: Paz e Terra, 1978. [3. ed. São Paulo: Perspectiva, 2016.]

_____. *Mixture or Massacre? Essays in the Genocide of a Black People*. Trad. Elisa Larkin Nascimento. Buffalo: Afrodiáspora, 1979. [2. ed. Dover: The Majority Press, 1989.]

PORTER, Dorothy B. *Afro-Braziliana: A Working Bibliography*. Boston: G.K. Hall, 1978.

VIEIRA, Antônio S.J. *Sermões Pregados no Brasil*. Lisboa: Agência Geral das Colônias, 1940.

DOCUMENTO 6

Nota Breve Sobre a Mulher Negra[1]

*se vocês, homens de Asante, não vão à frente, então nós
vamos. Nós, as mulheres, iremos. Eu vou convocar minhas
companheiras mulheres. Nós combateremos os brancos.
Combateremos até a última de nós cair no campo de batalha.*

YAA ASANTEWA,
rainha Asante – Gana – combatendo
a invasão inglesa no final do século XIX

Escravidão e Abuso Sexual da Mulher Africana

Como nação, o Brasil reivindica para si a honra de haver fundado a única "democracia racial" que o mundo jamais conheceu. Grande parte da opinião pública internacional, por ausência de informação ou como resultado da divulgação de informações distorcidas, vem consagrando esta deformação da realidade concreta como se ela de fato refletisse uma verdade social.

Um exemplo das informações distorcidas que fundamentam esse equívoco está no livro *Negroes in Brazil*, investido de grande autoridade acadêmica, em que Donald Pierson afirma que a escravidão entre nós "foi normalmente uma forma suave de servidão"[2]. Desdobrando sua análise, o sociólogo norte-americano continua: "Em geral, a escravidão no Brasil se caracterizou pelo gradual e contínuo crescimento de relações íntimas interpessoais entre senhor e escravo, fato que tendia a humanizar a instituição e solapar seu caráter formal."[3]

Mais adiante, Pierson explica o embranquecimento, estratégia brasileira de liquidação do negro-africano, da seguinte maneira: "Assim, a miscigenação tem ocorrido no Brasil, percorrendo caminho discreto durante longo período de tempo. Em poucos lugares do mundo, talvez, tenha prosseguido a interpenetração de povos de divergentes cepas raciais em escala tão contínua e tão extensa."[4]

A despeito da imagem benigna difundida por descrições e análises desse tipo, a crueldade infligida aos africanos e suas famílias pelos mercadores e proprietários de escravos, no Brasil, foi espantosa e sem paralelo. Nenhuma outra escravidão no Novo Mundo pode ser comparada à nossa em matéria de brutalidade e violência. O intercâmbio de sangue entre senhores brancos e mulheres africanas, longe de resultar da ausência de racismo ou preconceito, se explica, ao menos em parte, como consequência da natureza específica das situações coloniais.

O Brasil diferia das colônias dos Estados Unidos quanto ao objetivo que tinham os portugueses em sua vinda para a América, ou seja, adquirir fortuna predatória e regressar depois para a Europa onde deixavam suas famílias, enquanto o colono inglês chegava ao Novo Mundo, de modo geral, para fundar um lar para a família que viera com ele. O uso da mulher africana para satisfazer o senhor escravocrata português na ausência de sua esposa branca e portuguesa nada mais foi do que violação e estupro; uma brutalidade que nada tinha a ver com "humanizar" a instituição, ou qualquer "respeito" aos seres humanos que ele vitimava.

O motivo para a importação de africanos escravizados era a obtenção de lucro com a espoliação do seu trabalho. Para que a sujeição do africano fosse completa, tratavam o escravos como animais, nunca como seres humanos, não permitindo que tivessem família: a proporção de mulheres em relação aos homens estava na escala de uma para cinco; e as relativamente poucas mulheres importadas, consideradas de baixa produtividade, não tinham permissão para estabelecer qualquer estrutura estável capaz de possibilitar a criação de filhos, a não ser criar filhos dos senhores.

Com referência ao equivocado ou malicioso conceito de "intercasamento" como característica de relações harmoniosas entre senhores brancos e escravas negras, as leis da colônia especificavam, conforme consta em Acórdão do Tribunal de Ouro Preto, que "a mancebia entre senhor e escrava não lhe minora a condição de escravo, nem os próprios filhos do senhor são libertos"[5].

O patriarcalismo inerente à sociedade dominante aqui se desmorona contra as realidades sociais, e nesse único caso vemos prevalecer a tradição africana matrilineal: o filho do senhor herda a condição da mãe escravizada. E simultaneamente prevalecia também a prática de os senhores manterem mulheres africanas como prostitutas para a obtenção de lucros. Não exageramos apontando os colonialistas portugueses não só como libertinos mas também como aristocratas proxenetas.

Para vários desses expoentes da harmonia racial baseada no "cruzamento de sangue", os fatos concretos da história pouco valem. Não querem perder tempo, no seu enfoque "científico", em examinar mais detida e profundamente a realidade concreta. Para eles, o estupro, a prostituição, a concubinagem forçada, o desprezo ao próprio filho destinado à escravidão, foram dádivas generosas e benevolentes favores concedidos às filhas da África pelos entes superiores de origem europeia.

A mistura de raças, na forma de imposição do mais forte em poder econômico-social sobre o mais fraco, além de haver constituído uma prepotência covarde, teria fatalmente de, a longo prazo, resultar numa encruzilhada perigosa para a sociedade que a praticou. Também não é solução a ideologia da mestiçagem na forma sutilmente compulsória, apregoada como um alvo a ser atingido no caminho do embranquecimento progressivo da população brasileira. Um crime recente não apaga o crime antigo. E contra essa teoria e prática equivocada nos chama a atenção o cientista e sábio africano-senegalês Cheikh Anta Diop:

> Creio que elevar a mestiçagem biológica, a mestiçagem cultural, à condição de doutrina política aplicada a uma nação constitui um erro que pode mesmo conduzir a resultados lamentáveis [...] Isso pode levar, a longo prazo, a uma crise de identidade dos indivíduos

e crise de identidade nacional, como parece ter ocorrido no Egito na baixa era. [...] Acredito que se deva deixar as relações prosseguirem naturalmente e não pressionar uma mestiçagem qualquer, o que configura um erro político e nada tem a ver com a abertura ou desenvolvimento de uma civilização multirracial.[6]

Realmente, o encontro entre pessoas é ato de opção e escolha individuais, alheio a pressões legais, ideológicas, antropológicas ou socioeconômicas que, de forma aberta ou subterrânea, preconizam o desaparecimento de uma raça, quer seja na aparência física ou nas expressões de sua cultura e do seu espírito.

O abuso sexual à mulher africana e à mulher negra brasileira é mais do que simples abuso: é genocídio, fácil de constatar no crescimento da população mulata e no desaparecimento da raça negra. E esse transe foi mais tarde estabelecido em prática política das classes governantes. Um processo de destruição combinado com outros instrumentos agressivos, durante a escravidão, tais como os maus-tratos, as torturas, a desnutrição, o trabalho excessivo; tudo isto conjugado, resultava na taxa extremamente alta da mortalidade infantil, e, através desse fenômeno de extermínio, a raça negro-africana jamais poderia, segundo os cálculos das classes dominantes, se tornar um problema ou uma ameaça. Em 1870, a mortalidade infantil entre a população escrava era de 88%: no Rio de Janeiro, a capital do país, a taxa de mortalidade infantil superava a de natalidade em 1,8%[7]. Um retrato numérico terrivelmente sombrio para o futuro dos africanos.

O crime do estupro sexual cometido contra a mulher negro-africana pelo branco ocorreu através de gerações. Até os filhos mulatos, herdeiros de um precário prestígio de seus pais brancos, continuaram a prática dessa violência contra a negra. Como se para aliviar a consciência de culpa, os estratos dominantes ário-masculinos assumem o mulato como uma espécie de chave para a solução do nosso problema racial: na prática, isso significa o princípio da liquidação da raça negra simultaneamente com o embranquecimento da população. Mas, a despeito de qualquer aparente vantagem em posição social na função de ponte étnica entre pretos e brancos, a posição do mulato na sociedade brasileira, em essência, equivale àquela na qual o negro está situado: o mulato sofre a mesma discriminação, igual preconceito e semelhante desdém; não assumindo sua origem africana, aspirando a ser branco e fingindo pertencer a uma sociedade brancoide que o despreza, o mulato incorpora uma personagem trágica, em sua desintegração interior e social: sua única saída está no autodesprezo, na rejeição de si mesmo, um fato comum em nosso país.

Antes de tudo, para ilustrar esse fenômeno, convém referir-se à posição social da mulata no Brasil. Embora ela seja frequentemente exibida no país e no exterior como o símbolo da nossa "democracia racial", já que a mulata merece ser desejada pelo "branco" brasileiro tão destituído de preconceitos, seu *status* econômico e social eloquentemente depõe a respeito da realidade de sua situação atual e de sua origem histórica.

Imagem da Mulata na Literatura e no Imaginário Social

Tanto a literatura quanto a música popular têm registrado os aspectos negativos na imagem da mulata. Já no século XVII, quando nossa literatura apenas engatinhava, Gregório de Matos fixou, na poesia satírica que escreveu, os traços daquilo que até hoje identifica a mulata: a sensualidade que a transformou em puro símbolo de objeto sexual. No livro de Teófilo de Queiroz Júnior, *Preconceito de Cor e a Mulata na Literatura Brasileira*, podemos seguir a marcha do estereótipo da mulata através de várias obras de nossa literatura, entre as quais o autor estuda *Memórias de um Sargento de Milícias*, de Manuel Antônio de Almeida, e sua personagem Vidinha: "uma rapariga que tinha tanto de bonita como de movediça e leve"[8];

a *Escrava Isaura*, de Bernardo Guimarães, diferenciando-se das outras mulatas estudadas, era "de pele clara, embora esta tonalidade não se conserve inalterada, ao longo do romance, escurecendo-se aqui e ali, com indicações significativas para a análise do estereótipo a que pertence. Além de clara, Isaura é de uma retidão moral inabalável, mesmo quando enfrenta a tentação das promessas mais irresistíveis com que lhe acenam, ou quando se defronta com ameaças terríveis"[9].

Em *O Cortiço*, de Aluísio Azevedo, Rita Baiana, com "um odor sensual de trevos e plantas aromáticas", é a mulata que, comparada ao manjericão, baunilha, sapoti, à manjerona, sabe cantar bonito, dança "com meneios [...] cheios de graça irresistível, simples, primitiva, feita toda de pecado, toda de paraíso, com muito de serpente e muito de mulher"[10]. Há Maria Olho de Prata no romance de João Felício dos Santos, *João Abade*: "irresponsável, viva, sadia, sem qualquer recato e muito incontinente"[11]. Mulata "tão desconhecida, inventada, estranha cor de violeta, os olhos aviando verdes, o corpo enxuto, o avanço dos seios, os finos tornozelos, as penas de bom cavalo", é a personagem Jini, de João Guimarães Rosa, em "A Estória de Lélio e Lina" (*Corpo de Baile*):

> Com o máximo de animalesca sensualidade da mulata Jini, o autor narra um encontro entre ela e Lélio: "Dando de leve, bateu. Ela não vinha abrir. Bateu forte. Voz não ouviu, nem suspeitou rumor. Mas, quando a Jini apareceu, parava quase nua, e afogueada. Seus olhos escapavam da luz, não queria que ele acendesse o candeeiro, seus olhos fugindo, com as meninas agrandadas, maiores, no centro do verde. Só o abraçou. Sofria pressa de para ele passar o quente de seu corpo, a onda de estremecimento de sua pele de mulata cor de violeta. Se ria, sempre dizendo mais amor, até aos cotovelos o coração a espancava. Beijava-o, levava-o; e estava suja de outro homem E estava![12]

Por fim, chegamos à Gabriela famosa de Jorge Amado em *Gabriela, Cravo e Canela*; "o cravo, para seu odor e a canela, para sua cor. Como as duas especiarias, ela também é um apelo aos sentidos, assim sugerida no romance"[13]. Queiróz Júnior prossegue, comentando que

> Como mulata, Gabriela não foge à regra observada na caracterização das outras já analisadas, ou seja, mostrar-se amoral, ser irresponsável e impudica Mal instalada em casa de Nacib, horas depois, Gabriela é despertada pela volta dele, que a encontra um tanto descomposta em suas vestes. Mas ela não revela constrangimento por isso. "Levantou-se a meio, ficou sentada, sorria tímida. Não buscava esconder o seio agora visível ao luar. [...] Ela sorria; era de medo ou era para encorajar? Tudo podia ser, ela parecia uma criança, as coxas e os seios à mostra como se não visse mal naquilo, como se nada soubesse daquelas coisas, fosse toda inocência".[14]

Mas há, ainda, a mulata Ana Mercedes, de *Tenda dos Milagres*, de Jorge Amado também:

> "ouro puro da cabeça aos pés, carne perfumada de alecrim, riso de cristal, construção de dengue e de requebro" e tem "infinita capacidade de mentira". De sua atração, diz o autor que no "Jornal da cidade", de onde recebe seu salário "dos donos aos porteiros, passando pela redação, pela administração e pelas oficinas, enquanto ela ali trafegou, saveiro em navegação de mar revolto, nenhum daqueles pulhas teve outro pensamento, outro desejo senão naufragá-la num dos macios sofás da sala da diretoria [...], nas vacilantes mesas da redação e da gerência, em cima da velhíssima impressora, das resmas de papel ou do sórdido piso de graxa e porcaria"[15].

Teófilo de Queiroz Júnior, numa nota ao pé de página, faz este importante comentário:

> É curioso, depois do que afirmamos de Jorge Amado, assinalar que este autor, por ocasião do lançamento de seu livro *Tenda dos Milagres*, nos Estados Unidos, concedeu entrevista à imprensa americana, exaltando a beleza da mulata e defendendo que: "Meu

país é uma verdadeira democracia racial" (V. *O Estado de S. Paulo* de 9/10/71, p. 8). Tal declaração serve bem para ilustrar o quanto é sutil a atuação do preconceito de marca de que é vítima a mulata e do qual é agente o próprio Jorge Amado, que exalta fisicamente mulatas, sem lhes conceder respeitabilidade e nem lhes reconhecer valor para o matrimônio. Na mesma situação deve ser colocado Di Cavalcanti. Este consagrado pintor brasileiro, autor de telas que estampam belas mulatas apetitosas, declarou certa vez à imprensa: "sempre tive imensa paixão pelas mulatas. A sua plasticidade, a *sensualidade inerente à raça negra* (grifo nosso) e aquele olhar triste me encantam. Além disso, sou um pintor de mulheres, um sensual no bom sentido da palavra. A mulata entrou na minha temática como busca *de uma síntese do sensualismo brasileiro na natureza total*" (grifo nosso). V. *City News de São Paulo*, 7/11/1971, p. 9.[16]

Esse sociólogo chega à decisiva conclusão de que, muito ao contrário daquilo que é apregoado, a mulata, em lugar de testemunhar a prática de uma democracia racial, "funciona como eficiente recurso de sustentação da situação preconceituosa reinante"[17]. Assim, a imagem negativa da mulata está inserida até mesmo em nosso cruzamento de sangue, onde ela é "uma incômoda testemunha":

> Quanto à "oposição à miscigenação" também a encontramos no estereótipo literário da mulata, bastando que se atente para o fato de nenhuma delas ser mãe: nem Vidinha, nem Rita Baiana, nem Jini, nem Gabriela, nem Ana Mercedes. Aqui cabem, contudo, duas ressalvas: uma é referente a Isaura, que, catalogada como branca pelo autor que a produz, talvez se credencie, por essa ressalva da cor, a ter filhos, mas isso seria levar muito longe as inferências. A outra ressalva é a de Jini, que proclama suas pretensões a "mãe-de-família", mas Guimarães Rosa não documenta consecução desse intento da mulata.[18]

Com efeito, a literatura apenas registra uma situação de fato: a da mulata como resultado da prostituição sistemática da raça negra. Situação que possivelmente continuará se atentarmos para a condição de pobreza, penúria e completa destituição a que foi atirada a comunidade afro-brasileira; e as mulheres negras e mulatas são as vítimas acessíveis, vulneráveis à agressão e controle da camada branca dominante.

Melhor é recorrer ao depoimento da própria mulher negra para documentar a lamentável condição de sua vida presente: a jornalista negra Vera Daisy Barcelos recolheu e publicou vários depoimentos de suas irmãs de raça e desgraça sob o título "Mulher Negra", e numa introdução ela afirma:

> Se a mulher branca sofre em sua condição de mulher numa sociedade predominantemente patriarcal, a mulher negra tem um outro componente que a torna mais discriminada ainda: a cor. Duplamente rejeitada, a mulher negra aparece como a empregada doméstica, lavadeira, cozinheira, enfim, realizando os serviços que lhe eram típicos na escravidão, hoje, entretanto, tendo sua mais-valia barbaramente explorada. Da ama de leite, da menina de recado, da mulher que o branco da Casa-grande usava quando queria, da cozinheira de forno e fogão, quase cem anos separam a atual mulher negra daquela da senzala. No entanto, praticamente nada mudou; nem poderia mudar, uma vez que não se modificaram os modos e os meios de produção. Mas ela, individualmente, não aceitou assim tão passivamente esta condição, assim como os negros – ao contrário do que se pensa e se ensina na escola – não foram os eternos pretos dóceis como tanto se apregoa. No século XIX, sua coragem aparece numa Felipa Maria Aranha, que chefiou o quilombo de Alcobaça, no Pará. Na Bahia, outra negra participou de várias revoltas escravas, a insurreta africana Luísa Mahin. Esta é a mulher negra que conhecemos: oprimida racial, social e sexualmente, marcada sempre pela inferioridade.[19]

Outra mulher negra, a profa. Lélia González, sublinha os dois papéis reservados à mulher negra: o de "doméstica" e o de "mulata". Gonzalez esclarece que "o termo *mulata* implica a forma mais sofisticada de reificação; ela é nomeada 'produto de exportação', ou seja, objeto a ser consumido pelos turistas e pelos nacionais burgueses"[20].

Alguns Antecedentes Históricos

A camada brancoide da nossa sociedade tem por hábito enfatizar como um valor o caráter mestiço do nosso povo, com o apoio e os elogios dos teóricos, cientistas ou não, da ideologia racial dominante. É bom refrescar a nossa memória, pois, dos fatos históricos, o que nos vem da chamada fusão democrática ou harmoniosa de sangues e raças tem outro nome bem diferente: estupro, assalto sexual à mulher negro-africana. Crime praticado há tempos sob a sanção de toda a estrutura sócio-religiosa e da moral cristã, que se tornou uma normalidade inscrita na categoria dos crimes legais. Charles Comte observou que existia há séculos "a ampla oportunidade de escolherem os senhores, nas sociedades escravocratas, as escravas mais belas e mais sãs para suas amantes"[21].

Quem eram os tais "senhores" referidos por Comte? Portugueses brutais e ignorantes, via de regra degredados, criminosos expulsos de Portugal. Gilberto Freyre os descreve nestas palavras: "No senhor branco o corpo quase que se tornou exclusivamente o *membrum virile*. Mãos de mulher; pés de menino; só o sexo arrogantemente viril."[22]

Aquele homem-pênis vivia estirado nas redes, ocioso, aquecido nas dobras de sua única e consumitiva preocupação: sexo. Quanto às senhoras, ilhadas na ociosidade mais completa, sua tarefa principal consistia em gritar ordens às escravas. Do cultivo da preguiça e da indolência, as senhoras brancas atingiam o cultivo do ciúme e do rancor sexual às mulheres negras:

> Não são dois nem três, porém muitos os casos de crueldade das senhoras de engenho contra escravas inermes. Sinhás-moças que mandavam arrancar os olhos de mucamas bonitas e trazê-los à presença do marido, à hora da sobremesa, dentro da compoteira de doce e boiando em sangue ainda fresco. Baronesas já de idade que por ciúme ou despeito mandavam vender mulatinhas de quinze anos a velhos libertinos. Outros que espatifavam a

salto de botina dentaduras de escravas ou mandavam arrancar as unhas, queimar a cara ou as orelhas.[23]

Um perfeito gabinete de torturas capaz de fazer inveja aos modernos *torquemadas* da ditadura militar, treinados nos métodos mais tecnologizados e modernos da ciência policial da tortura do ser humano. Se de um lado a mulher africana se tornou o alvo do rancor das senhoras de engenho, do outro lado ela foi e continua vítima da caça violadora dos brancos. Desde a mais tenra idade ela começa a enfrentar o seu calvário sexual. Um fato que torna revoltante a atitude de certos "estudiosos" de nossas relações raciais que ainda hoje falam desses episódios em termos de sucessos positivos no encontro brasileiro entre pretos e brancos.

É o caso de mais uma vez se perguntar quais seriam os alegados elementos positivos dessas relações. Poder-se-á chamar de relação harmoniosa e/ou compreensiva a este ritual do estupro, praticado com religioso fervor contra a mulher africana e sua descendente? Todavia, ainda há mais amargura no destino das mulheres negras: o negócio branco do lenocínio: "Às vezes negrinhas de dez, doze anos já estavam na rua se oferecendo a marinheiros enormes, grangazás ruivos que desembarcavam dos veleiros ingleses e franceses com uma fome doida de mulher. E toda essa superexcitação dos gigantes louros, bestiais, descarregava-se sobre mulequinhas; e além da superexcitação, a sífilis; as doenças do mundo – das quatro partes do mundo; as podridões internacionais do sangue."[24]

O que Freyre descreve a respeito do norte e nordeste do país é válido também para a zona sul. Cassiano Ricardo focaliza o proxenetismo dos brancos em São Paulo; conta, por exemplo, que uma negra para serviço doméstico estava tabelada ao preço de 350 oitavas de ouro, e uma mulata de partes chegava ao preço de 800 oitavas. Por que diferença tão violenta entre o valor de uma cozinheira e o de uma mulata de partes? "A própria pergunta contém a resposta, não sendo de estranhar que a mulata de partes aparecesse, mais tarde, 'carregada de cordões de ouro' para melhor enfeitiçar a predileção de algum bandeirante mais lírico."[25]

Lirismo para o bandeirante ou para Ricardo, martírio para as mulheres negras, cujo sofrimento lhes é uma ferida aberta na carne até os dias de hoje.

Esses são crimes que jamais se apagarão da memória dos afro--brasileiros. Sabemos que erradicar a memória, suprimir a lembrança da história do negro-africano e de seus descendentes, tem sido uma constante preocupação da elite que dirige o país. Mas os negros sabem que sem história, sem passado, não poderá existir um futuro para eles. Futuro que o negro terá de construir desde os escombros da desgraça que pesa sobre sua cabeça. Suprimir a lembrança é um escapismo fácil, no perdão e no esquecimento, do martírio dos africanos e de seus descendentes, dos crimes cometidos principalmente no corpo e no espírito das mulheres africanas sacrificadas impiedosamente não só ao apetite sexual do branco, ao ciúme e despeito das brancas e ao negócio lucrativo da prostituição gerenciada pelos cafetões brancos. Houve mais: "Foram os corpos das negras – às vezes meninas de dez anos – que constituíram, na arquitetura moral do patriarcalismo brasileiro, o bloco formidável que defendeu dos ataques e afoitezas dos *Don Juans* a virtude das senhoras brancas."[26]

Em outras palavras, a degradação moral e humana da mulher negra constituiu a fortaleza defensora da honra e das virtudes da senhora branca da sociedade brasileira. Em socorro da mulher africana não apareceu ninguém, nenhuma voz clamou aos céus contra tanta impiedade. Nem os jesuítas, que tanto defendiam as índias, levantaram sua voz, na época poderosa, em favor das escravas. Os sacerdotes católicos se associaram não apenas aos negócios da exploração do trabalho escravo, mas foram também ativos no assalto sexual à mulher negra. A ponto de "Em certas zonas do interior de Pernambuco, tradições maliciosas atribuem aos antigos capelães de engenho a função útil, embora nada seráfica, de procriadores."[27]

Essa prática sexual dos eclesiásticos é aplaudida por Gilberto Freyre porque, segundo ele, os sacerdotes eram garanhões seletos da mais fina cepa, daí resultando uma multidão de mestiços, mulatinhos ilegítimos, alguns destes figurando como exceções de legitimidade. Freyre considera esse fato uma coisa "formidável". Digno, aliás, de nota, é a adjetivação *formidável* que Freyre dispensa a todo um elenco de sucessos melancólicos, tristes ou revoltantes. Bloco formidável foram os corpos das mulheres negras sacrificadas em holocausto à virtude das senhoras brancas; *formidável* foi o intercurso sexual (leia-se estupro) dos brancos das melhores cepas com as escravas. Que *formidável* insensibilidade e mistificação considerar "elementos seletos e eugênicos" aqueles criminosos, bandidos comuns, para sempre malditos, violadores do corpo, conspurcadores do espírito das mulheres africanas!

A continuidade dessas práticas se verifica não apenas no Brasil como também no mundo. Prolifera em nossos tempos a denúncia do crime de tráfico internacional de mulheres de cor, raptadas ou iludidas com promessas de emprego, para um turismo sexual que torna incontáveis crianças, adolescentes e adultas as presas fáceis de homens europeus em busca de um prazer "exótico". Pouco se fala, entretanto, sobre o papel do racismo nessa conjuntura, que marca a sua continuidade com o regime escravista cuja especificidade no Brasil está na hipersexualidade ário-masculina elevada ao nível de valor moral de uma Pátria fundada no elogio à violência racista contra a mulher.

A respeito do papel de escudo da mulher branca que a mulher negra desempenhou no passado, Lélia González nos diz que semelhante fenômeno ocorre no presente, com uma agravante: ela registra a existência de análogo uso em termos econômico-sociais da mulher negra pelo segmento mais supostamente progressista do movimento feminino.

> o atraso político dos movimentos feministas brasileiros é flagrante, na medida em que são liderados por mulheres brancas de classe média. [...] O discurso é predominantemente de

esquerda, de enfatização da luta junto ao operariado [...] Todavia, é impressionante o silêncio com relação à discriminação racial. Aqui também se percebe a necessidade de tirar de cena a questão crucial: a libertação da mulher branca se tem feito às custas da exploração da mulher negra[28].

E assim, os negros e negras brasileiros começam a aprender com seus próprios pensadores os processos protagonizados pelas mulheres brancas em detrimento da mulher negra, da mesma forma que os trabalhadores brancos fizeram e ainda fazem, se beneficiando com a discriminação de cor praticada sistematicamente neste país desde a abolição de 1888. Não importa que as mulheres e os trabalhadores brancos tenham ou não consciência do mal que estão praticando contra a população negra, pois isso não modifica os prejuízos e sofrimentos da população afro-brasileira.

Bibliografia

BARCELLOS, Vera Daisy. Mulher Negra, Depoimentos. *Tição*, v. 1, n. 1, mar. 1978.
DEGLER, Carl N. *Nem Preto Nem Branco: Escravidão e Relações Raciais no Brasil e nos EUA*. Rio de Janeiro: Labor, 1971.
DIOP, Cheikh Anta. Entrevista a Fred Aflalo. *Singular & Plural*, n. 1, dez. 1978
FREYRE, Gilberto. *Casa-grande e Senzala*, 2 v. 13. ed. Rio de Janeiro: José Olympio, 1966.
GONZÁLEZ, Lélia. Cultura, Etnicidade e Trabalho: Efeitos Linguísticos e Políticos da Exploração da Mulher. Comunicação apresentada ao 8º Encontro Nacional da Latin American Studies Association, Pittsburgh, abr. 1979
MOURA, Clóvis. *Rebeliões da Senzala: Quilombos, Insurreições, Guerrilhas*. Rio de Janeiro: Editora Conquista, 1972.
PIERSON, Donald. *Negroes in Brazil: A Study of Race Contact at Bahia*. Carbondale & Edwardsville: Southern Illinois University Press, 1967.
QUEIROZ Jr., Teófilo de. *Preconceito de Cor e a Mulata na Literatura Brasileira*. São Paulo: Ática, 1975.
RICARDO, Cassiano. O Negro no Bandeirismo Paulista. *Revista do Arquivo Nacional*, v. 47, mai. 1938.

DOCUMENTO 7

O Quilombismo[1]

*uma verdadeira revolução racial democrática, em nossa
era, só pode dar-se sob uma condição: o negro e o mulato
precisam torna-se o antibranco, para encarnarem o mais puro
radicalismo democrático e mostrar aos brancos o verdadeiro
sentido da revolução democrática da personalidade, da
sociedade e da cultura.*

FLORESTAN FERNANDES,
O Negro no Mundo dos Brancos

Memória: A Antiguidade do Saber Negro-Africano

Numa passagem anterior do texto deste livro, fizemos menção à urgente necessidade do negro brasileiro em recuperar a sua memória. Esta tem sido agredida sistematicamente pela estrutura de poder e dominação há quase quinhentos anos. Semelhante fato tem acontecido com a memória do negro-africano, vítima, quando não de graves distorções, da mais crassa negação do seu passado histórico. A memória dos afro-brasileiros, muito ao contrário do que afirmam aqueles historiadores convencionais de visão curta e superficial entendimento, não se inicia com o tráfico escravo e nem nos primórdios da escravidão dos africanos, no século xv. Em nosso país, a elite dominante sempre desenvolveu esforços para evitar ou impedir que o negro brasileiro, após a chamada abolição, pudesse assumir suas raízes étnicas, históricas e culturais, dessa forma seccionando-o do seu tronco familial africano. A não ser em função do recente interesse do expansionismo industrial, o Brasil como norma tradicional ignorou o continente africano. Voltou suas costas à África logo que não conseguiu mais burlar a proibição do comércio da carne africana imposta pela Inglaterra por volta de

1850. A imigração maciça de europeus ocorreu então durante mais alguns anos, e as classes dominantes enfatizam sua intenção e ação no sentido de arrancar da mente e do coração dos descendentes escravos a imagem da África como uma lembrança positiva de nação, de pátria, de terra nativa; nunca em nosso sistema educativo se ensinou qualquer disciplina que revelasse algum apreço ou respeito às culturas, artes, línguas e religiões de origem africana. E o contato físico do afro-brasileiro com os seus irmãos no continente e na diáspora sempre foi impedido ou dificultado, entre outros obstáculos, pela carência de meios econômicos que permitissem ao negro se locomover e viajar fora do país. Porém, nenhum desses empecilhos teve o poder de obliterar completamente do nosso espírito e da nossa lembrança a presença viva da Mãe África.

As diversas estratégias e os expedientes que se utilizam contra a memória do negro-africano têm sofrido, ultimamente, profunda erosão e irreparável descrédito. Esse trabalho é fruto da dedicação e competência de alguns africanos, a um tempo estudiosos, pesquisadores, cientistas, filósofos e criadores de literatura e arte, pessoas do continente africano e da diáspora africana. Cheikh Anta Diop, do Senegal; Chancellor Williams, dos Estados Unidos; Ivan Van Sertima e George M. James, da Guiana; Yosef Ben-Jochannam, da Etiópia; Theophile Obenga, do Congo-Brazzaville; Wole Soyinka e Wande Abimbola, da Nigéria, figuram entre os muitos que estão ativos, produzindo obras fundamentais para a África contemporânea e futura. Em campos diferentes, e sob perspectivas diversas, o esforço desses eminentes irmãos africanos se canaliza rumo a exorcizar as falsidades, distorções e negações que há tanto tempo se vêm tecendo com o intuito de velar ou apagar a memória do saber, do conhecimento científico e filosófico, e das realizações dos povos de origem negro-africana. A memória do negro brasileiro é parte e partícipe nesse esforço de reconstrução de um passado ao qual todos os afro-brasileiros estão ligados. Ter um passado é ter uma consequente responsabilidade nos destinos e no futuro da nação negro-africana, mesmo enquanto preservando a nossa condição de edificadores deste país e de cidadãos genuínos do Brasil. A obra fundamental de Cheikh Anta Diop, principalmente seu livro *The African Origin of Civilization* (versão em inglês de seleções de *Nations Nègres et Culture e Antériorité des Civilisations Nègres*, originalmente publicados em francês), apresenta uma confrontação radical e um desafio irrespondível à arrogância intelectual, desonestidade científica e carência ética do mundo acadêmico ocidental ao tratar os povos, civilizações e culturas produzidas pela África. Utilizando-se dos recursos científicos euro-ocidentais – Diop é químico, diretor do laboratório de radiocarbono do IFAN, em Dacar, além de egiptólogo, historiador e linguista –, este sábio está reconstruindo a significação e os valores da antigas culturas e civilizações erigidas pelos negro-africanos, as quais por longo tempo têm permanecido obnubiladas pelas manipulações, mentiras, distorções e roubos. São os bens de cultura e civilização e de artes criados pelos nossos antepassados no Egito antigo, os quais eram negros e não um povo branco de origem (ou vermelho escuro) conforme os cientistas ocidentais do século XIX proclamavam com ênfase tão mentirosa quanto interessada. Vejamos como a esse respeito se manifesta Diop:

> O fruto moral da sua civilização está para ser contado entre os bens do mundo negro. Em vez de se apresentar à história como um devedor insolvente, este mundo negro é o próprio iniciador da civilização "ocidental" ostentada hoje diante dos nossos olhos. Matemática pitagórica, a teoria dos quatro elementos de Thales de Mileto, materialismo epicuriano, idealismo platônico, judaísmo, islamismo e a ciência moderna estão enraizados na cosmogonia e na ciência egípcias. Só temos que meditar sobre Osíris, o deus-redentor, que se sacrifica, morre e é ressuscitado, uma figura essencialmente identificável a Cristo.[2]

As afirmações de Diop se baseiam em rigorosa pesquisa, em rigoroso exame e rigorosa conclusão, não deixando margem a dúvidas ou discussões. E isso longe de pretender aquele dogmatismo que sempre caracteriza as certezas "científicas" do mundo ocidental. O que Diop fez foi simplesmente derruir as estruturas supostamente definitivas do conhecimento "universal" no que respeita à antiguidade egípcia e grega. Gostem ou não, os ocidentais têm de tragar verdades como esta: "quatro séculos antes da publicação de *A Mentalidade Primitiva*, de Lévy-Bruhl, a África negra muçulmana comentava a lógica formal de Aristóteles (que ele plagiou do Egito negro) e demonstrava-se especialista em dialética" (Diop, 1963: 212).

E isso, não esqueçamos, acontecia quase quinhentos anos antes que ao menos tivessem nascido Hegel ou Karl Marx.

Diop revolve todo o processo da mistificação de um Egito negro que se tornou branco por artes da magia europeia dos egiptólogos. Após a campanha militar de Bonaparte no Egito, em 1799, e depois que os hieróglifos da pedra Rosetta foram decifrados por Champollion, o jovem, em 1822, os egiptólogos se desarticularam atônitos diante da grandiosidade das descobertas reveladas.

> Eles geralmente a reconheceram como a mais antiga civilização, a que tinha engendrado todas as outras. Mas com o imperialismo, sendo o que é, tornou-se crescentemente "inadmissível" continuar aceitando a teoria evidente até então – de um Egito negro. O nascimento da egiptologia foi assim marcado pela necessidade de destruir a memória de um Egito negro, a qualquer custo, em todas as mentes. Daí em diante, o denominador comum de todas as teses dos egiptólogos, sua relação íntima e profunda afinidade, pode ser caracterizado como uma tentativa desesperada de refutar essa opinião [de o Egito ser negro]. Quase todos os egiptólogos enfatizaram sua falsidade como uma questão fechada.[3]

Desta posição intelectual em diante, como procederam os egiptólogos? Como negar a realidade egípcia, essencialmente negra, a qual não apresentava contradições científicas realmente confiáveis ou válidas? Não possuindo argumentos ou razões para refutar a verdade exposta pelos antigos que viram o Egito de perto, alguns egiptólogos preferiram guardar silêncio sobre a questão; outros, mais obsessivos em seu irracionalismo, optaram pelo caminho da rejeição dogmática, infundada e indignada. De um modo geral, todos "se lamentavam que um povo tão normal como os egípcios antigos pudessem ter feito tão grave erro e desta forma criar tantas dificuldades e delicados problemas para os especialistas modernos"[4] A pretensão eurocentrista nesse episódio se expõe de corpo inteiro. Lembra o exemplo de um típico escritor do "progressismo" brasileiro, o racista Monteiro Lobato, quando acusa o negro-africano de haver provocado graves problemas para o Brasil com a miscigenação, a tão celebrada mistura de sangues negro e branco. Mas voltemos aos egiptologistas: eles prosseguiram obstinadamente o vão esforço de provar "cientificamente" uma origem branca para a antiga civilização do Egito negro.

Quanto a Diop, compassivo e humano diante do feroz dogmatismo dos egiptólogos brancos, revelou bastante paciência e gentileza, explicando-lhes que não alegava superioridade racial ou qualquer gênio especificamente negro naquela constatação puramente científica de que a civilização do Egito antigo fora erigida por um povo negro. O sucesso, explicou-lhes Diop, resultou de fatores históricos, de condições mesológicas – clima, recursos naturais, e assim por diante – somados a outros elementos não rácicos. Tanto assim foi que, mesmo tendo-se expandido por toda a África negra, do centro e do oeste do continente, a civilização egípcia, ao embate de outras influências e situação histórica diversa, entrou num processo de desintegração e franco retrocesso. O importante é sabermos alguns dos fatores que contribuíram para a edificação da civilização egípcia, entre os quais Diop enumera estes: resultado de acidente geográfico que condicionou o desenvolvimento político-social dos povos que viviam às margens do vale do Nilo; as inundações que forçavam providências coletivas de defesa e sobrevivência, situação que favorecia a unidade e excluía o egoísmo individual ou pessoal. Nesse contexto surgiu a necessidade de uma autoridade central coordenadora da vida e das atividades em comum. A invenção da geometria nasceu da necessidade da divisão geográfica, e todos os demais avanços foram obtidos no esforço de atender uma carência requerida pela sociedade.

Um pormenor interessa particularmente à memória do negro brasileiro: aquele em que Diop menciona as relações do antigo Egito com a África negra, de modo específico com os iorubás. Parece que tais relações foram tão íntimas a ponto de se poder "considerar como um fato histórico a possessão conjunta do mesmo *habitat* primitivo pelos iorubás e egípcios". Diop levanta a hipótese de que a latinização de Horus, filhos de Osíris e Ísis, resultou no apelativo Orixá. Seguindo essa pista de estudo comparativo, ao nível da linguística e outras disciplinas, Diop cita J. Olumide Lucas em *The Religion of the Yorubas*, o qual traça os laços egípcios do seu povo iorubá, concluindo que tudo leva à verificação do seguinte: a. uma similaridade ou identidade de linguagem; b. uma similaridade ou identidade de crenças religiosas; c. uma similaridade ou identidade de ideias e práticas religiosas; d. uma sobrevivência de costumes, lugares, nomes de pessoas, objetos, práticas, e assim por diante[5].

Meu objetivo aqui é o de apenas chamar a atenção para essa significativa dimensão da antiguidade da memória afro-brasileira. Esse é um assunto extenso e complexo, cuja seriedade requer e merece pesquisa e reflexão aprofundadas, no contexto de uma revisão crítica das definições e dos julgamentos pejorativos que há séculos pesam sobre os povos negro-africanos.

Consciência Negra e Sentimento Quilombista

Numa perspectiva mais restrita, a memória do negro brasileiro atinge uma etapa histórica decisiva no período escravocrata que se inicia por volta de 1500, logo após a "descoberta" do território e os atos inaugurais dos portugueses tendo em vista a colonização do país. Excetuando os índios, o africano escravizado foi o primeiro e único trabalhador, durante três séculos e meio, a erguer as estruturas deste país chamado Brasil. Creio ser dispensável evocar neste instante o chão que o africano regou com seu suor, lembrar ainda uma vez mais os canaviais, os algodoais, o ouro, o diamante e a prata, os cafezais, e todos os demais elementos da formação brasileira que se nutriram no sangue martirizado do escravo. O negro está longe de ser um arrivista ou um corpo estranho: ele é o próprio corpo e alma deste país. Mas a despeito dessa realidade histórica inegável e incontraditável, os africanos e seus descendentes nunca foram e não são tratados como iguais pelos segmentos minoritários brancos que complementam o quadro democrático nacional. Estes têm mantido a exclusividade do poder, do bem-estar e da renda nacional.

É escandaloso notar que porções significativas da população brasileira de origem europeia começaram a chegar ao Brasil nos fins do século XIX como imigrantes pobres e necessitados. Imediatamente passaram a desfrutar de privilégios que a sociedade convencional do país lhes concedeu como parceiros de raça e de supremacismo eurocentrista. Tais imigrantes não demonstraram nem escrúpulo e nem dificuldades em assumir os preconceitos raciais contra o negro-africano vigentes aqui e na Europa, beneficiando-se deles e preenchendo as vagas no mercado de trabalho que eram negadas aos ex-escravos e seus descendentes. Estes foram literalmente expulsos do sistema de trabalho e produção à medida que se aproximava a data "abolicionista" de 13 de maio de 1888.

Tendo-se em vista a condição atual do negro à margem do emprego ou degradado no semiemprego e subemprego; levando-se em conta a segregação residencial que lhe é imposta pelo duplo motivo de condição racial e pobreza, destinando-lhe, como áreas de moradia, *ghettos* de várias denominações: favelas, alagados, porões, mocambos, invasões, conjuntos populares ou "residenciais"; considerando-se a permanente brutalidade policial e as prisões arbitrárias motivadas pela cor de sua pele; compreende-se por que todo negro consciente não tem a menor esperança de que uma mudança progressista possa ocorrer *espontaneamente* em benefício da comunidade afro-brasileira. As favelas pululam em todas as grandes cidades: Rio de Janeiro, São Paulo, Salvador, Recife, Brasília, podem ser apontadas como exemplo. A cifra dos favelados exprime em si mesma a desgraça crescente no quociente alto que apresenta. Para ilustrar, lembro os dados do Departamento de Serviço Social de São Paulo, publicados pelo *O Estado de S. Paulo*, de 16 de agosto de 1970, os quais denunciavam que mais de 60% da população paulistana vive em condições precaríssimas; se não esquecermos de que São Paulo é a cidade brasileira melhor servida de instalações de água e esgoto, poderemos fazer uma ideia mais aproximada das impossíveis condições higiênicas em que vegetam os afro-brasileiros por esse país afora. Em Brasília, segundo a revista *Veja* de 8 de outubro de 1969, entre os 510 mil habitantes da capital federal, oitenta mil eram favelados. No Rio de Janeiro, a porcentagem de favelados oscila entre 40 e 50 % da população. Os racistas de qualquer cor, sob a máscara de "apenas reacionários", dirão que os *ghettos* existem disfarçados em favelas em várias cidades europeias, não sendo um fenômeno tipicamente brasileiro. Certo! A tipicidade está em que a maioria absoluta dos favelados brasileiros, cerca de 95%, são de origem africana. Este detalhe caracteriza uma irrefutável segregação racial de fato. Isso no que concerne à população negra urbana. Entretanto, cumpre ressaltar que a maioria dos descendentes de escravos ainda vegeta nas zonas rurais, escrava de uma existência parasitária, numa situação de desamparo total, pode-se dizer, inclusive, que não vivem uma vida de seres humanos.

E como sobrevive o segmento citadino da população afro-brasileira? Constitui uma categoria denominada pelo Anuário Estatístico do Instituto Brasileiro de Geografia e Estatística (IBGE) de "empregados em serviços". Uma estranha qualificação ou eufemismo para o subemprego e o semiemprego, que rotula quase quatro milhões e meio de brasileiros[6]. Tal eufemismo surpreende porque nessa classificação se incluem os empregados sem ordenado fixo, isto é, biscateiros vivendo a pequena aventura diária de engraxar sapatos, lavar carros, entregar encomendas, transmitir recado, a venda ambulante de doces, frutas ou objetos, tudo à base da remuneração miserável do centavo. Este é um retrato imperfeito de uma situação mais grave, a qual tem sido realidade em todo o decorrer de nossa história. Desta realidade é que nasce a necessidade urgente ao negro de defender sua sobrevivência e de assegurar a sua existência de ser. Os quilombos resultaram dessa exigência vital dos africanos escravizados, no esforço de resgatar sua liberdade e dignidade através da fuga ao cativeiro e da organização de uma sociedade livre. A multiplicação dos quilombos fez deles um autêntico movimento amplo e permanente. Dando a impressão de um acidente esporádico no começo, rapidamente se transformou de um improviso de emergência em metódica e constante vivência dos descendentes de africanos que se recusavam à submissão, à exploração e à violência do sistema escravista. O quilombismo se estruturava em formas associativas que tanto podiam estar localizadas no seio de florestas de difícil acesso, que facilitava sua defesa e organização econômico-social própria, como também assumiram modelos de organização permitidos ou tolerados, frequentemente com ostensivas finalidades religiosas (católicas), recreativas, beneficentes, esportivas, culturais ou de auxílio mútuo. Não importam as aparências e os objetivos declarados: fundamentalmente, todas elas preencheram uma importante função social para a comunidade negra, desempenhando um papel relevante na sustentação da comunidade africana. Genuínos focos de resistência física e cultural. Objetivamente, essa rede de associações, irmandades, confrarias, clubes, grêmios, terreiros, centros, tendas, afoxés, escolas de samba, gafieiras foram e são os quilombos legalizados pela sociedade dominante; do outro lado da lei, erguem-se os quilombos revelados que conhecemos. Porém tanto os permitidos quanto os "ilegais" foram uma unidade, uma única afirmação humana, étnica e cultural, a um tempo integrando uma prática de libertação e assumindo o comando da própria história. A este complexo de significações, a esta *praxis* afro-brasileira, eu denomino de quilombismo.

A constatação fácil do enorme número de organizações que se intitularam no passado e se intitulam no presente de Quilombo e/ou Palmares testemunha o quanto o exemplo quilombista significa como valor dinâmico na estratégia e na tática de sobrevivência e progresso das comunidades de origem africana. Com efeito, o quilombismo tem se revelado fator capaz de mobilizar disciplinadamente o povo afro-brasileiro por causa do profundo apelo psicossocial cujas raízes estão entranhadas na história, na cultura e na vivência dos afro-brasileiros. O Movimento Negro Unificado Contra o Racismo e a Discriminação Racial assim registra seu conceito quilombola ao definir o "Dia da Consciência Negra":

> Nós, negros brasileiros, orgulhosos por descendermos de Zumbi, líder da República Negra dos Palmares, que existiu no Estado de Alagoas, de 1595 a 1695, desafiando o domínio português e até holandês, nos reunimos hoje, após 283 anos, para declarar a todo o povo brasileiro nossa verdadeira e efetiva data: 20 de novembro, Dia Nacional da Consciência Negra! Dia da morte do grande líder negro nacional, Zumbi, responsável pela primeira e única tentativa brasileira de estabelecer uma sociedade democrática, ou seja, livre, e em que todos – negros, índios e brancos – realizaram um grande avanço político, econômico e social. Tentativa esta que sempre esteve presente em todos os quilombos (1978).

A continuidade dessa consciência de luta político-social se estende por todos os Estados onde existe significativa população de origem africana. O modelo quilombista vem atuando como ideia-força, energia que inspira modelos de organização dinâmica desde o século XV. Nessa dinâmica quase sempre heroica, o quilombismo está em constante reatualização, atendendo exigências do tempo histórico e situações do meio geográfico. Circunstância que impôs aos quilombos diferenças em suas formas organizativas. Porém, no essencial, se igualavam. Foram (e são), nas palavras da historiadora Beatriz Nascimento, "um local onde a liberdade era praticada, onde os laços étnicos e ancestrais eram revigorados"[7]. Esta estudiosa mulher negra afirma ter o quilombo exercido "um papel fundamental na consciência histórica dos negros"[8]. Percebe-se o ideal quilombista difuso, porém consistente, permeando todos os níveis da vida negra e os mais recônditos meandros e/ou refolhos da personalidade afro-brasileira. Um ideal forte e denso que via de regra permanece reprimido pelas estruturas dominantes, outras vezes é sublimado através dos vários mecanismos de defesa fornecidos pelo inconsciente individual ou coletivo. Mas também acontece de às vezes o negro se apropriar dos mecanismos que a sociedade dominante concedeu ao seu protagonismo com a maliciosa intenção de controlá-lo. Nessa reversão do alvo, o negro se utiliza dos propósitos não confessados de domesticação qual bumerangue ofensivo. É o exemplo que nos deixou Candeia, compositor de sambas e negro inteligentemente dedicado à redenção do seu povo. Organizou a Escola de Samba Quilombo, nos subúrbios do Rio de Janeiro, com um profundo senso do valor político-social do samba em função do progresso da coletividade negra. Esse importante membro da família quilombista faleceu recentemente, mas até o instante derradeiro ele manteve uma lúcida visão dos objetivos da entidade que fundou e presidiu no rumo dos interesses mais legítimos do povo afro-brasileiro. Basta folhear o livro de sua autoria e de Isnard, e ler trechos como este: "Quilombo – Grêmio Recreativo Arte Negra [...] nasceu da necessidade de se preservar toda a influência do afro na cultura brasileira. Pretendemos chamar a atenção do povo brasileiro para as raízes da arte negra brasileira. A posição do 'Quilombo' é principalmente contrária à importação de produtos culturais prontos e acabados produzidos no exterior."[9]

Neste último trecho, os autores tocam num ponto importante do quilombismo: o caráter nacionalista do movimento. Nacionalismo aqui não deve ser traduzido como xenofobismo. Sendo o quilombismo uma luta anti-imperialista, se articula ao pan-africanismo e sustenta radical solidariedade com todos os povos em luta contra a exploração, a opressão, o racismo e as desigualdades motivadas por raça, cor, religião ou ideologia.

Num folheto intitulado *90 Anos de Abolição*, publicado pela Escola de Samba Quilombo, Candeia registra que "foi através do Quilombo, e não do movimento abolicionista, que se desenvolveu a luta dos negros contra a escravatura"[10].

E o movimento quilombista está longe de haver esgotado seu papel histórico. Está tão vivo hoje quanto no passado, pois a situação das camadas negras continua a mesma, com pequenas alterações de superfície. Candeia prossegue: "Os quilombos eram violentamente reprimidos, não só pela força do governo, mas também por indivíduos interessados no lucro que teriam ao devolver os fugitivos a seus donos. Esses especialistas em caçar escravos fugidos ganharam o nome de triste memória: capitães-do-mato."[11]

A citação dos capitães-do-mato é importante: via de regra eram eles mulatos, isto é, negros de pele clara assimilados pela classe dominante. Em nossos dias, ainda podemos encontrar centenas, milhares desses negros que vivem uma existência ambígua. Não pelo fato de possuírem o sangue do branco opressor, mas porque, internalizando como positiva a ideologia do embranquecimento (o branco é o superior e o negro o inferior), se distanciam das realidades do seu povo e se prestam ao papel de auxiliares das forças repressivas do supremacismo branco. E tanto ontem quanto hoje, os serviços que se prestam à repressão se traduzem em lucro social e lucro pecuniário.

Nosso Brasil é tão vasto, ainda tão desconhecido e despovoado, que podemos supor, sem grande margem de erro, que existem muitas comunidades negras vivendo isoladas, sem ligação ostensiva com as pequenas cidades e vilas do interior do país. Serão diminutas localidades rurais, desligadas do fluxo principal da vida do país, e mantendo estilos e hábitos de vida africana, ou quase, sob um regime de agricultura coletiva de subsistência ou sobrevivência. Podem até mesmo usar o idioma original trazido da África, estropiado, é bem verdade, porém, mesmo assim, linguagem africana conservada na espécie de quilombismo em que vivem. Às vezes podem até ganhar notícias extensas nas páginas da imprensa, conforme ocorreu à comunidade do Cafundó, situada nas imediações de Salto de Pirapora, no estado de São Paulo. Os membros da comunidade herdaram uma fazenda deixada pelo antigo senhor, e não faz muito tempo as terras estavam sendo invadidas por latifundiários das vizinhanças. Obviamente brancos, esses latifundiários, com mentalidade escravocrata, não podem aceitar que um grupo de descendentes africanos possua uma propriedade imobiliária. Este não é um fato único, mas foi aquele que ganhou maior publicidade, mobilizando os negros paulistas em sua defesa. Ao visitar pela primeira vez a cidade de Conceição de Mato Dentro, em Minas Gerais, em 1975, tive oportunidade de me encontrar com um dos moradores de uma comunidade negra daquelas redondezas semelhante a Cafundó. Também herdaram a propriedade, segundo me relatou o dito morador, negro de 104 anos, ágil de inteligência e de pernas. Caminhava quase todos os dias cerca de dez quilômetros a pé, e assim mantinha o contato do seu povo com a cidadezinha de Mato Dentro.

O avanço de latifundiários e de especuladores de imóveis nas terras da gente negra está pedindo uma investigação ampla e funda. Este é um fenômeno que ocorre tanto nas zonas rurais como nas cidades. Vale a pena transcrever, a respeito, trechos de uma nota estampada em *Veja*, seção "Cidades", a 10 de dezembro de 1975, página 52:

Desde sua remota aparição em Salvador, há quase dois séculos, os terreiros de candomblé foram sempre fustigados por severas restrições policiais. E, pelo menos nos últimos vinte anos, o cerco movido pela polícia foi sensivelmente fortalecido por um poderoso aliado – a expansão imobiliária, que se estendeu às áreas distantes do centro da cidade onde ressoavam os atabaques. Mais ainda, em nenhum momento a Prefeitura esboçou

barricadas legais para proteger esses redutos da cultura afro-
-brasileira – embora a capital baiana arrecadasse gordas divisas
com a exploração do turismo fomentado pela magia dos orixás
[...] E nunca se soube da aplicação de sanções para os inescru-
pulosos proprietários de terrenos vizinhos às casas de culto, que
se apossam impunemente de áreas dos terreiros. Foi assim que,
em poucos anos, a Sociedade Beneficente São Jorge do Engenho
Velho, ou terreiro da Casa Branca, acabou perdendo metade de
sua antiga área de 7.500 metros quadrados. Mas infeliz ainda,
a Sociedade São Bartolomeu do Engenho Velho da Federação,
ou candomblé de Bogum, assiste impotente à veloz redução do
terreno sagrado onde se ergue a mítica "árvore de Azaudonor"
trazida da África há 150 anos e periodicamente agredida por um
vizinho que insiste em podar seus galhos mais frondosos.

Eis como a sociedade dominante apertou o cerco da destituição,
da fome e do genocídio dos descendentes africanos. Até os poucos, as raras exceções que por um milagre conseguiram ultrapassar
a fronteira implacável da miséria, ou as instituições religiosas que
ocupavam há séculos determinado espaço, se veem de uma hora para
outra invadidos em suas propriedades e usurpados em suas terras!

Quilombismo: Um Conceito Científico Histórico-Social

Para os africanos escravizados, assim como para os seus descendentes "libertos", tanto o Estado colonial português quanto o
Brasil – colônia, império e república – têm uma única e idêntica significação: um estado de terror organizado contra eles. Um
Estado por assim dizer *natural* em sua iniquidade fundamental,
um Estado *naturalmente* ilegítimo, porque tem sido a cristalização
político-social dos interesses exclusivos de um segmento elitista,
cuja aspiração é atingir o *status* ário-europeu em estética racial, em
padrão de cultura e civilização. Esse segmento tem sido o maior

beneficiário da espoliação que em todos os sentidos tem vitimado o povo afro-brasileiro ao longo da nossa história. Conscientes da extensão e profundidade dos problemas que enfrenta, o negro sabe que sua oposição ao que aí está não se esgota na obtenção de pequenas reivindicações de caráter empregatício ou de direitos civis, no âmbito da dominante sociedade capitalista-burguesa e sua decorrente classe média organizada. O negro já compreendeu que terá de derrotar todas as componentes do sistema ou estrutura vigente, inclusive a sua *intelligentsia* responsável pela cobertura ideológica da opressão através da teorização "científica" seja de sua inferioridade biossocial, da miscigenação sutilmente compulsória ou do mito "democracia racial". Essa *intelligentsia*, aliada a mentores europeus e norte-americanos, fabricou uma "ciência" histórica ou humana que ajudou na desumanização dos africanos e de seus descendentes para servir aos interesses dos opressores eurocentristas. Uma ciência histórica que não serve à história do povo de que trata está negando-se a si mesma. Trata-se de uma presunção cientificista e não de uma ciência histórica verdadeira.

Como poderiam as ciências humanas, históricas – etnologia, economia, história, antropologia, sociologia, psicologia, e outras –, nascidas, cultivadas e definidas para povos e contextos socioeconômicos diferentes, prestar útil e eficaz colaboração ao conhecimento do negro acerca de sua realidade existencial, de seus problemas, aspirações e projetos? Seria a ciência social elaborada na Europa ou nos Estados Unidos tão universal em sua aplicação? Os povos negros conhecem na própria carne a falaciosidade do universalismo e da isenção dessa "ciência". Aliás, a ideia de uma ciência histórica pura e universal está ultrapassada. O conhecimento científico que os negros necessitam é aquele que os ajude a formular teoricamente – de forma sistemática e consistente – sua experiência de quase quinhentos anos de opressão. Haverá erros ou equívocos inevitáveis em nossa busca de racionalidade do nosso sistema de valores, em nosso esforço de autodefinição de nós mesmos e de nosso caminho futuro. Não importa. Durante séculos temos carregado o peso dos crimes e dos erros do eurocentrismo "científico", os seus dogmas impostos em nossa carne como marcas ígneas da verdade definitiva. Agora devolvemos ao obstinado segmento "branco" da sociedade brasileira as suas mentiras, a sua ideologia de supremacismo europeu, a lavagem cerebral que pretendia tirar a nossa humanidade, a nossa identidade, a nossa dignidade, a nossa liberdade. Proclamando a falência da colonização mental eurocentrista, celebramos o advento da libertação quilombista.

O negro tragou até à última gota os venenos da submissão imposta pelo escravismo, perpetuada pela estrutura do racismo psicossócio-cultural que mantém atuando até os dias de hoje. Os negros têm como projeto coletivo a ereção de uma sociedade fundada na liberdade, na justiça, na igualdade e no respeito a todos os seres humanos; uma sociedade cuja natureza intrínseca torne impossível a exploração econômica e o racismo; uma democracia autêntica, fundada pelos destituídos e deserdados deste país, aos quais não interessa a simples restauração de tipos e formas caducas de instituições políticas, sociais e econômicas as quais serviriam unicamente para procrastinar o advento de nossa emancipação total e definitiva, que somente pode vir com a transformação radical das estruturas vigentes. Cabe mais uma vez insistir: não nos interessa a proposta de uma adaptação aos moldes da sociedade capitalista e de classes. Esta não é a solução que devemos aceitar como se fora mandamento inelutável. Confiamos na idoneidade mental do negro, e acreditamos na reinvenção de nós mesmos e de nossa história. Reinvenção de um caminho afro-brasileiro de vida fundado em sua experiência histórica, na utilização do conhecimento crítico e inventivo de suas instituições golpeadas pelo colonialismo e pelo racismo. Enfim, reconstruir no presente uma sociedade dirigida ao futuro, mas levando em conta o que ainda for útil e positivo no acervo do passado. Um futuro melhor para o negro tanto exige uma nova realidade em termos de pão, moradia, saúde, trabalho, como requer um outro clima moral e espiritual de respeito às componentes mais sensíveis da personalidade negra expressas em sua religião, cultura, história, costumes e outras formas.

A segurança de um futuro melhor para a população negra não se inclui nos dispositivos da chamada "lei de segurança nacional". Esta é a segurança das elites dominantes, dos seus lucros e compromissos com o capital interno ou estrangeiro, privado ou estatal. A segurança da "ordem" econômica, social e política em vigor é aquela associada e inseparável das teorias "científicas" e dos parâmetros culturais e ideológicos engendrados pelos opressores e exploradores tradicionais da população afro-brasileira.

Tampouco nos interessa o uso ou a adoção de *slogans* ou palavras de ordem de um esquerdismo ou democratismo vindos de fora. A revolução negra produz seus historiadores, sociólogos, antropólogos, pensadores, filósofos e cientistas políticos. Tal imperativo se aplica também ao movimento afro-brasileiro.

Um instrumento conceitual operativo se coloca, pois, na pauta das necessidades imediatas da gente negra brasileira. Tal instrumento não deve e não pode ser fruto de uma maquinação cerebral arbitrária, falsa e abstrata, nem tampouco um elenco de princípios importados, elaborados a partir de contextos e de realidades diferentes. A cristalização dos nossos conceitos, definições ou princípios deve exprimir a vivência de cultura e de *praxis* da coletividade negra, deve incorporar nossa integridade de ser total em nosso tempo histórico, enriquecendo e aumentando nossa capacidade de luta.

Precisamos e devemos codificar nossa experiência por nós mesmos, sistematizá-la, interpretá-la e tirar desse ato todas as lições teóricas e práticas conforme a perspectiva exclusiva dos interesses da população negra e de sua respectiva visão de futuro. Esta se apresenta como a tarefa da atual geração afro-brasileira: edificar a ciência histórico-humanista do quilombismo.

Quilombo não significa escravo fugido. Quilombo quer dizer reunião fraterna e livre, solidariedade, convivência, comunhão existencial. Repetimos que a sociedade quilombola representa uma etapa no progresso humano e sócio-político em termos de igualitarismo econômico. Os precedentes históricos conhecidos confirmam esta colocação. Como sistema econômico, o quilombismo tem sido a adequação ao meio brasileiro do comunitarismo ou ujamaaísmo da tradição africana. Em tal sistema, as relações de produção diferem basicamente daquelas prevalecentes na economia espoliativa do trabalho chamada capitalismo, fundada na razão do lucro a qualquer custo. Compasso e ritmo do quilombismo se conjugam aos mecanismos operativos, articulando os diversos níveis de uma vida coletiva cuja dialética interação propõe e assegura a realização completa do ser humano. Contra a propriedade privada da terra, dos meios de produção e de outros elementos da natureza, percebe e defende que todos os fatores e elementos básicos são de propriedade e uso coletivo. Em uma sociedade criativa, no seio da qual o trabalho não se define como uma forma de castigo, opressão ou exploração, ele é antes visto como forma de libertação humana que o cidadão desfruta como um direito e uma obrigação social. Liberto da exploração e do jugo embrutecedor da produção tecnocapitalista, a desgraça do trabalhador deixará de ser o sustentáculo de uma sociedade burguesa parasitária que se regozija no ócio de seus jogos e futilidades.

Os quilombolas dos séculos xv, xvi, xvii, xviii e xix nos legaram um patrimônio de prática quilombista. Cumpre aos negros atuais manter e ampliar a cultura afro-brasileira de resistência ao genocídio e de afirmação da sua verdade. Um método de análise, compreensão e definição de uma experiência concreta, o quilombismo expressa a ciência do sangue escravo, do suor que este derramou enquanto pés e mãos edificadores da economia deste país. Um futuro de melhor qualidade para a população afro-brasileira só poderá ocorrer pelo esforço enérgico de organização e mobilização coletiva, tanto da população negra como das suas inteligências e capacidades escolarizadas, para a enorme batalha no fronte da criação teórico-científica. Há de se consolidar uma teoria científica inextricavelmente fundida à nossa prática histórica que efetivamente contribua à salvação da comunidade negra, a qual vem sendo inexoravelmente exterminada seja pela matança direta da fome, seja pela miscigenação compulsória, seja pela assimilação do negro aos padrões e ideais ilusórios do lucro ocidental. Não permitamos que a derrocada desse mundo racista, individualista e inimigo da felicidade humana afete a existência futura daqueles que efetiva e plenamente nunca a ele pertenceram: nós, negro-africanos e afro-brasileiros.

Condenada a sobreviver rodeada ou permeada de hostilidade, a sociedade afro-brasileira tem persistido nesses quase quinhentos anos sob o signo de permanente tensão. Tensão esta que consubstancia a essência e o processo do quilombismo.

Assegurar a condição humana do povo afro-brasileiro, há tantos séculos tratado e definido de forma humilhante e opressiva, é o fundamento ético do quilombismo. Deve-se assim compreender a subordinação do quilombismo ao conceito que define o ser humano como o seu objeto e sujeito científico, dentro de uma concepção de mundo e de existência na qual a ciência constitui uma entre outras vias do conhecimento.

Estudos Sobre o Branco

Devemos impedir por todos os meios, nós, os descendentes negro--africanos, que a confusão e a falência das bases do chamado mundo ocidental branco derroguem aquilo que há de mais valioso e profundo em nossa natureza, cultura e experiência. Conhecer o inimigo e/ou adversário, desde dentro, significa atuar em autodefesa. Consequentemente, devemos nos preparar para estudar o branco e seus impulsos agressivos.

Aqui estou reatando uma ideia antiga do escritor Fernando Góes, mais tarde retomada por Guerreiro Ramos. Na mesma direção, também houve constante pregação na militância do saudoso irmão negro Aguinaldo de Oliveira Camargo; no auditório do 1º Congresso do Negro Brasileiro (Rio, 1950), ressoaram estas palavras sábias de Aguinaldo: "Reeduquemos o branco para que ele aprenda a respeitar a criança negra, a respeitar o doutor negro, a empregada negra, para que aprenda a casar-se com a mulher negra."[12] É na mesma linha de raciocínio que se situa mais uma observação de Cheikh Anta Diop; em vários pontos chave de sua obra, Diop abordou a questão, referindo-se às idiossincrasias dos brancos europeus:

> Não há absolutamente dúvidas de que a raça branca, a qual apareceu pela primeira vez durante o Alto Paleolítico – em torno de 20.000 antes de Cristo –, era o produto de um processo de despigmentação. [...] não há dúvida de que o panorama cultural desses protobrancos era eventualmente condicionado durante a época glacial pelas condições extremamente duras do seu "berço nórdico", até o momento de seus movimentos migratórios rumo às regiões meridionais, em torno de 1.500 anos antes de Cristo. Moldados por seu berço ambiental, aqueles primeiros nômades brancos desenvolveram, sem dúvida, uma consciência social típica do ambiente hostil ao qual estiveram confinados por um longo período. A xenofobia se fixou como um dos traços de sua consciência social. A hierarquização patriarcal outra. [...] Penso que a dra. Welsing identificou corretamente a origem do racismo num definitivo reflexo defensivo. Creio que o racismo seja uma reação de medo, mais frequentemente inconfesso que não.[13]

Assim, a origem da sócio-psicopatologia do branco não se radica em sua natureza biológica. Ao contrário, trata-se de um fenômeno de caráter histórico: os brancos tinham medo porque, na época dessas migrações, se sentiam inferiores em número e em avanço cultural diante das civilizações meridionais negras, sedentárias e agrícolas. Sua válvula de segurança consistiu na ereção e no desenvolvimento da teoria do supremacismo branco.

Tive a oportunidade de formalizar a sugestão de Fernando Góes e Guerreiro Ramos quando propus, em um seminário que estava ministrando na Universidade de Ifé, que os africanos deveriam promover um Congresso Internacional para estudar os brancos da Europa e seu prolongamento arianoide no Brasil. A ciência negro-africana examinaria o fenômeno mental e psiquiátrico que motivou os europeus a escravizarem outros seres humanos, seus irmãos, com uma brutalidade sádica sem precedentes na história dos homens. Escrutinaria, a ciência negra, em suas origens psiconeurológicas e psicocriminológicas, a necessidade emocional que leva o branco a tentar justificar seus atos de assassínio, tortura, pilhagem, roubo e estupro com fantasias absurdas denominadas, por exemplo, de "carga do homem branco", "destino manifesto", "civilizar os selvagens", "cristianizar os pagãos", "filantropia", "imperativo econômico", "miscigenação", "democracia racial", "assimilação" e outras metáforas que não conseguem ocultar os sintomas que denunciam uma mórbida compulsão cultivada por uma civilização de fundamentos decididamente patológicos. Anotaria a ciência negra as dimensões e o peso da massa encefálica bem como a forma craniana dos brancos para averiguar qual a motivação que os conduz a roubar os tesouros artísticos de outros povos e depois, arrogante e obstinadamente, recusar a devolvê-los, mesmo em se tratando de uma celebração cultural e artística daqueles povos, conforme exemplifica a atitude do governo britânico se negando a ceder à Nigéria uma máscara-símbolo do Festac 1977, e mantendo-a trancada em seu museu de Londres. Trata-se, evidentemente, de uma peça de alto valor artístico e histórico, criada pelos nossos antepassados nigerianos.

De um ponto de vista psiquiátrico, seriam analisadas as atitudes formais, mecânicas, destituídas de emoção que os europeus e seus imitadores demonstram durante seus cultos religiosos. Esse comportamento, sob uma perspectiva antropológica e psicológica, denuncia uma profunda ausência de identidade e vinculação com os seus deuses, além de uma carência de contato espiritual mais íntimo. Seriam estudadas ainda, a partir de uma visão sociológica e etnológica, a natureza singularmente desumanizada e mecânica da sociedade euro-norte-americana, cuja última façanha, frio resultado de sua "objetividade", é a invenção de armas destrutivas capazes de obliterar toda a raça humana. Também passariam por investigação as origens da avareza mórbida que leva a sociedade euro-norte-americana a envenenar o seu próprio suprimento alimentar e o do resto do mundo com químicas, tinturas e preservativos, numa patética "eficiência" em busca de mais lucros, e, nessa diabólica manipulação gananciosa, a destruir de forma insensível milhões de toneladas de alimentos, ou sacrificar no altar do desperdício farto outros milhões de cabeças de gado anualmente. Não são os povos da África, das Américas ou da Ásia os autores de tais absurdos. Estes alimentariam os seus filhos com aqueles produtos se isso lhes fosse possível.

Um estudo desse porte teria de considerar cuidadosamente os mecanismos inconscientes, conscientes e outros, que induziram os europeus a se apropriar de todo o patrimônio da civilização negro-africana do Egito antigo, e, utilizando-se da falsificação acadêmica, tentar erradicar a identidade do povo egípcio daquela época, para, em seguida, negar ao Egito negro as ciências, as artes, a filosofia, a religião que ele criou, atribuindo à Grécia o seu patrimônio de saber.

É imperativo compreender e reconhecer que a experiência histórica dos africanos na diáspora tem sido uma experiência de conteúdo essencialmente racista, que transcende certas simplificações segundo as quais a escravidão e as subsequentes formas de opressão racista dos povos negros são apenas subprodutos do capitalismo. Assim, a escravização dos africanos e a desumanização dos seus descendentes nas Américas teriam ocorrido e estariam ocorrendo como um determinismo inarredável do processo econômico da humanidade, o qual teria engendrado a escravidão à base da "necessidade" do sistema de produção. Falam de sistema demonstrando uma devoção beata a algo supostamente sublime, etéreo e intangível. A "necessidade" dos europeus teria caído sobre nossas cabeças e nossos destinos qual desígnio irrecorrível de Deus ou das potências cósmicas. Não menciona, tal racionalização, que o sistema só tem existência porque está incorporado em seres humanos com as suas motivações, aspirações, interesses e projetos. Sob a perspectiva humana da sociedade ocidental, têm sido o racismo e seus derivados – o chauvinismo cultural, o preconceito e a discriminação racial e de cor – os elementos operativos no dilema existencial dos povos negros.

Em nosso país, os interesses econômicos, a ambição, o orgulho, o medo, a arrogância se complementam e desempenham a parte respectiva que lhes cabe no sentido de complicar ainda mais a teia que emaranha e obscurece a realidade do racismo vigente. Uma pergunta então é necessária: seria o racismo apenas um orgulho do branco que se expressa nessa qualidade de sentimento racial de desdém e menosprezo para com o negro, sentimento que às vezes toma a forma abstrata do preconceito, outras vezes atua objetiva e concretamente na forma de discriminação de caráter racial? Estas são na verdade expressões ou partes do racismo. Este, contudo, é mais abrangente: o racismo do tipo praticado entre nós é a imposição de uma minoria de origem branco-europeia sobre uma maioria negra de origem africana. Para atingir seus intentos, essa minoria adota as mais variadas estratégias, as quais incluem desde os instrumentos mais óbvios aos mais sofisticados e despistadores. Tanto se faz uso da violência policial direta e brutal quanto da violência ideológica sutil, ou da violência econômica, que é uma forma de genocídio físico e espiritual. Todas as formas imagináveis de coação se praticaram e se praticam, inclusive a violência religiosa, no afã de assegurar a imposição do etnocentrismo ocidental sobre os afro-brasileiros. A elaboração da chamada "democracia racial" obedeceu à intenção de disfarçar os privilégios do segmento minoritário, detentor exclusivo da renda do país e do poder político nacional. Fique registrado que muitos brancos íntegros são ofuscados pela maligna fosforescência da "democracia racial" e se comportam diante da população negra da maneira tradicional do racista brasileiro: com postura paternalista.

ABC do Quilombismo

Na trajetória histórica que esquematizamos nestas páginas, o quilombismo tem nos fornecido várias lições. Tentaremos resumi-las num ABC fundamental que nos ensina que:

a. *Autoritarismo* de quase quinhentos anos já é bastante. Não podemos, não devemos e não queremos tolerá-lo por mais tempo. Sabemos, por experiência própria, que uma das práticas desse autoritarismo é o desrespeito brutal da polícia às famílias negras. Toda sorte de arbitrariedade policial se acha fixada nas batidas que ela faz rotineiramente para manter aterrorizada e desmoralizada a comunidade afro-brasileira. Assim fica confirmada, diante dos olhos dos próprios negros, a sua condição de impotência e inferioridade, já que são incapazes até mesmo de se autodefenderem ou de protegerem sua família e os membros de sua respectiva comunidade. Trata-se de um estado de humilhação permanente.

b. *Banto* denomina-se um povo ao qual pertenceram os primeiros africanos escravizados que vieram para o Brasil de países que hoje se chamam Angola, Congo, Zaire, Moçambique e outros. Foram os bantos os primeiros quilombolas a enfrentar, em terras brasileiras, o poder militar do branco escravizador.

c. *Cuidar* de organizar a nossa luta por nós mesmos é um imperativo da nossa sobrevivência como um povo. Devemos por isso ter muito cuidado ao fazer alianças com outras forças políticas, sejam as ditas revolucionárias, reformistas, radicais, progressistas ou liberais. Toda e qualquer aliança deve obedecer a um interesse tático ou estratégico, e o negro precisa obrigatoriamente ter poder de decisão, a fim de não permitir que a comunidade negra seja manipulada por interesses de causas alheias à sua própria.

d. *Devemos* ampliar sempre a nossa frente de luta, tendo em vista: 1. os objetivos mais distantes da transformação radical das estruturas socioeconômicas e culturais da sociedade brasileira; 2. os interesses táticos imediatos. Nestes últimos se inclui o voto do analfabeto e a anistia aos prisioneiros políticos negros. Os prisioneiros políticos negros são aqueles que são maliciosamente fichados pela polícia como desocupados, vadios, malandros, marginais, e cujos lares são frequentemente invadidos.

e. *Ewe* ou gêge, povo africano de Gana, Togo e Daomé (Benin); milhões de ewes foram escravizados no Brasil. Eles são parte do nosso povo e da nossa cultura afro-brasileira; *Ejetar* o supremacismo branco do nosso meio é um dever de todo democrata. Devemos ter sempre presente que o racismo, isto é, supremacismo branco, preconceito de cor e discriminação racial, compõem o fator *raça*, a primeira contradição para a população de origem africana na sociedade brasileira. (Aviso aos intrigantes, aos maliciosos, aos apressados em julgar: o vocábulo *raça*, no sentido aqui empregado, se define somente em termos de história e cultura, e não em pureza biológica).

f. *Formar* os quadros do quilombismo é tão importante quanto a mobilização e a organização da comunidade negra.

g. *Garantir* ao povo trabalhador negro o seu lugar na hierarquia de Poder e Decisão, mantendo a sua integridade etno-cultural, é a motivação básica do quilombismo.

h. *Humilhados* que fomos e somos todos os negro-africanos, com todos devemos manter íntimo contato. Também com organizações africanas independentes, tanto da diáspora como do continente. São importantes e necessárias as relações com órgãos e instituições internacionais de Direitos Humanos, tais como a ONU e a Unesco, de onde poderemos receber apoio em casos de repressão. Nunca esquecer que sempre estivemos sob a violência da oligarquia latifundiária, industrial-financeira ou militar.

i. *Infalível* como um fenômeno da natureza será a perseguição do poder branco ao quilombismo. Está na lógica inflexível do racismo brasileiro jamais permitir qualquer movimento libertário dos negros majoritários. Nossa existência física é uma realidade que jamais pôde ser obliterada, nem mesmo pelo Instituto Brasileiro de Geografia e Estatística (IBGE) ao manipular os dados censitários, nos quais erradicou o fator racial e de cor dos cômputos demográficos. E quanto a nosso peso político? Simplesmente não existe. Desde a proclamação da República, a exclusão do voto ao analfabeto significa na prática a exclusão da população negra do processo político do país.

j. *Jamais* as organizações políticas dos afro-brasileiros deverão permitir o acesso aos brancos não quilombistas a posições com autoridade para obstruir a ação ou influenciar as tomadas de posição teóricas e práticas em face da luta.

k. *Kimbundo*, língua do povo banto, veio para o Brasil com os escravos procedentes da África meridional. Essa língua exerceu notável influência sobre o português falado neste país.

l. *Livrar* o Brasil da industrialização artificial, tipo "milagre econômico", está nas metas do quilombismo. Nesse esquema de industrialização, o negro é explorado a um tempo pelo capitalista industrial e pela classe trabalhadora classificada ou "qualificada". Como trabalhador "desqualificado" ou sem classe, ele é duplamente vítima: da raça (branca) e da classe (trabalhadora "qualificada" e/ou burguesia de qualquer raça). O quilombismo advoga para o Brasil um conhecimento científico e técnico que possibilite a genuína industrialização que represente um novo avanço de autonomia nacional. O quilombismo não aceita que se entregue a nossa reserva mineral e a nossa economia às corporações monopolistas internacionais, porém tampouco defende os interesses de uma burguesia nacional. O negro-africano foi o primeiro e o principal artífice da formação econômica do país e a riqueza nacional pertence a ele e a todo o povo brasileiro que a produz.

m. *Mancha* branca é o que significa a imposição miscigenadora do branco, implícita na ideologia do branqueamento, na política imigratória, no mito da "democracia racial". Tudo não passa de racionalização do supremacismo branco e do estupro histórico e atual que se pratica contra a mulher negra.

n. *Nada* de mais confusões: se no Brasil efetivamente houvesse igualdade de tratamento, de oportunidades, de respeito, de poder político e econômico; se o encontro entre pessoas de raças diferentes ocorresse espontâneo e livre da pressão do poder e do prestígio socioeconômico do branco; se não houvesse outros condicionamentos repressivos de caráter moral, estético e cultural, a miscigenação seria um acontecimento positivo, capaz de enriquecer o brasileiro, a sociedade, a cultura e a humanidade das pessoas.

o. *Obstar* o ensinamento e a prática genocidas do supremacismo branco é um fator substantivo do quilombismo.

p. *Poder quilombista* quer dizer: a Raça Negra no Poder. Os descendentes de africanos somam a maioria da nossa população. Portanto, o Poder Negro será um poder democrático. (Reitero aqui a advertência aos intrigantes, aos maliciosos, aos ignorantes, aos racistas: neste livro, a palavra *raça* tem exclusiva acepção histórico-cultural. Raça biologicamente pura não existe e nunca existiu).

q. *Quebrar* a eficácia de certos *slogans* que atravessam a nossa ação contra o racismo, como aquele da luta única de todos os trabalhadores, de todo o povo ou de todos os oprimidos, é um dever do quilombista. Os privilégios raciais do branco em detrimento do negro constituem uma ideologia que vem desde o mundo antigo. A pregação da luta "única" ou "unida" não passa de outra face do desprezo que nos votam, já que não respeitam a nossa identidade e nem a especificidade do nosso problema e do nosso esforço em resolvê-lo.

r. *Raça*: acreditamos que todos os seres humanos pertencem à mesma espécie. Para o quilombismo, raça significa um grupo humano que possui, relativamente, idênticas características somáticas, resultantes de um complexo de fatores históricos e ambientais. Tanto a aparência física, como igualmente os traços psicológicos, de personalidade, de caráter e emotividade, sofrem a influência daquele complexo de fatores onde se somam e se complementam a genética, a sociedade, a cultura, o meio geográfico, a história. O cruzamento de diferentes grupos raciais, ou de pessoas de identidade racial diversas, está na linha dos mais legítimos interesses de sobrevivência da espécie humana;

Racismo: é a crença na inerente superioridade de uma raça sobre outra. Tal superioridade é concebida tanto no aspecto biológico como na dimensão psico-sócio-cultural. Esta é a dimensão usualmente negligenciada ou omitida nas definições tradicionais do racismo. A elaboração teórico-científica produzida pela cultura branco-europeia justificando a escravização e a inferiorização dos povos africanos constitui o exemplo eminente do racismo sem precedentes na história da humanidade. Racismo é a primeira contradição social no caminho do negro. A esta se juntam outras, como a contradição de classes e de sexo.

s. *Suaíli* é uma língua de origem banta, influenciada por outros idiomas, especialmente o árabe. Atualmente, o suaíli é falado por mais de 20 milhões de africanos da Tanzânia, do Quênia, de Uganda, do Burundi, do Zaire, e de outros países. Os afro-brasileiros necessitam aprendê-la com urgência;

Slogan do poder público e da sociedade dominante, no Brasil, condenando reiterada e indignadamente o racismo, se tornou um recurso eficaz encobrindo a operação racista e discriminatória sistemática, de um lado, e, de outro lado, servindo como uma arma apontada contra nós com a finalidade de atemorizar-nos, amortecendo ou impedindo que um movimento coeso do povo afro-brasileiro obtenha a sua total libertação.

t. *Todo* negro ou mulato (afro-brasileiro) que aceita a "democracia racial" como uma realidade e a miscigenação *na forma vigente* como positiva, está traindo a si mesmo, e se considerando um ser inferior.

u. *Unanimidade* é algo impossível no campo social e político. Não devemos perder o nosso tempo e a nossa energia com as críticas vindas de fora do movimento quilombista. Temos de nos preocupar e criticar a nós próprios e às nossas organizações, no sentido de ampliar a nossa consciência negra e quilombista rumo ao objetivo final: a ascensão do povo afro-brasileiro ao Poder.

v. *Vênia* é o que não precisamos pedir às classes dominantes para reconquistarmos os frutos do trabalho realizado pelos nossos ancestrais africanos no Brasil. Nem devemos aceitar ou assumir certas definições, "científicas" ou não, que pretendem situar o comunalismo africano e o ujamaaísmo como simples formas arcaicas de organização econômica e/ou social. Esta é outra arrogância de fundo eurocentrista que implicitamente nega às instituições nascidas na realidade histórica da África a capacidade intrínseca de desenvolvimento autônomo relativo. Nega a tais instituições a possibilidade de progresso e atualização, admitindo que a ocupação colonizadora do Continente Africano pelos europeus determinasse o concomitante desaparecimento dos valores, princípios e instituições africanas. Estas corporificariam formas não dinâmicas, exclusivamente quietistas e imobilizadas. Tal visão petrificada da África e de suas culturas é uma ficção puramente cerebral. O quilombismo pretende resgatar dessa definição negativista o sentido de organização socioeconômica concebido para servir à existência humana; organização que existiu na África e que os africanos escravizados trouxeram e praticaram no Brasil. A sociedade brasileira contemporânea pode se beneficiar com o projeto do quilombismo, uma alternativa nacional que se oferece em substituição ao sistema desumano do capitalismo.

x. *Xingar* não basta. Precisamos é de mobilização e de organização da gente negra, e de uma luta enérgica, sem pausa e sem descanso, contra as destituições que nos atingem. Até que ponto vamos assistir impotentes à cruel exterminação dos nossos irmãos e irmãs afro-brasileiros, principalmente das crianças negras deste país?

y. *Yorubás* (Nagô) somos também em nossa africanidade brasileira. Os iorubás são parte integrante do nosso povo, da nossa cultura, da nossa religião, da nossa luta e do nosso futuro.

z. *Zumbi*: fundador do quilombismo.

Propostas de Ação Para o Governo Brasileiro

O programa de ação quilombista incorpora, devidamente atualizadas, as seguintes propostas apresentadas por este autor ao Colóquio do Segundo Festival Mundial de Artes e Culturas Negras e Africanas (Festac) realizado em Lagos, Nigéria, em 1977. Naquela ocasião, o autor propôs ao Colóquio recomendar ao governo brasileiro que

1. permita e estimule a livre e aberta discussão acerca dos problemas dos descendentes de africanos no país, e que encoraje e financie pesquisas sobre a posição econômica, social e cultural ocupada pelos afro-brasileiros dentro da sociedade brasileira, em todos os níveis;

2. localize e publique documentos e outros fatos e informações possivelmente existentes em arquivos privados, cartórios, arquivos de câmara municipal de velhas cidades do interior, referentes ao tráfico negreiro, à escravidão e à abolição; em resumo, qualquer dado que possa ajudar a esclarecer e aprofundar a compreensão da experiência do africano escravizado e de seus descendentes;

3. inclua quesitos sobre raça ou etnia em todos os futuros censos demográficos e que, em toda informação que o dito governo divulgue, tanto para consumo doméstico como internacional, a respeito da composição demográfica do país, não se omita o aspecto da origem racial/étnica;

4. inclua um ativo e compulsório currículo sobre a história e as culturas dos povos africanos, tanto aqueles do continente como os da diáspora; tal currículo deve abranger todos os níveis do sistema educativo: elementar, médio e superior;

5. tome medidas ativas para promover o ensino e o uso prático de línguas africanas, especialmente as línguas ki-suaíli e iorubá. O mesmo em relação aos sistemas religiosos africanos e seus fundamentos artísticos, que o dito governo promova válidos programas de intercâmbio cultural com as nações africanas;

6. estude e formule compensações aos afro-brasileiros pelos séculos de escravização criminosa e decênios de discriminação racial depois da abolição; para esse fim, deverá drenar recursos financeiros e outros, compulsoriamente originados da Agricultura, do Comércio e da Indústria, setores que historicamente têm sido beneficiados com a exploração do povo negro. Tais recursos constituirão um fundo destinado à construção de moradias que satisfaçam às exigências da condição humana, em substituição às atuais habitações segregadas onde vive a maioria dos afro-brasileiros: favelas, cortiços, mocambos, porões, cabeças de porco e assim por diante. O fundo sustentaria também a distribuição de terras no interior do país para os negros engajados na produção agropecuária;

7. remova os objetos da arte afro-brasileira assim como os de sentido ritual encontrados hoje em instituições de polícia, de psiquiatria, história e etnografia; e que o dito governo estabeleça museus de arte com finalidade dinâmica e pedagógica de valorização e respeito devidos à cultura afro-brasileira. De preferência, tais museus se localizariam nos estados com significativa população negra, tais como Bahia, Maranhão, Pernambuco, Alagoas, Minas Gerais, Rio de Janeiro, São Paulo, Sergipe, Rio Grande do Sul;

8. conceda efetivo apoio, material e financeiro, a existentes e futuras associações afro-brasileiras com finalidade de pesquisa, informação e divulgação nos setores de educação, arte, cultura e posição socioeconômica da população afro-brasileira;

9. tome medidas rigorosas e apropriadas ao efetivo cumprimento da lei Afonso Arinos, fazendo cessar o papel burlesco que tem desempenhado até agora;

10. tome ativas providências, ajuste as realidades do país, para que de nenhuma forma se permita ou possibilite a discriminação racial ou de cor no emprego, garantindo a igualdade de oportunidade que atualmente inexiste entre brancos, negros e outras nuanças étnicas;

11. exerça seu poder através de uma justa política de redistribuição da renda, tornando impraticável que, por causa da profunda desigualdade econômica imperante, o afro-brasileiro seja discriminado, embora sutil e indiretamente, em qualquer nível do sistema educativo, seja o elementar, o médio ou o universitário;

12. estimule ativamente o ingresso de negros no Instituto Rio Branco, órgão de formação de diplomatas pertencente ao Ministério de Relações Exteriores;

13. nomeie negros para o cargo de embaixador e diplomata para as Nações Unidas e junto aos governos de outros países do mundo;

14. estimule a formação de negros como oficiais superiores das Forças Armadas (Exército, Marinha e Aeronáutica) com promoções no serviço ativo até os postos de general, almirante, brigadeiro e marechal;

15. nomeie negros para os altos escalões do Governo Federal em seus vários ministérios e em outras repartições do Executivo, incluindo órgãos superiores como o Conselho Federal de Cultura, o Conselho Federal de Educação, o Conselho de Segurança Nacional, o Tribunal de Contas;

16. estimule e encoraje a formação e o desenvolvimento de uma liderança política negra, representando os interesses específicos da população afro-brasileira no Senado Federal, na Câmara dos Deputados, nas Assembleias Legislativas Estaduais e nas Câmaras Municipais; que o dito governo nomeie negros para os cargos de juízes estaduais e federais, inclusive para o Supremo Tribunal Federal, Superior Tribunal Eleitoral, Superior Tribunal Militar, Superior Tribunal do Trabalho e Tribunal Federal de Recursos;

17. concretize sua tão proclamada "amizade" com a África independente e sua tão frequentemente manifestada posição anticolonialista, dando efetivo apoio diplomático e material aos legítimos movimentos de libertação nacional de Zimbabwe, Namíbia e África do Sul.

Alguns Princípios e Propósitos do Quilombismo

1. O quilombismo é um movimento político dos negros brasileiros, objetivando a implantação de um Estado Nacional Quilombista, inspirado no modelo da República dos Palmares, no século XVI, e em outros quilombos que existiram e existem no país.

2. O Estado Nacional Quilombista tem sua base numa sociedade livre, justa, igualitária e soberana. O igualitarismo democrática quilombista é compreendido no tocante a sexo, sociedade, religião, política, justiça, educação, cultura, condição racial, situação econômica, enfim, todas as expressões da vida em sociedade. O mesmo igualitarismo se aplica a todos os níveis do poder e de instituições públicas e privadas.

3. A finalidade básica do Estado Nacional Quilombista é a de promover a felicidade do ser humano. Para atingir sua finalidade, o quilombismo acredita numa economia de base comunitário--cooperativista no setor da produção, da distribuição e da divisão dos resultados do trabalho coletivo.

4. O quilombismo considera a terra uma propriedade nacional de uso coletivo. As fábricas e outras instalações industriais, assim como todos os bens e instrumentos de produção, da mesma forma que a terra, são de propriedade e uso coletivo da sociedade. Os trabalhadores rurais ou camponeses trabalham a terra e são eles próprios os dirigentes das instituições agropecuárias. Os operários da indústria e os trabalhadores de modo geral são os produtores dos objetos industriais e os únicos responsáveis pela orientação e gerência de suas respectivas unidades de produção.

5. No quilombismo, o trabalho é um direito e uma obrigação social, e os trabalhadores, que criam a riqueza agrícola e industrial da sociedade quilombista, são os únicos donos do produto do seu trabalho.

6. A criança negra tem sido a vítima predileta e indefesa da miséria material e moral imposta à comunidade afro-brasileira. Por isso,

ela constitui a preocupação urgente e prioritária do quilombismo. Atendimento pré-natal, amparo à maternidade, creches, alimentação adequada, moradia higiênica e humana, são alguns dos itens relacionados à criança negra que figuram no programa de ação do movimento quilombista.

7. A educação e o ensino em todos os graus – elementar, médio e superior – serão completamente gratuitos e abertos sem distinção a todos os membros da sociedade quilombista. A história da África, das culturas, das civilizações e das artes africanas terão um lugar eminente nos currículos escolares. Criar uma Universidade Afro--Brasileira é uma necessidade dentro do programa quilombista.

8. Visando o quilombismo a fundação de uma sociedade criativa, ele procurará estimular todas as potencialidades do ser humano e sua plena realização. Combater o embrutecimento causado pelo hábito, pela miséria, pela mecanização da existência e pela burocratização das relações humanas e sociais é um ponto fundamental. As artes em geral ocuparão um espaço básico no sistema educativo e no contexto das atividades sociais.

9. No quilombismo não haverá religiões e religiões populares, isto é, religião da elite e religiões do povo. Todas as religiões merecem igual tratamento de respeito e de garantias de culto.

10. O Estado quilombista proíbe a existência de um aparato burocrático estatal que perturbe ou interfira com a mobilidade vertical das classes trabalhadoras e marginalizadas em relação direta com os dirigentes. Na relação dialética dos membros da sociedade com suas instituições repousa o sentido progressista e dinâmico do quilombismo.

11. A revolução quilombista é fundamentalmente antirracista, anticapitalista, antilatifundiária, anti-imperialista e antineocolonialista.

12. Em todos os órgãos do Poder do Estado Quilombista – Legislativo, Executivo e Judiciário –, a metade dos cargos de confiança, dos cargos eletivos, ou dos cargos por nomeação deverão, por imperativo

constitucional, ser ocupados por mulheres. O mesmo se aplica a todo e qualquer setor ou instituição de serviço público.

13. O quilombismo considera a transformação das relações de produção, e da sociedade de modo geral, por meios não violentos e democráticos; uma via possível.

14. É matéria urgente para o quilombismo a organização de uma instituição econômico-financeira em moldes cooperativos, capaz de assegurar a manutenção e a expansão da luta quilombista a salvo das interferências controladoras do paternalismo ou das pressões do poder econômico.

15. O quilombismo essencialmente é um defensor da existência humana e, como tal, ele se coloca contra a poluição ecológica e favorece todas as formas de melhoramento ambiental que possam assegurar uma vida saudável para as crianças, as mulheres e os homens, os animais, as criaturas do mar, as plantas, as selvas, as pedras e todas as manifestações da natureza.

16. O Brasil é signatário da Convenção Internacional Para a Eliminação de Todas as Formas de Discriminação Racial adotada pela Assembleia Geral das Nações Unidas em 1965. No sentido de cooperar para a concretização de objetivos tão elevados e generosos, e tendo em vista o artigo 9, números 1 e 2 da referida Convenção, o quilombismo contribuirá para a pesquisa e a elaboração de um relatório ou dossiê bianual, abrangendo todos os fatos relativos à discriminação racial ocorridos no país, a fim de auxiliar os trabalhos do Comitê Para a Eliminação da Discriminação Racial das Nações Unidas.

Semana da Memória Afro-Brasileira

Essa Semana está sendo proposta pela necessidade que o negro tem de recuperar a sua memória. Durante essa Semana serão focalizados e iluminados os sucessos passados nos quais foram protagonistas aqueles trezentos milhões de africanos retirados, sob violência, de suas terras e trazidos acorrentados para o continente americano. Através de celebrações anuais, a comunidade negra não só honrará os antepassados, como reforçará a sua coesão e identidade. E transmitirá às novas gerações um exemplo de amor à história do nosso povo, auxiliando-as a ter uma visão mais clara e verdadeira do papel fundamental cumprido pelos escravos africanos na construção deste país. Isto só infundirá nos jovens de agora e do futuro um orgulho em lugar da vergonha que a sociedade dominante tem procurado infiltrar na consciência dos negros, como se fosse a única herança deixada por seus ancestrais.

A Semana deve aliar aos aspectos comemorativos uma constante pesquisa, crítica e reflexão sobre o passado e o presente das condições de vida da população de origem africana no Brasil. Isso contribuirá para ampliar e fortalecer o quilombismo sem sua filosofia, teoria e prática de libertação. A Semana implica também um estímulo às organizações negras existentes, sem discriminar nenhuma delas por causa dos seus objetivos declarados. Tanto aquelas que perseguem finalidades recreativas ou beneficentes, como as outras de sentido cultural, social ou político, se encontram todas interessadas no destino e na melhoria da situação da família afro-brasileira. Portanto, se inserem na mesma perspectiva quilombista ampla que estamos tentando sistematizar.

Basicamente, essa "Semana da Memória" está sendo concebida como uma ferramenta operativa no campo da ação (mobilização e organização) combinada ao setor da especulação, da teoria, da formulação de princípios, das análises, definições e outras ponderações. Enfim, a Semana deve ser um exercício de emancipação e nunca uma comemoração convencional, estática e retórica, que proponha unicamente a evocação de fatos, datas e nomes do passado. Estudar e lembrar os feitos dos antepassados deve constituir um acontecimento inspirador que estimule a ação transformadora do presente rumo ao futuro, ou seja, o oposto da contemplação saudosista, autoglorificadora do pretérito, ou da motivação de cenas de autoflagelação.

Resgatar nossa memória significa resgatarmos a nós mesmos do esquecimento, do nada e da negação, e reafirmarmos a nossa presença ativa na história pan-africana e na realidade universal dos seres humanos.

Como norma de procedimento, a Semana deve ser promovida, de preferência, por organizações afro-brasileiras. Entretanto, poderá também ser realizada por escolas públicas ou privadas que atualmente se interessem pelo progresso cívico da comunidade afro-brasileira. Nesse caso, como de modo geral tais escolas não são dirigidas por homem negro ou mulher negra, os afro-brasileiros presentes devem estar alertas a fim de impedir que os fatos históricos e os eventos da vida negro-africana sejam manipulados ou distorcidos, seja por malícia, ignorância ou negligência. As famílias negras, onde não existir organização afro-brasileira ou escola pública ou privada interessada na vida negra, devem preencher o papel de realizadores da Semana. Reiteramos que uma *Semana da Memória* jamais deve esvaziar o seu conteúdo intrínseco de valores negro-africanos de história, cultura, artes, seccionando-o do contexto sócio-político e econômico onde os povos de origem africana se movimentaram, produziram, lutaram e fizeram a história que até o presente não figura, em toda a sua extensão e importância, na História convencional ou oficial do Brasil.

A proposta que ofereço à consideração dos meus irmãos e irmãs negros de "Semana da Memória" tem seu encerramento em 20 de novembro de cada ano, aniversário da morte de Zumbi e Dia Nacional da Consciência Negra instituído pelo movimento negro brasileiro a partir de proposta oriunda do Rio Grande do Sul. Assim, a Semana principia em 14 de novembro e obedecerá ao seguinte calendário:

Dia 14 (1º dia): África e suas civilizações na antiguidade – o Egito, a Etiópia, o Sudão; seus impérios mais recentes – Songai,

Asante, Iorubá e outros. Nesta celebração se incluem referências às formas de organização africana da família (matriarcado), sociedade, economia e do Estado. As artes, as ciências, a tecnologia: as pirâmides egípcias, a matemática, a engenharia, a medicina, as pinturas rupestres e as construções urbanas em Zimbábue, as esculturas de Nok, Ifé, Benin, e assim por diante.

Dia 15 (2º dia): as primeiras incursões portuguesas em território africano no século xiv; logo depois, a invasão colonial da África por Portugal, Espanha, França, Inglaterra, Holanda, Bélgica, Itália, Alemanha; a escravização dos africanos – técnicas de captura utilizadas pelos bandidos europeus; as longas caminhadas através das florestas até à costa atlântica; a enorme taxa de mortalidade durante o trajeto; os barracões e depósitos na costa; o batismo compulsório.

Dia 16 (3º dia): o embarque dos africanos nos tumbeiros, os horrores a bordo – fome, sede, epidemias, imobilidade do corpo, falta de ar; a alta taxa de mortalidade; os africanos atirados vivos ao mar; outras formas de suplício e assassínio. Os portos brasileiros de desembarque.

Dia 17 (4º dia): os mercados de escravos; maneira como as "peças" eram oferecidas ao público comprador e como os brancos examinavam os africanos como se fossem animais; as vendas e as compras atendendo aos pontos focais de concentração econômica – produção do açúcar, do algodão, da mineração, do café, do cacau, do gado, do fumo, e assim por diante.

Dia 18 (5º dia): vida escrava rural e urbana; os castigos e os instrumentos de tortura; o estupro da mulher africana; a imposição religiosa católica; a persistência das danças, cantos, instrumentos musicais e folguedos trazidos da África pelos escravos; as religiões africanas e as línguas faladas pelos escravos; formas de recusa à escravidão: suicídio, banzo, fuga, assassínio do senhor, e outras.

Dia 19 (6º dia): as revoltas e os quilombos; o papel dos valores africanos da resistência – religião, arte, folclore, conhecimento técnico de agricultura e de fundição do ferro e do bronze;

a importância na resistência de instituições religiosas a exemplo da Casa das Minas (Maranhão), do Axé do Opô Afonjá (Bahia); papel das instituições laicas após a abolição – Frente Negra Brasileira, Teatro Experimental do Negro, União dos Homens de Cor, Associação Cultural dos Negros, Floresta Aurora, e todas as outras organizações negras que existiram e existem.

Dia 20 (7º dia): O Dia da Consciência Negra deve resumir tudo aquilo que tiver ocorrido nos dias anteriores. Ênfase à figura de Zumbi, o primeiro militante do pan-africanismo e da luta por liberdade em terras brasileiras. Zumbi, consolidador da luta palmarista selando, com sua morte em plena batalha, a determinação libertária do povo negro-africano escravizado, é o fundador, na prática, do conceito científico histórico-cultural do quilombismo. Quilombismo continuado por outros heróis da história negra: Luísa Mahin e seu filho Luís Gama, Chico-Rei, os enforcados da Revolta dos Alfaiates, dos levantes dos Malês, da Balaiada, o Dragão do Mar, Karocango, João Cândido e os milhões de quilombolas assassinados em todas as partes do nosso território onde houve o infame cativeiro. Na celebração de encerramento da Semana da Memória Negra deve-se dar todo o destaque aos programas e projetos das entidades e da comunidade, tendo em vista um futuro melhor para os afro-brasileiros. O último evento da Semana deve, de preferência, acontecer ao ar livre, numa concentração da comunidade negra e das pessoas de qualquer origem interessadas em nossas atividades. Durante todo o decorrer da Semana, a retórica acadêmica deverá ser radicalmente proibida.

Axé, Zumbi!

Bibliografia

CANDEIA. *90 Anos de Abolição*. Rio de Janeiro: G.R.A.N. Escola de Samba Quilombo, 1978.

CANDEIA & Isnard. *Escola de Samba: Árvore Que Esqueceu a Raiz*. Rio de Janeiro: Lidador/SEEC-RJ, 1978.

DIOP, Cheikh Anta. *The African Origin of Civilization: Myth or Reality*. Trad. e org. Mercer Cook. Westport: Lawrence, 1974.

_____. Entrevista a *Black Books Bulletin*. Trad. do francês e coord. por Shawna Maglangbayan Moore. In: VAN SERTIMA, Ivan (Org.). *Great African Thinkers: Cheikh Anta Diop*. Rutgers: Journal of African Civilizations, 1986.

LUCAS, J. Olumide. *The Religion of the Yorubas*. Lagos: C.M.S., 1948.

NAÇÕES UNIDAS. International Convention on the Elimination of all Forms of Racial Discrimination. *UN Monthly Chronicle*, v. 3, n. 1, jan. 1966.

NASCIMENTO, Abdias do. *O Negro Revoltado*. Rio de Janeiro: GRD, 1968. [2. ed. Rio de Janeiro: Nova Fronteira, 1982.]

NASCIMENTO, Maria Beatriz. O Quilombo do Jabaquara. *Revista de Cultura Vozes*, v. 73, n. 3, abr. 1979.

QUARTIM, João. *Dictatorship and Armed Struggle in Brazil*. Trad. David Fernbach. New York: Monthly Review Press, 1971.

DOCUMENTO 8

Os Africanos na América Central e do Sul e no Caribe[1]

Considero uma alta honra falar a vocês no dia de hoje, pois é um momento de grande significação para nós pisar o solo da terra onde Yaa Asantewaa, Casely Hayford, George Padmore e tantos outros dos nossos ancestrais estão em descanso eterno; a terra onde Kwame Nkrumah colheu os primeiros frutos da libertação nacional africana, restaurando para a vida o sonho e a nação dos nossos avós, o orgulho e a glória de Gana. Entre os grandes gestos simbólicos de Nkrumah como estadista está aquele de trazer para casa um dos primeiros filhos da África, convidando W.E.B. Du Bois para viver em Gana e aqui levar adiante seu projeto de uma Enciclopédia Africana.

Nesta oportunidade, desejamos congratular o Centro Memorial W.E.B. Du Bois para Cultura Pan-Africana por sua iniciativa de inaugurar estas palestras, as quais, estamos certos, continuarão no futuro a prover um muito necessário fórum para discussão e tratamento dos problemas do mundo africano, dos seus objetivos e alternativas. Que um africano da América do Sul fale a vocês hoje, iniciando esse contínuo debate mundial africano, é em si mesmo um fato que faz história. Estender esse convite a um afro-brasileiro é um gesto à altura daquele de Nkrumah e Du Bois, na mais que oportuna revivência e reafirmação do seu espírito pan-africanista numa era em que o pan-africanismo, ao menos no sentido político, se encontra de alguma forma na defensiva.

A independência das nações africanas inaugurou uma nova etapa nas relações do mundo africano afetado pela realidade do poder de estado na África e no Caribe de um lado, e, de outro, pela continuada dominação neocolonial e racista na África e na diáspora. Confrontando a enorme tarefa da administração nacional, os governos africanos concentraram sua atenção sobre problemas internos na edificação dos Estados, a convocação para a unidade entre as nações africanas do continente e questões de sobrevivência, desenvolvimento e soberania no seio da comunidade internacional e do mundo diplomático. As comunidades da diáspora se viram obrigadas a tomar posições sobre assuntos africanos, apoiando uma ou outra tendência ideológica nos estados africanos, nos movimentos de libertação e até mesmo nas guerras internas.

Estes e outros fatos resultaram em problemas refletidos nos eventos pan-africanos do período pós-independência. Com a máquina estatal das nações africanas em jogo, organizando e financiando tais encontros, os africanos da diáspora viram minimizado, distorcido ou até mesmo ignorado o seu dilema como comunidades africanas dentro de estados dominados por estruturas de poder racistas. Essa foi uma amarga pílula para engolir, considerando-se o papel vital que a diáspora africana havia desempenhado nos movimentos mundiais anticolonial e de conscientização africana, os quais, afinal, contribuíram para o fim do colonialismo, para a independência das nações africanas e sua ascensão à condição de países soberanos.

Não há dúvida de que a iniciativa da fundação e desenvolvimento do movimento pan-africano se originou na diáspora. Antecedentes dos congressos pan-africanos deste século estão, por exemplo, nas organizações religiosas e comunitárias dos afro--americanos nos Estados Unidos e nas iniciativas dos séculos XVIII e XIX, por parte deles e de líderes caribenhos, como Paul Cuffee, Bishop Henry McNeil Turner, Prince Hall, Edward Wilmot

Blyden, Joseph Cinque, Martin R. Delaney, Frederick Douglass e muitos outros. A Conferência Pan-Africana e os próprios congressos foram organizados inicialmente pelo advogado de Trinidad Sylvester Williams, e depois pelo nosso titã negro W.E.B. Du Bois. Kwame Nkrumah relata, em sua *Autobiografia* (1957), o quanto as ideias de Marcus Garvey e as próprias relações de Nkrumah com afro-americanos e caribenhos, como George Padmore e Du Bois, influenciaram seu crescimento intelectual e político quando jovem. Esses são apenas alguns exemplos do impulso pan-africano oriundo da diáspora.

Se aceitamos a definição de John Henrik Clarke sobre o pan-africanismo como "esforço para preservar e reconstruir a nacionalidade africana, sua cultura e humanidade"[2] em qualquer parte do mundo, seus primeiros antecedentes aparecem muito antes, e surgem na América Central e do Sul, termo que aqui denota a região desde o México até à Argentina e o Caribe de fala espanhola. Embora no estrito sentido geográfico o México pertença à América do Norte, o país está identificado cultural, histórica e politicamente com a América Central e do Sul, como é também o caso do Caribe de fala espanhola.

Em *They Came Before Columbus: The African Presence in Ancient America*, Ivan Van Sertima reúne e complementa ideias, evidências e dados antes levantados por especialistas em vários campos, demonstrando a presença africana no antigo México, Peru, Colômbia e Panamá séculos antes da chamada "descoberta" de Colombo e do tráfico transatlântico de africanos escravizados. Tudo indica que, em plena convivência e intercâmbio com as culturas indígenas, os africanos mantiveram e desenvolveram muitos aspectos de sua civilização. No artigo "African Presence in Ancient Brazil", Clyde Ahmad Winters sugere que a mesma sorte de contato africano teve lugar no Brasil por volta de 1.300 d.C.

Esses movimentos de africanos nas Américas não se caracterizam por um aspecto fundamental associado ao pan-africanismo:

a autodefesa contra a desumanização dos africanos por meio da dominação racista em suas duas expressões principais, o colonialismo europeu e o tráfico transatlântico de africanos. Nessa luta, a América Central e do Sul, bem como o Caribe, tiveram uma participação prodigiosa desde o seu início. O Brasil constitui um dos mais ostensivos exemplos, como sede da República dos Palmares (1595-1696), comunidade de cerca de trinta mil pessoas, uma população enorme para aquele período. Palmares pode ser caracterizado como a primeira nação livre das Américas, pois resistiu a durante mais de um século às guerras de agressão lançadas pelos portugueses, holandeses e brasileiros. Alguns índios brasileiros e brancos anticolonialistas se juntaram aos africanos na edificação de Palmares, fato que o torna um símbolo de verdadeira colaboração e convivência multirracial.

A história de nosso país está cheia de experiências similares, chamadas no Brasil de "quilombos", termo derivado da palavra angolana *kilombo*, um conceito ligado à resistência contra a dominação colonial naquela nação africana[3].

Essa espécie de resistência foi comum a todas as Américas, onde recebe o nome genérico de "cimarrones" ou, em inglês, *maroons*. Os exemplos são incontáveis e, considerados em conjunto, eles constituem um contínuo e forte elo na corrente da resistência pan-africana em todo o mundo.

Essa longa história da região de pertencer ao mundo africano, entretanto, não bastou para evitar que as expressões mais recentes e formais do pan-africanismo, articuladas no movimento dos Congressos Pan-Africanos, excluíssem esse contingente do mundo africano. Ele não teve representação em qualquer dos congressos pan-africanos até o 6º, realizado em Dar-es-Salaam em 1974. Então, como único delegado sul-americano, este orador foi de fato um testemunho vivo do lugar marginal que nossa região uma vez mais mereceu.

Milhões de africanos de língua portuguesa e espanhola, desde a Argentina ao México, têm sido subestimados ou esquecidos na articulação dos eventos do mundo africano. O próprio conceito de diáspora ficou limitado, na ideia de muitos teóricos e na prática das reuniões internacionais, à África, Estados Unidos e Caribe. Desde 1974, temos testemunhado uma era na qual este segmento vem reivindicando cada vez mais o seu lugar de direito à mesa de conferências do mundo africano. Acreditamos ser este o mais importante e singular desenvolvimento contemporâneo nos movimentos pan-africanos. Ao convidar um representante dos africanos sul-americanos para inaugurar estas palavras, o Centro Nacional W.E.B. Du Bois confirma e reforça essa tendência. O espírito do gesto e sua força simbólica o assemelham ao histórico convite do Primeiro-Ministro Nkrumah a W.E.B. Du Bois. E, no mesmo espírito, desejamos fazer especial menção ao embaixador de Gana no Brasil, Kofi Awoonor. Sua presença extraordinária como homem de cultura, escritor, historiador e crítico, e também como pan-africanista, tem sido de grande valor para a comunidade afro-brasileira e para o Brasil.

Nestas palestras, não entretemos a pretensão da excelência acadêmica. Estamos menos preocupados com florilégios intelectuais do que com o espírito, o compromisso e a utilidade de nosso trabalho no contexto dos assuntos pan-africanos. Isso não significa estarmos despreocupados com a fidelidade à verdade e aos fatos. Ao contrário, temos comprovado que a postura acadêmica, no caso da experiência africana na América Central e do Sul, é responsável mais pela distorção da verdade e pelo embaralhamento dos fatos que por seu relacionamento e iluminação. As razões estão relacionadas àquelas do isolamento da região no contexto do mundo africano.

Nós sofremos as consequências da posição inferior do nosso poder colonial. Espanha e Portugal ficaram numa situação semi-colonial frente a seus vizinhos mais poderosos e industrialmente desenvolvidos, França e Inglaterra, cujos idiomas se tornaram as línguas do progresso industrial e científico. Portugueses e espanhóis, e mais ainda seus súditos e ex-súditos, dependem de tradução para a difusão de ideias e informação nos círculos intelectuais e políticos, da ciência e da literatura. Entretanto, os nossos idiomas nunca foram adotados como línguas oficiais, com direito à infraestrutura de tradução, nos eventos pan-africanos. A única exceção, em nosso conhecimento, foi nas reuniões preparatórias do Festival Pan-Africano realizado em Dacar, no ano passado.

Contudo, não hesitamos em identificar a força e a fúria da ideologia da miscigenação na América Central e do Sul como o principal agente histórico do nosso relativo isolamento nos assuntos do mundo africano. As qualidades sedutoras das teorias acadêmicas que sustentam esta ideologia não deixaram de influenciar os estudiosos africanos, os quais tendem, ou tendiam até muito recentemente, a aceitar a informação distorcida vinda do trabalho convencional sobre a região. Um exemplo apareceu no rascunho do programa para a Liga Unida de Defesa da Raça Negra, que dirigiu seu apelo a "todos os africanos e afro-americanos (exceto alguns em países da América Latina porque nestes o preconceito racial foi rigorosamente suprimido)"[4].

Após a independência, eventos internacionais organizados por governos africanos, como o Primeiro e Segundo Festivais de Artes e Culturas Negras e Africanas (Dacar, 1966 e Lagos, 1977), concederam a tribuna a "porta-vozes" brancos da cultura afro-brasileira que dominavam as delegações oficiais, enquanto artistas e pensadores negros eram excluídos, utilizados como marionetes ou relegados a um participação não oficial[5]. Parece que alguns africanos se deixam seduzir pelas teorias da "democracia racial", fato que resulta em parte, acreditamos, de uma postura acadêmica que supervaloriza o discurso "científico" – ou pseudocientífico – em detrimento da verdade social e histórica, sem dizer da coerência política.

Os parâmetros convencionais do trabalho acadêmico são eurocentristas em sua concepção e aplicação, e portanto sua validade para qualquer comunidade africana está sujeita a questionamentos.

A chamada "neutralidade científica" funciona como máscara para o preconceito eurocêntrico exatamente como o chamado "universalismo" tem sido um disfarce para a imposição do sistema de valores europeus sobre outros povos do mundo. Mais ainda, diante dos povos dominados, nenhum observador pode manter-se inteiramente neutro. Seus estudos e conclusões serão utilizados para intervir, de alguma forma, sobre a experiência de dominação. O estudioso, então, contribui ou para prolongar a dominação ou para adiantar o processo de libertação.

Em nosso caso, a escolha está definida. Estas palestras refletem nosso compromisso em busca de uma perspectiva afrocentrada para o mundo africano e seu respectivo estudo. Não negamos que a perspectiva eurocentrada seja válida para os europeus, mas apenas à medida que não conduza à propagação de inverdades. Rejeitamos, no entanto, a sua violenta imposição sobre todos os povos do mundo. Uma filosofia afrocentrada não descarta todos os postulados da matriz europeia, mas reserva para os africanos o direito de definir quais daqueles postulados podem ser válidos para nós, bem como o direito de conceber e desenvolver princípios alternativos com base em nossa própria experiência, metodologias e formas de conhecimento.

Na primeira parte deste conjunto de palestras, consideramos certas questões gerais levantadas pela bandeira do pan-africanismo, sobretudo em nossa região. Na segunda, apresentamos uma breve introdução a algumas dimensões básicas da experiência africana na América Central e do Sul. Trata-se de uma visão muito geral, portanto deficiente a respeito de experiências nacionais específicas. A seguir, observamos o Brasil como um país chave nos assuntos do mundo africano e notamos aspectos da relação entre pan-africanismo e luta afro-brasileira.

Considerações Gerais
Sobre a Causa Pan-Africanista

O presidente da Tanzânia, Julius Nyerere, explicou, em termos simples, as bases para o crescimento e desenvolvimento da consciência pan-africana entre os povos de origem africana no mundo: "homens e mulheres da África e de ascendência africana têm uma coisa em comum – uma experiência de discriminação e humilhação impostas sobre eles por causa de sua origem africana. Sua cor foi transformada numa marca e causa da sua pobreza, de sua humilhação e opressão"[6].

Seria até dispensável afirmar algo tão evidente, não fosse o peso do esforço empenhado, sobretudo em nossa região, para negar essa verdade. Recorre-se à análise de classe e ao determinismo econômico, teorias que afirmam não ser a discriminação contra nós baseada em nossa origem africana, mas em nossa posição econômica inferior.

Nessa perspectiva, a escravidão mercantil europeia teria sido um sistema instituído e motivado somente por considerações econômicas, isto é, a necessidade de mão de obra para as colônias. O racismo seria meramente uma ferramenta para consolidar e apoiar o sistema econômico vigente.

Na realidade, a ideologia do supremacismo branco é anterior ao sistema econômico mercantilista ou capitalista. Ela está profundamente enraizada na antiga tradição cultural judeu-cristã, inclusive por meio da condenação de Cam, representando os povos africanos, no Velho Testamento: "o mais servil dos escravos será ele para os seus irmãos" (*Gênesis* 9, 25). Um milênio antes que os europeus tivessem ocasião de justificar a escravidão mercantil, acadêmicos talmúdicos fizeram a seguinte explanação do trecho:

> os filhos de Cam nascerão feios e negros! Ademais, porque você virou sua cabeça para ver minha nudez, o cabelo dos seus netos se tornarão encarapinhados e seus olhos vermelhos; outra vez

porque seus lábios zombaram de minha nudez, eles andarão nus e os membros dos homens serão vergonhosamente alongados! Os homens dessa raça serão chamados negros e seu avô Cam os comandou amar o roubo e a fornicação, viver em bandos odiando os seus senhores e nunca falar a verdade[7].

Trata-se de apenas um exemplo entre incontáveis aspectos da cultura anti-africana enraizada há séculos na civilização ocidental[8]. Outra proposição alega que a escravidão era uma instituição africana e que os próprios africanos participavam do comércio escravista. Por isso, hoje eles não poderiam legitimamente caracterizar o tráfico transatlântico como fenômeno único ou fundamentalmente racista.

Essa visão ignora a natureza sem precedentes do escravismo europeu, baseado como foi sobre a ideia de que os africanos não são humanos, porém animais ou objetos, e seu destino natural à servidão. Nenhum sistema de escravidão praticado nas sociedades tradicionais da África negra estava fundado sob a presunção da inata inferioridade dos escravizados, muito menos sob a absoluta negação da sua humanidade. A servidão era, com frequência, uma consequência da guerra, e não considerada uma imutável condição "natural". O escravo cativo podia elevar sua posição social no seio da sociedade do captor, e não perdia sua condição humana.

Há uma tendência complementar, entre certos cientistas sociais, de minimizar o alcance e as consequências do supremacismo branco, comparando-o à preferência geral de uma etnia por sua própria cultura em relação àquela de outros povos. Os antropólogos chamam essa preferência de etnocentrismo, e alguns descartam a doutrina do supremacismo branco como mais um exemplo desse fenômeno humano universal, nivelando-o ao etnocentrismo dos próprios povos africanos e assim colocando sobre o oprimido o ônus de sua opressão.

Outra linha de pesquisa acadêmica investiga as minúcias do chamado "choque de culturas", no qual dois povos que exibem o seu etnocentrismo se confrontam. Nesse confronto surgem problemas, estudados sob a óptica da etnologia, antropologia e "sistemas sociais comparados".

O peso do aparato bélico e de repressão, bem como dos sistemas jurídico, de ensino e de evangelização, mobilizados para a imposição da cultura ocidental sobre os povos colonizados, parece desaparecer de forma mágica nesse tipo de equação entre "etnocentrismos". Os sentimentos de preferência cultural entre grupos africanos não poderiam se igualar àqueles dos europeus, que vêm cultivando ao longo de séculos a noção da civilização como invenção exclusivamente ariano-ocidental. O termo "choque" evoca uma imagem de corpos semelhantes colidindo, patentemente inaplicável ao contexto colonial, em que a configuração de poder torna tal imagem inoperante.

Considerações semelhantes cabem a outros conceitos aplicados à experiência africana na América Central e do Sul, como assimilação, miscigenação e sincretismo religioso. O discurso acadêmico, acomodado na linguagem da "objetividade científica", repetidamente nos oferece termos de referência enganadores, que exercem grande influência negativa sobre os nossos jovens e intelectuais.

Por exemplo, o ideal da cultura ou sociedade "universal" ou "sem raças" válido para todos os povos, revela-se uma falsa forma de solidariedade. Segundo essa miragem, particularmente familiar aos afro-brasileiros, o objetivo correto é perseguir a cultura universal do "socialismo científico" na sociedade revolucionária ou criar, por meio da miscigenação, uma humanidade "café-com-leite" cuja etnicidade monolítica irá erradicar todas as distinções raciais.

Tal proposta reduz o racismo a uma crua noção de critério epidérmico quando ele é a negação da humanidade, história e civilização do povo alvo – a rejeição do seu *ethos*, seu ser total. A proposição de uma sociedade sem raças envolve, na verdade, a supressão da identidade e cultura dos africanos e de outros povos dominados, com o feliz alinhamento da nova raça sem cor sob a égide exclusiva da civilização europeia "universal". Esta é, aliás, a clássica proposta brasileira e latino-americana.

Para nós, a diversidade é a condição mais universal da existência humana, e a riqueza da experiência humana deriva largamente da interação, intercomunicação e intercâmbio entre culturas específicas. O legítimo objetivo revolucionário, ao contrário de erradicar as diferenças entre culturas e identidades, seria antes cultivá-las e respeitá-las, para que elas – as diferenças – não sejam transformadas em pedra fundamental da opressão, da desigualdade de oportunidades ou da estratificação social e econômica.

A realização desse objetivo depende da reafirmação, reabilitação e revitalização de culturas reprimidas pelo colonialismo e supremacismo branco, inclusive a africana. Aí reside o imperativo de desenvolver o pensamento afrocentrado para se delinear as perspectivas do mundo africano, sua experiência e identidade supracontinental, uma realidade concreta. A riqueza de sua variação interna não nega sua existência, assim como a variação entre culturas nacionais europeias em nada desmente a existência de uma "civilização ocidental". Aliás, a pesquisa afrocentrada ou pan--africana deverá desenvolver o conceito de "civilização africana" num espírito análogo.

A Experiência Africana na América Central e do Sul e no Caribe

A primeira realidade da presença africana em nossa região é a sua negação implícita. Aliás, o mundo tem sido convidado a nos ignorar. Na palavra do poeta, ativista e pensador afro-peruano Nicomedes Santa Cruz:

> Se existe algo que, nestas partes das América, tem-se tentado sempre nos roubar e maliciosamente esconder (além dos nossos

direitos cívicos), é a nossa presença histórica, decisiva em muitos casos, assim como nossa contribuição enorme e positiva no campo do folclore e das artes. A política tradicional do silêncio, a teorização absurda quando não é mais possível silenciar, ou a usurpação direta, têm sido as respostas sistemáticas que se tem dado no Peru a cada contribuição africana. E nós, os descendentes dos escravos, à margem da cultura "oficial", recebemos para todas as nossas manifestações o débil adjetivo "negroide".[9]

Basicamente por essa razão, raramente se recorda que, durante quatro séculos, constituindo quatro quintos da sua existência no tempo, a maioria das colônias e repúblicas da região tinha populações africanas majoritárias. No Peru, o censo de Lima mostra que em 1640 havia quinze mil africanos somente naquela cidade, o que representava a metade de sua população[10]. No Chile, entre 1540 e 1620, os negros eram muito mais numerosos que os brancos[11]. Até o século XIX, Buenos Aires tinha mais de um terço de negros na sua população[12]. No Equador, no século XVII, de acordo com as estatísticas oficiais, havia noventa mil africanos, mais ou menos um terço da população[13]. Na ocasião da independência venezuelana, o país tinha duzentos mil europeus e 406 mil africanos[14]. De acordo com Nicolás Guillén, em Cuba, no ano de 1840, "a população negra ultrapassava a branca, a nativa e a espanhola juntas". Os africanos de Colômbia formavam uma maioria de 55,6% e de 63,7% em 1778 e 1823 respectivamente; em 1901, de acordo com Vergara e Velasco, eles constituem 80% da população nacional. Gonzalo Aguirre Beltrán nos diz que em 1570 a população africana no México era de 20.569[15]. Até os dias de hoje, a população africana sempre foi majoritária no Brasil.

Nessas populações, havia grande número de escravos foragidos, africanos livres, africanos que já chegaram nas Américas como homens livres, e escravos ou semiescravos chamados negros-de-ganho ou *ganaderos*, que ganhavam seu próprio dinheiro vendendo nas ruas, com considerável liberdade de movimento. "Esses negros andam tão bem vestidos e enfeitados com ouro que, na minha opinião, eles têm mais liberdade que nós"[16], reclamava o arcebispo Álvaro de Castro de Santo Domingo no seu relatório ao Conselho das Índias em 1542. Em toda a América espanhola e portuguesa, a preponderância dos africanos causava preocupações profundas nas autoridades, e não sem razão. Como já afirmamos na introdução a este texto, os *cimarrones*, *cumbes*, *palenques*, quilombos e outras espécies de sociedades africanas livres proliferavam na confrontação armada contra as sociedades escravistas. Outras formas de resistência africana minavam a economia e forçavam os espanhóis no Caribe, por exemplo, a estruturar toda uma força policial especialmente para perseguir os foragidos. Rebeliões, guerras, movimentos de guerrilha urbana e sociedades africanas organizadas, livres ou clandestinas, abundavam do século XVI até o começo do século XX. Não eram rebeliões individuais e isoladas, mas constituíam um fenômeno coletivo que desafiava seriamente a ordem econômica mundial. Sua importância está não apenas na sua resistência à estrutura colonial, como também no seu legado de princípios africanos de sociedade, cultura, economia e política. Na comunicação "Identificación del Negro en la Estructura de Clase: Una Perspectiva Haitiana", Jean Casimir, do Haiti, julga as implicações desses princípios para o pensamento africano contemporâneo tão valiosas porém ainda não avaliadas.

A cultura africana, nas palavras de John Henrik Clarke, "tornou-se a força coesiva e o sistema de comunicação que colocavam em ação essas lutas revolucionárias"[17]. Um exemplo é a comunidade de Yanguicos, um *cimarrón* mexicano que juntava a liderança militar banta com a organização cívica da África Ocidental. Sua saga de confronto militar com as forças espanholas superiores constitui uma página comovente da história pan-africana. Outras se encontram nos *palenques* liderados por Baruco e Vega, Diego de Guzmán e sua nação em San Juan de la Maguana, Diego de

327

Campo e as forças guerrilheiras do Capitão Lemba em Santo Domingo. Na Venezuela, o *cumbe* do rei Miguel o Africano, foi um inimigo formidável. Elegeu uma capital, organizou um exército, o espanhol de Barquisimeto. Miguel e seu povo juntaram-se a outros *cumbes* e elegeram um rei, Bayano. Unidos sob sua liderança, os quilombolas eram invencíveis, obrigando os espanhóis a negociar a paz através de tratado. Episódios como esse tornaram-se eventos comuns em toda a América do Sul e Central e no Caribe. O tratado firmado com o rei Bayano garantia a liberdade dos africanos e criava o direito legal da manumissão a todos os escravos maltratados[18].

Num exemplo semelhante, populações crescentes dos *palenques* da Colômbia se uniram, por volta de 1600, sob o rei africano Benkos Bioho, que consolidava suas forças edificando uma cidade amurada, fundando uma comunidade que se tornaria o famoso *palenque* de San Basílio. Outra vez, os espanhóis não conseguiram vencer os africanos e finalmente firmaram tratado de paz em 1772. Até hoje, San Basílio continua intacto com sua língua de origem africana e sua cultura distinta[19].

Os líderes políticos dessas comunidades eram, em muitos casos, eleitos pela população, fato que reforçava seu poder e que constitui uma característica comum entre esses quilombos no México, em Cuba, Venezuela e Colômbia. A experiência brasileira, em que Zumbi foi o último de uma série de reis eleitos que lideravam os quilombos unidos em Palmares, confirma essa tendência.

Em casos como o *cimarrón* de Suriname (1715-1863), a revolta Berbice em Guiana (1763) e a revolução haitiana, Clarke, em obra já citada, observa um padrão que se repete: as técnicas organizacionais iorubás combinadas com a liderança militar akan. O historiador cubano José Luciano Franco (1975: 288) observa a importância da língua *créole* e da religião do vudu na revolução haitiana, observando que as autoridades coloniais e os escravocratas perseguiam o vudu "não tanto pelo que essa persuasão religiosa significava frente à religião oficial católica; mais importante, a maioria de suas cerimônias secretas se ligavam intimamente à atividade crescente dos *cimarrones* e à rebeldia periódica dos escravos"[20]. Wole Soynka já assinalou que "os *palenques* e outras sociedades *cimarrones* não constituíam apenas veículos de guerra. Em primeiro lugar, eram comunidades pacíficas que viviam de acordo com suas tradições próprias. Neste sentido, elas representam o significado mais profundo do pan-africanismo enquanto difusão mundial dos valores da civilização africana, e não apenas uma força reativa combatendo a opressão"[21].

Richard Price comenta sobre a integração cultural das sociedades *cimarrones*:

> Eles podiam e faziam procurar na África princípios organizativos de nível aprofundado, relativos a áreas culturais tão diversas como o nome de suas crianças, de um lado, ou sistemas de justiça, do outro. [...] Por mais "africano" que fosse, nenhum sistema religioso, social, político ou estético pode ser atribuído de forma confiável a uma proveniência tribal específica; eles revelam, pelo contrário, sua composição sincrética. O sistema político de Palmares, por exemplo, não se derivou de um modelo particular centro-africano, mas de vários.[22]

Talvez seja esse o sentido mais verdadeiro em que tais sistemas possam ser chamados "africanos", pois a África representa a integração dos sistemas diversos que nela existem. É essa experiência de integração no Novo Mundo que melhor expressa sua essência pan-africana.

Contudo, têm-se levantado dúvidas a respeito do caráter verdadeiramente pan-africano desses movimentos. Mesmo se usarmos uma definição mais rigorosa do que aquela de John Henrik Clarke citada na introdução desse ensaio, e concordarmos com St. Claire Drake que a luta pan-africana envolve "um sentido articulado de atividade mundial com responsabilidades interligadas"[23], consideramos que exemplos documentados dessa consciência existem, como, por exemplo, na revolta liderada por Emiliano Mandacaru, em Recife, Pernambuco. As tropas cantavam na rua:

> Qual eu imito Cristóvão
> Aquele nobre imortal haitiano
> Ei! Imita seu povo
> Ô meu povo soberano![24]

Já tive ocasião de sugerir, no artigo "Quilombismo, the Afro--Brazilian Road to Socialism", que a experiência das sociedades *cimarrones* ou quilombolas constitui o fundamento de uma teoria e proposta afro-americana de organização sócio-política para os nossos países, baseada em nossa própria experiência histórica. O quilombismo propõe, em síntese, um socialismo democrático e descentralizado, com ênfase na propriedade coletiva da terra, nas realidades pluriculturais e multiétnicas das sociedades americanas, e nas necessidades de respeito à pessoa dos descendentes de africanos e dos povos indígenas, bem como de reconstrução das histórias e dos valores culturais não europeus. Essa reformulação de valores implica uma posição articulada de defesa do meio-ambiente, defendendo a harmonia com a natureza e um conceito crítico de desenvolvimento focalizando principalmente a distribuição mais justa da renda com acesso a emprego, moradia, serviços de saúde, educação e ensino não eurocentrista para todos. Acreditamos que tal filosofia seja conveniente, claro que com variações em circunstâncias específicas, para os países da região em geral. Enfatizamos que tal proposta não se dirige apenas às comunidades de descendentes de africanos, mas aos países como um todo. Trata-se de uma forma de administração e organização nacional que leva em conta as necessidades de populações específicas num contexto multirracial.

A Manipulação Demográfica e a Supressão das Populações Africanas

A resistência das sociedades quilombolas e as próprias populações de onde emergiram têm sido minimizadas nas versões convencionais da história da região. Em sua ansiedade de inserir-se no mundo ocidental, as elites latino-americanas esforçavam-se para identificar suas nações como europeias em caráter e cultura. Talvez o instrumento mais destacado que mobilizaram para esse fim tenha sido a manipulação das estatísticas demográficas. No Brasil e na Colômbia, por exemplo, as classificações raciais foram inteiramente removidas dos dados do censo, numa negação hipócrita dos "problemas" raciais. Como se fosse para ilustrar até que ponto essa falta de estatísticas facilita a manipulação e distorção dos fatos, o Ministério de Relações Exteriores afirmou, em seu livro *Brazil 1966*, que "a maioria da população brasileira é constituída de brancos, a porcentagem de pessoas de sangue misto sendo diminuta". Devido à pressão de organizações afro-brasileiras e de demógrafos em geral, o censo de 1980 incorporou esses dados pela primeira vez em 30 anos, e desde então os dados oficiais vêm confirmando de forma consistente as desigualdades raciais no país.

Entre 1810 e 1963, as estatísticas colombianas demonstram que a introdução e a retirada de categorias como "mestiço" pode aumentar de forma drástica a população branca e diminuir as categorias "negro, jambo e mulato", aparentemente de acordo com o capricho das autoridades[25]. No Segundo Festival Mundial de Artes e Culturas Negras e Africanas, Festac '77, realizado em Lagos, a delegação oficial do Brasil nos brindou com um exemplo clássico dessa manipulação: "a predominância do segmento branco [nessa população] é evidente, já que no Brasil, até mesmo aqueles de raça mista que tenham uma quantidade pequena ou grande de sangue negro ou índio, mas sem os traços físicos de um desses grupos, são considerados brancos. O que demonstra a ausência de qualquer discriminação de natureza racial, em termos de origem étnica da pessoa"[26].

Nessa linha de raciocínio, afirma-se a validade de conclusão estatística da predominância branca apesar das distorções nela refletidas e que o próprio autor aponta. Assim, a primeira lição dos estudos afro-latino-americanos é aquela que o demógrafo Giorgio Mortara observou: com essa distorção dos dados, "o grupo negro perde muito e ganha pouquíssimo, o grupo mulato ganha muito e nada perde, e o grupo branco ganha em grande escala e não perde nada"[27].

Tal processo é o grande responsável pela falta geral de conhecimento sobre as populações africanas da região. O Peru constitui um bom exemplo: seu contingente africano de mais de cinquenta mil é largamente ignorado ou subestimado. Assim também é a população afro-uruguaia[28]. Ildefonso Pereda Valdés afirma que "a discriminação racial está profundamente encravada em nossa sociedade, com raízes muito mais profundas que geralmente se supõe. É uma barreira que nega ao povo negro do Uruguai seu pleno desenvolvimento. O Jim Crow se aplica apesar das garantias de lei e da Constituição"[29].

No Uruguai e em Buenos Aires, no século XIX, uma imprensa negra ativa dava voz ao protesto e à organização da comunidade africana, através de jornais como *La Conservación*, *Nuestra Raza* e *La Raza Africana o sea el Democrata Negro*. O ativismo afro--uruguaio culminou na formação de um partido político negro, o Partido Negro Autóctono, que clamava por uma consciência política negra e pelo atendimento às reivindicações raciais. A independência paraguaia tem uma dívida enorme para com os soldados africanos, como também a têm países como Uruguai, Argentina, Peru, Chile, Venezuela e Colômbia. O Brasil explorou sem escrúpulos o seu contingente africano na Guerra do Paraguai.

No Equador, a província de Esmeraldas, Salinas del Norte e várias cidades onde a produção de açúcar exigia a utilização de escravos, constituem núcleos de concentrada população de ascendência africana.

Os mexicanos mais instruídos são frequentemente os primeiros a negar a existência de numerosas comunidades africanas no México como Veracruz, que inspirou a coreógrafa Katherine Dunham e continua até hoje celebrando sua herança africana de diversas maneiras[30].

Muitos descendentes de africanos emigraram do Caribe de fala inglesa para países da América Central. Em Honduras, Nicarágua, Panamá e Costa Rica, trabalharam na construção do Canal e das redes ferroviárias a ele ligadas e constituíram comunidades bilíngues ou de fala inglesa localizadas, sobretudo, na costa atlântica e na região do Canal. A sede da Associação Unida do Melhoramento do Negro (UNIA), de Marcus Garvey, em Puerto Limón, Costa Rica, simboliza a resistência dessas comunidades. Em Nicarágua, Bluefields desempenha um papel especial autoafirmativo em relação ao governo sandinista. No Panamá realizou-se, em 1980, o 2º Congresso de Cultura Negra das Américas, presidido pelo poeta afro-panamenho Gerardo Maloney.

Populações negras encontradas em Cuba, Porto Rico, República Dominicana, Colômbia e Venezuela são mais conhecidas, embora sua identidade africana seja quase sempre obscurecida. Pelo menos um quarto da população colombiana, e provavelmente mais, é de origem africana, e uma intensa concentração de africanos se encontra no fértil vale do Cauca, onde se localiza Cáli, sede do 1º Congresso de Cultura Negra das Américas impulsionado pelo dinâmico antropólogo Manuel Zapata Olivella. Nos litorais do Caribe e do Pacífico, em cidades como Cartagena, Barranquilla, Buenaventura e a ilha de Santa Marta, os descendentes africanos dominam o cenário humano.

Mais impressionante é o caso de Chocó, no litoral ocidental de Colômbia, com praias no Pacífico e no Caribe. Um estado 98% negro, Chocó é pouco conhecido no mundo exterior e é "esquecido e segregado pelo resto do país"[31]. Seu povo vive na mais absoluta miséria contrastada à riqueza dos recursos minerais, agrícolas e da pesca. Essa riqueza escoa para fora de Chocó rumo ao interior urbano dominado por brancos. A imprensa local assim resumiu a situação: "sem nenhum direito à satisfação das justas necessidades, [nós somos] o lixo de uma nação"[32]. Diante disso, um político, a elite dominante, se pronuncia da seguinte forma: "A Colômbia tem sido muito generosa com Chocó. Chocó não tem qualificações para ser Departamento [Estado], mas a Colômbia concedeu a Chocó a honra de ser Departamento."

A situação de Chocó é análoga à da Bahia, famosa sede da religião africana do Brasil. Bahia e sua capital, Salvador, com uma população de dois milhões, têm pelo menos 90% de negros. Aliás, diz a sabedoria popular que todo o baiano, até mesmo entre os aristocratas, tem sangue africano. Invoca-se a prevalência da cultura africana, desde a culinária até a religião, no esforço de apresentar a Bahia como modelo mundial do não racismo.

Na realidade, a matriz cultural africana é vista como um "folclore" exótico, e não como um sistema espiritual e filosófico íntegro e aprofundado. As normas e os valores europeus têm vigência na sociedade dominante. Quanto às relações de poder, não existe nenhum senador ou deputado negro, estadual ou federal. As posições de prestígio político, social e econômico são ocupadas quase exclusivamente por brancos que controlam o comércio, os bancos, as universidades, os sistemas de polícia e de justiça, a política e os recursos para a arte e a cultura.

Nesse aspecto, a Bahia espelha a sociedade do Brasil. As forças armadas do país contam com soldados e marinheiros de origem africana na sua vasta maioria, enquanto os oficiais são brancos; quanto mais alta a patente, mais exclusiva a barreira da cor. No governo, os afro-brasileiros costumam servir café às autoridades brancas. De acordo com o censo de 1980, as crianças negras têm seis vezes menos oportunidades que as brancas de completar doze anos de instrução. O dobro do número de adultos negros e três vezes mais jovens, negros na faixa etária estudantil são analfabetos. Em São Paulo, o estado mais desenvolvido do Brasil, segundo pesquisa feita pela Fundação Carlos Chagas, os trabalhadores negros ganham de 20% a 50% menos que os brancos nas mesmas ocupações, quando conseguem empregos. Essa diferença se acentua na medida em que os empregos exigem maior nível de instrução.

O Brasil expressa o arquétipo do modelo latino de hegemonia racista e a mais sofisticada elaboração da versão do supremacismo branco que chamamos "ilusão da miscigenação". Seus expoentes mais destacados são homens como Gilberto Freyre, Jorge Amado e Pierre Verger.

A Ilusão da Miscigenação: Escamoteando uma Realidade Racista

Há vinte anos, este orador teve ocasião de fazer uma observação e uma previsão[33] cuja realização já se esboça de forma concreta:

> Ainda se identifica a não existência de agressões violentas contra o negro, tipo Estados Unidos, África do Sul, Angola e Moçambique, com ausência de discriminação racial. É como se se raciocinasse: enquanto o negro não é caçado à paulada no meio da rua, não está sofrendo nenhuma injustiça ou agressão. Não percebem os que assim pensam a sutil teoria sócio-psico-cultural que vem se complexando ao longo de nossa história, atirando os que dela participam num labirinto surrealista. Isso tem retardado, mas não erradicado, a eclosão espetacular do preconceito e a consequente contrapartida, também espetacular, reação do negro.[34]

Na última década, a comprovação das desigualdades raciais e a reação militante dos negros vêm marcando cada vez mais a história da região. Três congressos de Cultura Negra das Américas

(Colômbia, 1977; Panamá, 1980; e Brasil, 1982) testemunharam esses fatos, e continuam proliferando as organizações e entidades negras em quase todas as nações que compõem a América chamada latina.

Tais movimentos, na melhor das hipóteses, deixaram de ser previstos pela sabedoria convencional. As classes dominantes desenvolveram uma forma paternalista de supremacismo branco mais insidiosa que o racismo agressivo. Enfatizando a assimilação biológica e cultural, ela cria a ilusão de uma mistura feliz e disfarça seu conteúdo racista, minando a identidade e a consciência coletiva de dominação dos descendentes de africanos.

Esse fato está refletido no hábito de referir-se à região como "América Latina", frase que expressa a violenta imposição, pelas classes dominantes europeias, de sua identidade cultural e étnica na própria definição da região, quando a grande maioria do seu povo é africana ou indígena e não "latina".

Se o termo "latino" passou a denotar a natureza mista das populações da região, a utilização de um vocábulo especificamente identificando o europeu para designar um amálgama racial onde este componente está em franca minoria já reflete o preconceito eurocentrista.

A noção é de que uma generosa tendência "latina" de se misturar racialmente a povos dominados como os africanos e os indígenas vem "impedindo os problemas da discriminação racial". Aliás, a miscigenação e a inconsciência do preconceito racial são consideradas uma coisa só. As obras largamente traduzidas de Gilberto Freyre trazem a exposição clássica dessa teoria ao afirmar que a natureza especial do colonialismo português no Brasil e na África resulta no chamado "luso-tropicalismo". Trata-se da construção de uma sociedade benevolente e não racista, em que brancos e negros constituem não "duas metades inimigas" mas "duas metades fraternas". Esses grupos harmônicos estão até mesmo desaparecendo através do processo saudável de "fusão racial".

Essa teoria chega às raias do absurdo quando um embaixador brasileiro, José Sette Câmara, afirma diante de uma plateia africana, em 1974 – quando caíam bombas salazaristas de napalm e de fragmentação sobre populações civis de Angola, Moçambique e Guiné Bissau –, que "os próprios africanos reconhecem todas essas peculiaridades positivas do colonialismo português"[35].

O luso-tropicalismo brasileiro encontra seu corolário na América espanhola quando os intelectuais da elite latina se autocongratulam pela criação do "homem cordial", figura emblemática da suposta harmonia racial que caracterizaria as sociedades mestiçadas da região. Ambas imagens da ilusão miscigenista são contrastadas com a da África do Sul e dos Estados Unidos, onde os latinos pensam não haver mistura racial. Falando a uma plateia africana num seminário sobre o *apartheid*, um eminente diplomata e escritor brasileiro sublinhava a "formação antirracista [do país], a sua miscigenação", alegando, a título de contraste, que os negros nos Estados Unidos são "quase sempre puros"[36].

A África do Sul e os Estados Unidos, entretanto, são testemunhos vivos do fato de que não há correlação entre a mistura de raças e a ausência do racismo. O *apartheid* produziu toda uma casta de "coloureds", e 80% ou mais dos negros norte-americanos são de ascendência mista[37]. A miscigenação constitui parte integral da dominação do supremacismo branco, derivada da histórica violência sexual contra a mulher africana, cuja exploração comercial continua como grande fundamento da miscigenação latina. A atual designação da mulher mulata como "nosso mais valioso produto de exportação", por exemplo, é considerada uma das grandes generosidades da democracia racial brasileira para com os afro-brasileiros.

Elevada ao nível de uma política de estado, a miscigenação articulou-se como instrumento de genocídio, com a intenção de eliminar as populações africanas. Na América espanhola, já em 1627, o Frei Alonso de Sandoval advogava a suspensão do tráfego escravista a fim de iniciar o processo de branqueamento com seriedade.

O historiador cubano José Antonio Saco exclamava, em 1835, "só temos um remédio: embranquecer, embranquecer, embranquecer, até nos tornamos respeitáveis"[38]. Ao final do século XIX, horrorizadas diante da perspectiva da cidadania da população negra após a abolição, as classes dominantes intensificaram esses esforços. O subsídio à imigração europeia agregou-se à manutenção dos africanos na miséria absoluta e ao imperativo de "melhorar a raça" por meio da miscigenação. O delegado brasileiro ao Congresso Universal de Raças realizado em Londres, em 1911, previu que, no transcurso do século, essas políticas iriam resultar na "extração da raça negra de nosso meio"[39]. Mais recentemente, em 1982, surgiu nos meios direitistas a proposta de esterilização coletiva das negras de São Paulo, o estado mais populoso do Brasil, fundamentada na alegação de que os negros ameaçavam tornar-se força eleitoral majoritária[40].

Para os incautos e ingênuos, é preciso esclarecer que, ao denunciar a natureza racista dessa miscigenação compulsória, não falamos de casos individuais de relações inter-raciais espontâneas, muito menos defendemos uma suposta pureza biológica de raça, coisa que nunca existiu na experiência do ser humano. Tratamos da miscigenação imposta como fenômeno de dominação que torna o negro, e sobretudo a mulher negra, sexualmente explorável e socialmente dispensável. O mito do casamento inter-racial é desmentido por uma realidade de mancebia subordinada dessa mulher.

Ultimamente, temos sido brindados com uma série de eufemismos a exemplo de "mulatización", "morenidade" e a "sociedade sem raças"[41]. Tais neologismos não alteram os fundamentos racistas da ideologia da miscigenação, nem modificam as relações raciais caracterizadas pela segregação, discriminação e repressão cultural.

Em toda a região existe uma concentração altamente desproporcional de africanos e de indígenas nos níveis mais miseráveis da pobreza e da destituição. No Equador, Bolívia, Paraguai e Brasil, temos uma situação igual àquela da África do Sul: maiorias não brancas dominadas por pequenas minorias brancas. undo Jesus

Lacides Mosquera, "a segregação étnica está implícita nas próprias estruturas do sistema colombiano"[42]. Concentrações geográficas de africanos, como em Chocó, Bahia, o nordeste brasileiro, constituem redutos de pobreza e subdesenvolvimento, numa expressão estrutural da discriminação racial[43]. "Independentemente do país ou da nacionalidade dos diferentes delegados, e independentemente de suas características estritamente étnicas", todos os três Congressos da Cultura Negra das Américas testemunharam "um consenso básico: o reconhecimento da situação histórica da opressão dos povos negros, que hoje materializa-se no estado de destituição socioeconômica em que os negros vivem na região como regra geral [...] e da persistência das práticas discriminatórias contra os negros, que reduz os termos e as oportunidades de sua justa participação em todas as instâncias das nossas diferentes estruturas sociais"[44].

Essas práticas discriminatórias, em vez de distinguir entre brancos e todos aqueles de origem africana, estabelecem uma hierarquia fundamentada nas tonalidades da cor da pele, uma *pigmentocracia*. "Essa discriminação utiliza as diferentes tonalidades da cor da pele dos negros como mecanismo para fazer desaparecer o negro através da ideologia do branqueamento como busca do homem ideal, a fim de obter melhores condições de vida, e utiliza o mesmo mecanismo para destruir a solidariedade política, econômica, religiosa e familiar dos grupos negros."[45]

O gênio da pigmentocracia e da ilusão da miscigenação é que, enfatizando os mitos da integração social e da harmonia racial em sociedades não formalmente segregadas, obscurece o embasamento racial da dominação do negro. Anani Dzidzienyo observa que ela "atinge *sem tensão* os mesmos resultados que as sociedades abertamente racistas"[46], pois a "gama complexa de definições entre negro e branco se baseia no preconceito contra o não branco"[47]. Dada a persistência das desigualdades raciais observadas na região, podemos concluir que se trata de uma forma extremamente eficaz de dominação. A ilusão da não discriminação ajuda a fixar essas desigualdades, e os povos alvos do racismo são instigados a negar sua própria experiência de discriminação. Ou seja, quanto menos conflito racial, mais eficiente o racismo.

Aliás, o racismo segregacionista dos Estados Unidos já parece estar aprendendo essa lição. Depois da legislação dos Direitos Civis de 1964 e 1972 (fruto da organização e resistência afro-norte-americana), a segregação por medida legislativa está sendo substituída pelo tradicional sistema latino em que critérios aparentemente neutros funcionam como motes para o racismo. Molefi Kete Asante comenta: "dispensa-se a atitude institucional contra o negro e adota-se uma atitude de processos, criando [por exemplo] um comitê de seleção. A ideia é de dar a impressão de correr enquanto se fica em pé, imóvel"[48].

No Brasil, os anúncios de postos de trabalho que pediam somente brancos passaram a dizer "prefere-se pessoas de boa aparência", e a discriminação continuou em plena vigência, documentada até pelo próprio Ministério do Trabalho, através do SINE[49].

Da mesma forma, nos Estados Unidos os negros sofrem o retrocesso da eliminação ou impedimento dos programas de ação afirmativa, bem como diversas manifestações do ressurgimento do racismo e taxas de desemprego exorbitantemente desproporcionais, ao passo que a sociedade liberal se orgulha de ter efetuado grandes avanços contra o preconceito na era dos direitos civis. Enfim, a "democracia racial" chega ao norte das Américas.

Brasil: País Chave no Mundo Africano

A enorme população negra do Brasil o torna o maior país negro fora do continente africano, e o segundo maior no mundo, depois da Nigéria. As subestimadas estatísticas oficiais definem a população afro-brasileira em 44% de aproximadamente 150 milhões de brasileiros, ou seja, cerca de sessenta milhões. Uma estimativa mais realista alcançaria 70%, isto é, 105 milhões de africanos no Brasil. A longa história de resistência política e militar dos africanos no Brasil, sobretudo através de quilombos, faz deste país o principal contingente da tradição pan-africana de luta. Ademais, é um dos mais vitais e dinâmicos centros de cultura africana no mundo moderno. Sua importância estratégica no sentido político, econômico e geográfico o torna um elemento chave nos assuntos do Atlântico Sul (ver Documento 4 do presente volume).

O Brasil tem de longe o maior território e a maior população da América Central e do Sul, e a mais poderosa força militar. Ele tem a economia mais sofisticada e os mais diversificados recursos naturais, e está próximo de se tornar um poder nuclear. Seu peso militar representou papel decisivo nos golpes militares do Chile, Bolívia, Argentina e República Dominicana.

O golpe militar de 1964 inaugurou no Brasil um período de industrialização forçada sob o modelo de intensiva infusão de capital estrangeiro, achatamento salarial e repressão política. O "milagre econômico" transformou o país num importante poder industrial ao passo que acentuou as desigualdades na distribuição da renda e piorou o abjeto estado de pobreza de mais de um terço da população. Hoje, o Brasil está no quinto ou sexto lugar entre as nações do mundo em produção de armas[50]. Com um mercado interno limitado em razão do empobrecimento da população, o único caminho aberto para o capitalismo brasileiro era expandir investimentos no mercado externo, compensando a ausência de demanda do consumo doméstico. Trata-se de uma postura imperialista por excelência. A classe governante teve o cuidado de se identificar com o "Terceiro Mundo" e declarar sua solidariedade com as nações em desenvolvimento, ao passo que agia como poder econômico avançado em relação à África e à América Central e do Sul. Por volta de 1972, programas de ajuda estrangeira, na forma familiar de empréstimos condicionados à compra de produtos brasileiros, chegavam a US$70 milhões, e desde então vêm crescendo.

As intenções expansionistas do governo autoritário se manifestaram desde a formulação, pelo General Golbery do Couto e Silva, da doutrina da "interdependência continental", que envolvia uma "barganha leal" com os Estados Unidos. O Brasil exerceria um "quase monopólio de domínio" na região do Atlântico Sul em troca de apoiar os interesses dos Estados Unidos. Houve uma extensa negociação no sentido de criar um Pacto do Atlântico Sul que daria sustentação ao regime racista do *apartheid* na África do Sul (ver Documento 4).

A política de embranquecimento sustentou, aliado à orientação ideológica do regime militar, a vinda ao Brasil de dirigentes salazaristas e de brancos racistas expulsos da África. Concebida para "preservar e desenvolver na composição étnica da população as características mais desejáveis da sua ascendência europeia" (Decreto 7967 de 1945), a política imigratória brasileira sempre coibiu ou desencorajou a entrada de africanos negros.

Como deputado federal, apresentei um projeto de dispositivo constitucional que concedesse aos africanos de Angola, Moçambique, Guiné Bissau e Cabo Verde os mesmos privilégios de imigração atualmente desfrutados por cidadãos portugueses, uma vez que os laços históricos, linguísticos e culturais nos unem tanto com a África como com Portugal. Não foi aprovado pelo plenário legislativo do país.

Talvez a consequência mais espetacular para a África do eurocentrismo brasileiro tenha sido o firme apoio do país ao Portugal salazarista durante as guerras de independência em suas então colônias. O Brasil endossou as mais escandalosas atrocidades do terrorismo português na África ao votar contra ou abster-se de repetidas resoluções da ONU (ver Documento 4). Foi uma atitude de extrema hostilidade à independência africana.

Na metade dos anos 1970, o pragmatismo econômico começou a mudar essa atitude. O potencial comercial da África surgiu como uma irresistível isca para o expansionismo, e o Brasil decidiu então "jogar o jogo do novo nacionalismo africano"[51]. Depois de 1972, ele instalou treze embaixadas na África negra. Generais brasileiros anticomunistas foram os primeiros, fora da África, a reconhecer o governo marxista de Agostinho Neto em Angola, consolidando uma nova política na qual o "comércio foi enfatizado sobre a política, em termos de expansão e novos mercados"[52].

Nesse contexto, a ideia do tratado do Atlântico Sul foi posta provisoriamente de lado. No intuito de penetrar os mercados africanos, o Brasil passou a ostentar sua fama como "democracia racial" e anunciar sua "afinidade cultural com a África".

No bem-sucedido comércio brasileiro com a África, a Nigéria surge como o maior sócio; Angola e Moçambique seguem de perto. De 1973 a 1976, as exportações brasileiras para a Nigéria aumentaram de US$3,5 para US$90 milhões. Entre 1978 e 1979, as exportações para Angola aumentaram de US$8 para US$48 milhões. As linhas de crédito para Moçambique financiaram importações que cresceram dez vezes, de US$8 para US$80 milhões entre 1976 a 1979. Em apenas um mês, janeiro de 1980, elas totalizaram US$4.6 milhões. A empresa nacional de petróleo, Petrobras, tem destaque nessas transações, como também a Volkswagen do Brasil, empresas brasileiras de construção, engenharia, telecomunicações e serviços técnicos, e produtores de veículos leves para forças armadas.

Com exceção de um pequeníssimo e economicamente insignificante clube de negócios em São Paulo, a Câmara do Comércio Afro-Brasileira, os afro-brasileiros estão praticamente ausentes dessas iniciativas comerciais na África. A noção de uma "burguesia negra" no Brasil não passa de ficção, pois, em sua esmagadora maioria, os negros são pobres ou miseráveis destituídos, mesmo considerando-se alguns ganhos recentes em mobilidade social. Assim, uma elite empresarial branca colhe os frutos do negócio africano, e ultimamente encontrou um novo e sofisticado meio de extrair lucro dos afro-brasileiros: o setor de *marketing*. O radiante semblante de Pelé, no momento o melhor símbolo vendedor da "democracia racial", se destaca nos *outdoors* da Nigéria, anunciando produtos brasileiros.

Angola recusou, ao menos uma vez, a isca da "democracia racial", quando sua televisão estatal rejeitou a série brasileira *O Sítio do Pica-Pau Amarelo*. Considerado no Brasil um padrão clássico de diversão integrada para crianças, o programa divulga estereótipos racistas das personagens negras. Esperamos que, na busca por diversificação econômica e desenvolvimento com autonomia em relação à Europa, a África não deixe de perceber a penetração de sua economia pela mesma elite brasileira que propaga tais noções e discrimina os afro-brasileiros em sua pátria.

Embora a aliança do Atlântico Sul tenha perdido sua ênfase em razão da nova política econômica, não está claro que os militares do Brasil tenham deixado de identificar-se como defensores da "civilização ocidental" no Atlântico Sul. Em 1983, o jornalista Newton Carlos notificou que a carteira do comércio exterior do banco oficial brasileiro estava exportando armas para a África do Sul, informação negada e os respectivos dados mantidos em sigilo, sendo o segredo uma marca registrada das relações exteriores do Brasil. Mas é de domínio público que o governo civil do presidente José Sarney vem dando continuidade à prática de dirigir suas declarações antirracistas à comunidade mundial enquanto mantém relações diplomáticas com o regime do *apartheid*, cuja representação marca ativa presença no Brasil. Toda universidade nacional recebe, gratuitamente, a ilustrada revista de luxo da embaixada sul-africana. Voos frequentes das linhas aéreas sul-africana e brasileira transportam empresários e turistas do Rio de Janeiro para Johannesburgo e vice-versa.

Mais importante, a firma sul-africana Anglo-American, atuando desde Johannesburgo em conjunto com o grupo brasileiro Bozzano Simonsen, controla 72,5% da produção do ouro industrial brasileiro. Tendo adquirido várias empresas, a Anglo-American também controla 72,3% do níquel, 44,6% do nióbio,

38,7% do tungstênio e 14,4% da mineração de fosfato no Brasil. Sua subsidiária sul-africana e a maior empresa de diamantes no mundo, a De Beers, está investindo na produção de diamante industrial no estado de Mato Grosso. Enfim, a África do Sul recorre aos negócios com o Brasil para amenizar o boicote mundial que se avoluma contra ela[53] e o governo do Brasil presta sua cooperação e encorajamento.

Recente decreto do presidente Sarney (Decreto 91.524, de 9 de agosto de 1985) cortou as frequentes visitas de artistas e músicos sul-africanos que se apresentavam ao público erudito brasileiro. Também ficou proibida a competição esportiva e a venda de combustível, armas e peças de reposição. Sem embargo, a medida não afetou os interesses comerciais e econômicos com a África do Sul, nos quais o Brasil é sócio deficitário, importando 30% do seu ácido ortofosfórico e 22% do seu papel para imprensa nos anos 1986 e 1987[54]. As relações diplomáticas também ficaram intactas, num gesto de surdez aos apelos da comunidade afro-brasileira organizada.

Aqui deparamos com a importância para a África da participação política dos afro-brasileiros, cuja influência positiva sobre tais políticas poderia alterar a face das nossas relações com a África. Os afro-brasileiros não têm sido omissos a esse respeito. Reivindicamos de forma constante o rompimento de todas as relações com o regime do *apartheid* e o reconhecimento da swapo, do ANC e do PAC[55]. O Instituto de Pesquisas e Estudos e Afro-Brasileiros, Ipeafro, organizou o primeiro simpósio nacional sobre a Namíbia em 1984, por ocasião do centenário da luta do povo namibiano contra o colonialismo. Publicou uma edição especial da revista *Afrodiáspora*, a de número 5, dedicada a informar o público brasileiro sobre a situação da Namíbia, amplamente ignorada no país. Como membro do Comitê de Relações Exteriores da Câmara dos Deputados, tive a oportunidade de coordenar um esforço parlamentar no sentido de exigir o rompimento de todas as relações com a África do Sul. Como resultado, pela primeira vez na história brasileira, os líderes no Congresso de todos os partidos de oposição assinaram uma declaração condenando a ocupação ilegal da Namíbia pelo regime do *apartheid*[56]. Entretanto, foram ignorados nossos requerimentos formais ao Ministério de Relações Exteriores no sentido de romper as relações com a África do Sul e de reconhecer a SWAPO e ANC.

A comunidade afro-brasileira, através de suas entidades e porta-vozes, vem apoiando os movimentos de libertação africana, tentando informar e mobilizar a opinião pública brasileira. Quando os representantes das nações africanas são recepcionados e cercados por um corpo diplomático brasileiro branco, porque o negro não tem acesso a suas fileiras, esperamos que não faça falta o sentimento pan-africano da responsabilidade recíproca de que fala St. Claire Drake, no artigo "Diaspora Studies and Pan-Africanism".

O Pan-Africanismo e a Luta Antirracista Afro-Brasileira

Momento exemplar da solidariedade pan-africana com a causa dos afro-brasileiros foi quando Aimé Césaire denunciou a exclusão dos negros brasileiros e suas entidades do Seminário Internacional da Unesco sobre cultura africana, realizado no Rio de Janeiro no início da década de 1960. Entretanto, em outras ocasiões houve episódios decepcionantes.

Durante as décadas de 1950 e 1960, a Négritude estava no centro do debate sobre o racismo e a luta negra no Brasil. Para alguns militantes afro-brasileiros, inclusive o presente orador, a Négritude representava muito mais que um movimento literário ou poético: simbolizava a posição antirracista e anticolonialista e as ligações entre os africanos em todo o mundo. Defendíamos ardentemente a Négritude junto a paternalistas convencionais e intelectuais da esquerda brasileira, para quem a Négritude representava o termo mais pejorativo possível, indicador do racismo às avessas. Entretanto, conscientes de que o prestígio e a credibilidade nos círculos oficiais brasileiros estavam com a elite anti-Négritude, os diplomatas senegaleses passaram a endossar certas posições eurocentristas sobre "o problema do negro no Brasil". Essa tendência conduziu finalmente à criação pelo Senegal, em 1974, de uma Associação de Estudos Afro-Latino-Americanos, com os porta-vozes da ilusão da miscigenação como seus principais protagonistas. Gilberto Freyre e Pierre Verger eram presidentes honorários. Clarival do Prado Valladares, um aristocrata baiano e crítico paternalizador das artes negras, incorporava a etiqueta[57] segundo a qual os afro-brasileiros, incapazes de discurso intelectual, cultural, político ou artístico, devem ser "representados" pelos paternalistas brancos. No Conselho Federal de Cultura, era Valladares um desses "representantes". Ironicamente, o governo de Senegal o escolheu para integrar o júri do Primeiro Festival Mundial das Artes Negras realizado em Dacar, em 1966. Ao retornar ao Brasil, Valladares publicou um ensaio intitulado "A Defasagem Africana ou Crônica do Primeiro Festival Mundial das Artes Negras", em que afirmava o seguinte: "o branco não caçava o negro na África, mas o comprou pacificamente dos tiranos negros [...], não nos surpreende que não haja uma melhor compreensão e análise da África entre os africanos, pois no que se refere à dimensão histórica, parece existir certo sentimento de inferioridade que é africano. Assim que não é possível apresentar um texto histórico paralelo àquele dos países ocidentais".

Outro delegado oficial era Édison Carneiro, um etnólogo e folclorista cuja posição sobre a cultura africana era a antítese daquela da Négritude:

> a obra do que chamamos de "civilização do Brasil" foi exatamente a destruição das culturas particulares do negro e do índio. O índio

foi, entre outras coisas, liquidado até fisicamente. [...] A mesma coisa aconteceu com o negro, com a diferença de que o negro, como era comprado, o branco tinha uma certa relutância em liquidar aquilo que valia dinheiro. [...] Mas a cultura do negro foi, desde o princípio, liquidada pelo branco. [...] Na minha opinião, e talvez nós discordemos, isso me parece extraordinário e bom, porque significa uma possibilidade de união do povo brasileiro contra naturalmente os seus exploradores. [...] De modo que o fato de o negro ter-se naturalizado, ter-se tornado brasileiro, ter-se destribalizado, ter rompido esses laços com a África, embora por processos muitas vezes brutais, me parece uma aquisição válida do povo brasileiro[58].

Como é o hábito dos *gentilhommes* de punho-de-renda que habitam o Itamaraty, essa delegação do Primeiro Festival Mundial de Artes Negras foi articulada nos laboratórios herméticos daquela instituição, segundo um critério de "integração nacional" que excluía os artistas e pensadores afro-brasileiros independentes. O mesmo critério prevaleceu para o Segundo Festival de Artes e Culturas Africanas (Lagos, 1977). Este orador, e outros africanos opositores de seus governos na África e na diáspora, fomos excluídos[59].

No VI Congresso Pan-Africano realizado em 1974, em Dar-es-Salaam, o critério da exclusão foi diferente: vários delegados da diáspora se encontraram excluídos, entre eles o Comitê Orientador do Caribe, que havia sido um dos principais organizadores do evento. Esse grupo, sob a liderança do eminente historiador e escritor C.L.R. James, realçava a necessidade de um enfoque não governamental. Mais tarde, diante da política imposta pelos governos, condenou a exclusão do certame dos representantes dos povos da "América Latina, Guiana Francesa, Porto Rico, Guadalupe e Martinica", e fez um apelo no sentido de que "a pequena delegação do povo brasileiro liderado por Abdias Nascimento seja plenamente reconhecida"[60]. Entretanto, minha atuação foi prejudicada não só pela barreira da língua (não havia tradução do espanhol ou do português), como também pela linha ideológica do "socialismo científico" que ali reinava e que fazia das deliberações uma espécie de atestado de óbito do pan-africanismo.

Em todos esses eventos, o controle dos governos, independentemente de sua ideologia, foi o motivo das distorções e da falta de legitimidade. Reuniões não governamentais, como o Encontro União de Escritores Africanos para Alternativas do Mundo Africano (Dacar, 1976) e a Conferência Sobre Negritude, Etnia e Cultura Africana nas Américas (Miami, 1987), têm sido muito mais bem-sucedidas e produtivas[61].

Este ano, observamos no Brasil a passagem do centenário da abolição da escravatura. Os portugueses foram os primeiros a chegar à África e os últimos a sair; foram também os últimos a abolir a escravidão nas Américas. Podemos observar que algumas melhoras vêm sendo conquistadas por meio da crescente organização e luta dos próprios afro-brasileiros. No Estado da Bahia, por exemplo, o governador Waldir Pires desapropriou as terras do candomblé mais antigo, protegendo-o assim dos abusos da especulação imobiliária. Quatro deputados afro-brasileiros participam da Assembleia Nacional Constituinte. Vários governos estaduais e municipais criaram assessorias ou conselhos de assuntos afro-brasileiros, e tem-se dado atenção ao problema dos currículos escolares racistas. As terras de Palmares estão sendo desapropriadas, e as comunidades quilombolas espalhadas pelo país estão reivindicando seu direito à legalização da posse de suas terras. No Ministério da Cultura, criou-se um setor de assuntos afro-brasileiros chefiado pelo doutor Carlos Moura, presidente do Centro de Estudos Afro-Brasileiros (CEAB) de Brasília. Nos foros internacionais, a eminente antropóloga e militante negra Lélia González tem dado voz às aspirações dos afro-brasileiros, e outros também têm participado em reuniões internacionais.

Tudo isso ainda é um início tímido, pois a ideologia da democracia racial continua a reinar suprema.

A consciência pan-africana exige uma sensibilidade da parte dos africanos para com as questões da nossa história ignorada e usurpada, do ensino racista imposto às nossas crianças e da necessidade de uma consciência afrocentrada. Se a independência tornou esses problemas menos imediatos, acreditamos que ainda sejam questões vivas também no continente.

Esperamos ver um futuro onde os africanos deem ouvidos ao pedido de Aimé Cesaire pela solidariedade, e procurem não se enganar com as bonitas mensagens que obscurecem e perpetuam a dominação dos descendentes de africanos na América Central e do Sul. Esforços positivos vêm sendo concretizados no Encontro da União de Escritores Africanos (Alternativas Para o Mundo Africano) (Dacar, 1976), na Conferência sobre Negritude, Etnia e Cultura Africana nas Américas (Miami, 1987) e no processo organizativo do Festival Pan-Africano – Fespac, no Senegal, no sentido de reverter a minimização da participação de nossa região no cenário pan-africano. O Instituto Internacional dos Povos Negros, desde sua reunião constitutiva em Ouagadougou, promovida pelo governo de Burkina Faso, se empenha num esforço semelhante.

Mesmo assim, continua necessário chamar a atenção de nossos irmãos e irmãs africanos para o perigo dos floreios literários e acadêmicos no contexto das sociedades da região. A articulação do supremacismo branco nas teorias de misturas de raças e do amálgama cultural "universalista" sublinha a necessidade de se manter uma perspectiva afrocentrada que nos permita perceber as implicações ocultas desse tipo de discurso.

O verdadeiro encontro entre os povos ocorre de forma espontânea e sob o signo do respeito mútuo. Nosso objetivo deve ser o de preservar, resgatar e reconstruir criativamente os aspectos positivos de nossos valores tradicionais espirituais, artísticos, culturais e éticos, em vez de "fundi-los" com outros num contexto de desigualdade. Procuramos respeitar e exigir respeito, como seres humanos com uma identidade e uma história específica, e conviver com os outros em paz, respeitando as suas identidades específicas.

Considerações Finais e Despedida

Para concluir, desejamos ecoar a convocação feita pelo Colóquio Pan-Africano reunido neste mesmo lugar há dois anos, por ocasião do re-enterramento dos restos de W.E.B. Du Bois e Shirley Graham Du Bois. Chamava-se à realização do 7º Congresso Pan-Africano tão depressa quanto realisticamente possível e de preferência no solo de Gana. Constitui um tributo ao povo de Gana o fato de seu governo estar apoiando a criação e as atividades do Centro Memorial W.E.B. Du Bois. Esperamos que este tributo possa ser levado avante em homenagem aos sonhos e esforços de Padmore, Du Bois, Nkrumah e de tantos outros mais.

Talvez possamos testemunhar um momento em que vários governos juntem suas forças para possibilitar um empreendimento como o 7º Congresso Pan-Africano, deixando a sua organização e procedimento independentes e não atrelados ao controle ou interferência governamental. Houve uma tentativa de se passar um atestado de óbito ao pan-africanismo, mas temos o prazer de testemunhar que, com o Centro Memorial W.E.B. Du Bois em ação, o pan-africanismo ainda continua muito vivo.

Axé Zumbi, Axé Du Bois, Axé Nkrumah. Axé à causa Pan-Africanista!

Bibliografia

AFRODIÁSPORA, *Revista do Mundo Negro*. Rio de Janeiro: Instituto de Pesquisas Afro-Brasileiros – IPEAFRO, 1983-1987. 7 números.

ASANTE, Molefi Kete. *Afrocentricity*. Buffalo: Amulefi, 1978. [2. ed. Philadelphia: Temple University Press, 1998.]

ASANTE, Molefi Kete; ASANTE, Kariamu Welsh (orgs.). *African Culture: The Rhythms of Unity*. 2. ed. Trenton: Africa World Press, 1990.

BEN-JOCHANNAN, Yusef. *Cultural Genocide in the Black and African Studies Curriculum*. New York: Alkebu-Lan, 1971.

BRIGAGÃO, Clóvis. *Brazil's Foreign Policy: The Last Ten Years*. Estocolmo: Centro de Pesquisas do Instituto de Estudos Latino-Americanos, 1979.

_____. *O Mercado da Segurança*. Rio de Janeiro: Nova Fronteira, 1984.

CADERNOS *Brasileiros: 80 Anos de Abolição*. Rio de Janeiro: Cadernos Brasileiros, 1968.

CÂMARA, José Sette. O Fim do Colonialismo. *Tempo Brasileiro*, n. 38-39, 1975. (Brasil, África e Portugal).

CAMPBELL, Horace (org.). *Pan-Africanism, Struggle Against Neo-Colonialism and Imperialism*. Toronto: Edição do Autor, 1975.

CAPITAINE, Fernando Winfield. Notas Sobre el Carnaval en una Comunidad Negra de Veracruz. *Cuadernos Afro-Americanos*, v. 1, n. 1. 1975.

CASIMIR, Jean. Identificación del Negro en la Estructura de Clase: Una Perspectiva Haitiana. *Relatório Final do 20 Congreso de Cultura Negra das Américas*. Panamá: Universidade de Panamá, 1980.

CLARKE, John Henrik. The Influence of African Cultural Continuity on the Slave Revolts in South America and the Caribbean islands. Trabalho apresentado ao 3º Congresso Internacional de Africanistas, Adis Abeba, 1973.

_____. The Development of Pan-Africanist Ideas in the Americas and in the Caribbean Islands. Trabalho apresentado ao Colóquio do Segundo Festival Mundial de Artes e Culturas Negras e Africanas (Festac). Lagos: Secretariado do Festac, 1977.

COOMBS, Orde. Mulatto Pride. *New York Magazine*, 26 de jun. 1978.

CRUZ, Nicomedes Santa. Aportes de las Civilizaciones Africanas al Folclore del Peru. Trabalho apresentado ao Colóquio Négritude e América Latina, Dacar, 1974.

DIEGUES JR., Manuel. *Africa in the Life and Culture of Brazil*. Contribuição oficial da delegação do Governo Brasileiro ao Colóquio do Segundo Festival Mundial de Artes e Culturas Negras e Africanas, Lagos. Brasília: Ministério das Relações Exteriores, 1977.

DRAKE, St. Clair. Diaspora Studies and Pan-Africanism. In: HARRIS, Joseph E. (org.). *Global Dimensions of the African Diaspora*. Washington: Howard University Press, 1982.

DZIDZIENYO, Anani. *The Position of Blacks in Brazilian Society*. London: The Minority Rights Group, 1971.

_____. Nascimento and His Times. The Socio-Political Context of Afro-Brazilian Writing and Activity. 1984.

ENTRALGO, Elias. La Mulatización Cubana. *Revista Casa de las Américas* (África en las Américas), n. 36-37, [s.d.].

FERNANDES, Florestan. *O Negro no Mundo dos Brancos*. São Paulo: Difusão Européia do Livro, 1972.

FIGUEIREDO, Guilherme (1975). Apartheid, a Discriminação Racial e o Colonialismo na África Austral. *Tempo Brasileiro*, n. 38-39, 1975. (Brasil, África e Portugal).

FRANCO, José Luciano (1973). Maroons and Slave Rebellions in the Spanish Territories. In: PRICE, Richard (org.) *Maroon Societies: Rebel Slave Communities in the Americas*. New York: Doubleday. [2. ed., Johns Hopkins University Press, 1979; 3. ed., Johns Hopkins University Press, 1996.]

———. *La Diáspora Africana en el Nuevo Mundo*. Havana: Ciencias Sociales, 1975.

FREYRE, Gilberto (1976). Aspectos da Influência Africana no Brasil. *Revista Cultura*, v. 6, n. 23, out.-dez. 1976.

———. *Casa Grande e Senzala*. 2 v. 14. ed. Rio de Janeiro: José Olympio, 1969.

———. *The Mansions and the Shanties: The Making of Modern Brazil*. New York: Alfred A. Knopf, 1963.

———. *New World in the Tropics: The Culture of Modern Brazil*. New York: Alfred A. Knopf, 1959.

———. *The Masters and the Slaves: A Study in the Development of Brazilian Civilization*. New York: Alfred A. Knopf, 1946.

Friedemann, Nina S. de. *Ma Ngombe: Guerreros y Ganaderos en Palenque*. Bogotá: Carlos Valencia, 1979.

GEISS, Immanuel. *The Pan-African Movement*. New York: Methuen, 1974.

HASENBALG, Carlos. *Discriminação e Desigualdades Raciais no Brasil*. Rio de Janeiro: Graal, 1979.

LARKIN NASCIMENTO, Elisa. *Pan-Africanism and South America*. Buffalo: Afrodiáspora, 1980.

———. *Pan-Africanismo na América do Sul*. Petrópolis: Vozes/IPEAFRO, 1981.

MELLAFE, Rolando. *Negro Slavery in Latin America*. Berkeley: University of California Press, 1975.

MOORE, Carlos; SANDERS, Tanya R.; MOORE, Shawna (orgs.). *African Presence in the Americas*. Trenton: Africa World Press/The African Heritage Foundation, 1995.

MORTARA, Giorgio (1970). O Desenvolvimento da População Preta e Parda no Brasil. In: *Contribuições Para o Estudo da Demografia no Brasil*. 2. ed. Rio de Janeiro: IBGE, 1970.

MOSQUERA, Jesus Lacides. *El Poder de la Definición del Negro*. Ibague: Universidad de Tolima, 1975.

MOURA, Clóvis. *Rebeliões da Senzala: Quilombos, Insurreições e Guerrilhas*. Rio de Janeiro: Editora Conquista, 1972.

———. *O Negro, de Bom Escravo a Mau Cidadão?* Rio de Janeiro: Editora Conquista, 1977.

Nascimento, Abdias do. *O Brasil na Mira do Pan-Africanismo*. Salvador: CEAO/ EdUFBA, 2002.

———. Quilombismo, the Afro-Brazilian Road to Socialism. In: ASANTE, M.K.; ASANTE, K.W. (orgs.). *African Culture: The Rhythms of Unity*. 2. ed. Trenton: Africa World Press, 1990.

———. *Sitiado em Lagos: Auto-Defesa de um Negro Acossado Pelo Racismo*. Rio de Janeiro: Nova Fronteira, 1981. [2. ed. In: Nascimento, Abdias do. *O Brasil na Mira do Pan-Africanismo*. Salvador: CEAO/ EdUFBA, 2002.]

_____. *Mixture or Massacre? Essays in the Genocide of a Black People*. Buffalo: Afrodiaspora, 1979. [2. ed. Dover: The Majority Press, 1989.]

_____. *O Genocídio do Negro Brasileiro*. Rio de Janeiro: Paz e Terra, 1978. [2. ed. In: Nascimento, Abdias do. *O Brasil na Mira do Pan-Africanismo*. Salvador: CEAO/ EdUFBA, 2002.]

_____. *"Racial Democracy" in Brazil: Myth or Reality?* Ibadan: Sketch, 1977.

_____. *O Negro Revoltado*. Rio de Janeiro: GRD, 1968. [2. ed. Rio de Janeiro: Nova Fronteira, 1982.]

_____. Carta Aberta a Dacar. *Tempo Brasileiro*, v. 4, n. 9-10, 2. trim. 1966. [*Diário do Congresso Nacional*, suplemento, 20 abr. 1966, p. 15-17, lida na Câmara dos Deputados pelo então deputado Hamilton Nogueira.] In: Nascimento, Abdias do. *O Brasil na Mira do Pan-Africanismo*. Salvador: CEAO/EdUFBA, 2002.

NASCIMENTO, Maria Beatriz. O Conceito de Quilombo e a Resistência Cultural Negra. *Afrodiáspora*, n. 6-7, 1986.

NKRUMAH, Kwame. *Ghana: The Autobiography of Kwame Nkrumah*. New York: International Publishers, 1957.

NYERERE, Julius K. *Ujamaa: Essays on Socialism*. London: Oxford University Press, 1974.

ORTIZ, Fernando. José Antonio Saco y sus Ideas. *Revista Bimestre Cubana*, n. 2, 1929.

PEREIRA, José Maria Nunes. O Apartheid e as Relações Brasil-África. *Cadernos Candido Mendes: Estudos Afro-Asiáticos*, n. 14, 1987.

POLIAKOV, Léon. *O Mito Ariano: Ensaio Sobre as Fontes do Racismo e dos Nacionalismos*. Trad. Luiz João Gaio. São Paulo: Perspectiva/Edusp, 1974.

PRICE, Richard (org.). *Maroon Societies: Rebel Slave Communities in the Americas*. Nova Iorque: Doubleday, 1973. [2. ed., Johns Hopkins University Press, 1979; 3. ed., Johns Hopkins University Press, 1996.]

RAMA, Carlos M. *Los Afro-Uruguayos*. Montevideo: El Siglo Ilustrado, 1967.

ROUT, Leslie B. *The African Experience in Spanish America, 1502 to the Present*. Cambridge: Cambridge University Press, 1976.

SKIDMORE, Thomas E. *Black Into White: Race and Nationality in Brazilian Thought*. New York: Oxford University Press, 1974.

SOYINKA, Wole. *Myth, Literature and the African World*. London: Cambridge University Press, 1976.

VALLADARES, Clarival do Prado. A Defasagem Africana ou Crônica do Primeiro Festival de Artes Negras. *Cadernos Brasileiros*, v. 8, n. 36, jul.-ago. 1966.

VAN SERTIMA, Ivan. *They Came Before Columbus: The African Presence in Ancient America*. New York: Random House, 1976.

VERGER, Pierre. African Religion and the Valorization of the African Descendants in Brazil. In: OYELARAN, O. (org.). *Faculty Seminar Series*, v. 1. Ifé: Universidade de Ilé-Ifé, Departamento de Línguas e Literaturas Africanas, 1977.

WINTERS, Clyde Ahmad. African Presence in Ancient Brazil. Trabalho submetido para publicação na revista *Afrodiáspora*, 1985.

DOCUMENTO 9

Pronunciamento de Abertura: Plenária Brasileira Para a III Conferência Mundial Contra o Racismo [1]

Acusamos o Brasil do crime de racismo, de genocídio contra os povos indígenas e afrodescendentes.

ABDIAS NASCIMENTO

Laroiê!

Minhas irmãs e meus irmãos; colegas e companheiros militantes do movimento negro de todo o país, saúdo vocês na pessoa dos integrantes da Comissão Organizadora do Fórum Nacional de Entidades Negras, aqui representada pelo poeta Éle Semog.

Às mulheres negras organizadas, Geledés, Criola, Casa Dandara, Coletivo N'Zinga, Fala Preta!, enfim, a todas as entidades de mulheres negras que atuam pelo país afora, um axé especial. Viva o exemplo de Luísa Mahin!

Aos povos indígenas, nossa saudação fraterna. Todas as deliberações do movimento negro os incluem em solidariedade, guardadas as características específicas de sua luta.

Nossas saudações cordiais aos ilustres convidados representantes dos organismos oficiais, sr. Walter Franco, representante da ONU; Embaixador Gilberto Saboya, Secretário Nacional de Direitos Humanos do Governo Federal; e sra. Benedita da Silva, Vice-Governadora do Estado do Rio de Janeiro.

Agradecendo à magnífica reitora da UERJ, Nilcéia Freire, que mantém a tradição deste espaço sempre aberto à participação comunitária, gostaria – com a sua permissão – de saudar o corpo docente e discente e os funcionários da UERJ na pessoa do nosso companheiro João Costa Batista.

Finalmente, as mais calorosas saudações para os nossos convidados do exterior, Moshe More, da Coalizão de ONG's Sul-Africanas: Amandla!

E Romero Rodrigues, do Mundo Afro Uruguai – Axé, meu irmão!

"Unidos para Combater o Racismo: Igualdade, Justiça e Dignidade". Este é o lema oficial adotado pela ONU para a 3ª Conferência Mundial Contra o Racismo, a Discriminação Racial, a Xenofobia e Formas Correlatas de Intolerância.

No Brasil, a luta dos afrodescendentes por igualdade, justiça e dignidade vem desde os tempos de Zumbi e dos quilombos que permearam toda a história e todo o território da colônia e do país. Está consignada na Revolta dos Alfaiates, em que quatro afro-baianos foram martirizados. Não faziam parte daquela elite intelectualizada de Tiradentes, mas do povo brasileiro trabalhador e discriminado.

Ao longo do século XX, fui testemunha ocular e participante do movimento organizado dos negros brasileiros. Por isso, aos 87 anos, hoje é um dia muito especial para mim. Esta 2ª Plenária Nacional de Entidades Negras confirma o que pude testemunhar na primeira, realizada em julho do ano passado em São Paulo: o quanto caminhamos em matéria de organização da sociedade civil contra o racismo neste país. Houve um tempo em que a denúncia do racismo brasileiro parecia coisa de maluco. Quando organizamos o Congresso Afro-Campineiro em 1938, o Teatro Experimental do Negro em 1944, a Convenção Nacional do Negro em 1945-1946, o 1º Congresso do Negro Brasileiro em 1950, éramos poucos e a elite intelectual branca nos tratava com desdém. Para esses intelectuais, tanto de direita quanto de esquerda, não passávamos de um bando de radicais racistas ao reverso cujas ideias não se sustentavam na realidade social do país. Ao levar a denúncia do racismo brasileiro ao exterior, durante quinze anos de exílio, eu era tachado de traidor, de agente da CIA, de desequilibrado mental. Usavam de todos os expedientes para desmoralizar nossa denúncia e nossa luta, inclusive métodos de desagregação doméstica como aqueles utilizados pelo FBI nos Estados Unidos. Mas o ato público de 1978 na escadaria do Teatro Municipal de São Paulo, quando fundamos o Movimento Negro Unificado Contra o Racismo e a Discriminação Racial, demonstrou tratar-se de um movimento social que crescia em todo o país, e que vem desde então cada vez mais se ampliando, amadurecendo, formando quadros e conquistando espaços. Temos entidades e indivíduos atuando em todas as áreas relevantes à vida da nossa comunidade. Elegemos parlamentares, conquistamos legislação e forçamos a criação de órgãos e conselhos governamentais em nível local, estadual e federal. A existência desses órgãos é o reconhecimento não só da existência do racismo como da necessidade de implementar políticas públicas para combater os seus efeitos sobre a população afrodescendente. À parte e apesar das tergiversações do governo brasileiro, vimos participando no processo preparatório da 3ª Conferência Mundial. No Chile, na Conferência Regional das Américas, foi marcante a presença dos afrodescendentes brasileiros em articulação com seus irmãos negros e indígenas de todos os países americanos. Por força dessa articulação, foi incluído na declaração oficial um capítulo sobre os afrodescendentes. No mesmo espírito nos encontramos aqui, unidos no propósito de participar da 2ª Conferência Preparatória em Genebra e da 3ª Conferência Mundial a realizar-se em Durban.

Estamos diante de um momento histórico em que o Brasil está na mira do mundo. As primeiras duas Conferências Mundiais Contra o Racismo, realizadas em Genebra em 1978 e 1983, focalizaram a herança racista do colonialismo e o sistema segregacionista do *apartheid* na África do Sul. Hoje, derrubado esse sistema específico, chegou a hora de a comunidade internacional se debruçar sobre as formas contemporâneas de racismo, menos explicitadas, que ora se manifestam inclusive numa África do Sul democrática, apesar de este país ter adotado um nova Constituição antirracista. Refiro-me à discriminação racial dissimulada e negada na retórica, porém firme e eficaz na sua prática de exclusão. Poderíamos chamá-la de racismo de resultados. São os processos perversos de genocídio que sempre caracterizaram a sociedade brasileira e que hoje se revelam no mundo como parte integral de um processo de globalização que institucionaliza o racismo, a discriminação racial e o massacre de nossa gente em escala mundial.

O Brasil é hoje o exemplo, como antes o foram Estados Unidos e África do Sul. Eliminados o *Jim Crow* e o *apartheid*, esses países passam a viver a experiência do racismo encoberto ao estilo brasileiro, em que não se faz necessário legislar a segregação e a exclusão, pois os processos discriminatórios se encarregam de produzi-las de maneira não formalizada.

Por isso, a 3ª Conferência definiu de forma nítida os seus propósitos. Não se trata de discutir teoricamente o racismo, mas de identificar de forma concreta as fontes, causas, formas e manifestações contemporâneas do racismo, bem como nomear suas vítimas; definir ações concretas de prevenção, educação e proteção para erradicá-lo; prover remédios, recursos e medidas concretas em nível nacional, regional e internacional; e definir estratégias para alcançar a verdadeira e efetiva igualdade.

Nos vinte anos que nos separam da 1ª Conferência Mundial Contra o Racismo, a sociedade civil organizada vem conquistando um papel cada vez mais relevante como ator no palco do direito internacional. Isso significa que um fator central à participação de qualquer país na 3ª Conferência será a relação entre Estado e sociedade civil. No caso do Brasil, por mais que o governo se esforce na sua retórica discursiva, nossa avaliação é que esse relacionamento não tem sido sincero. As palavras, os pronunciamentos, as expressões de intenção, os gestos esvaziados, não são suficientes para construir esse relacionamento. O governo pode até utilizar-se de textos, informações e dados produzidos por nós, mas isso não basta, pois o que faltam são ações concretas. As políticas públicas reivindicadas por nossa população estão na mesa, mas não saem do papel. Até mesmo o teste do pezinho para a anemia falciforme, uma medida barata e passível de aplicação imediata, não se concretiza enquanto política concreta do governo brasileiro. A fome, a violência rural e urbana, os abusos da polícia, a falta de condições de estudo e de acesso à universidade, a falta de acesso a serviços de saúde e a condições dignas de habitação e moradia, todas as violações de direitos humanos – inclusive aquelas constatadas pelo Relator Especial da ONU sobre Tortura –, incidem em primeiro lugar sobre a população negra, majoritária neste país. A titulação das terras das comunidades quilombolas é um direito constitucional ainda longe de ser plenamente implementado. A discriminação racial no mercado de trabalho e as desigualdades raciais nos indicadores sociais, documentadas com fartura por órgãos oficiais e por institutos independentes de pesquisa, compõem um quadro que por si só denuncia, com eloquência, o descaso do Estado brasileiro para com a população afrodescendente.

Como signatário da Convenção pela Eliminação da Discriminação Racial - CERD, bem como da Convenção III da Organização Internacional do Trabalho e de outros tratados, o Brasil assumiu o compromisso perante a comunidade internacional de tomar medidas concretas para reparar essas desigualdades. É louvável o fato de o governo, respondendo às pressões do movimento negro organizado, haver encaminhado ao Congresso Nacional projeto de lei no sentido de aderir ao Artigo 14 da CERD, aceitando a competência do Comitê da ONU sobre a Eliminação da Discriminação Racial para receber e considerar comunicações de indivíduos ou grupos vitimados pelo racismo no país. Entretanto, essa medida também significa pouco enquanto o governo não investir o peso de sua liderança parlamentar no empenho de sua aprovação. Significa pouco, sobretudo, enquanto o governo não implementar políticas públicas efetivas de combate à discriminação racial. Cumpre observar, nesse contexto, que as informações contidas no último relatório do Brasil ao Comitê da Discriminação Racial da ONU, apresentado em 1996 com treze anos de atraso, foram consideradas demasiadamente teóricas, enumerando dispositivos legais e pouco falando de medidas concretas.

Outro aspecto de um relacionamento entre estado e sociedade civil está consignado na questão linguística. Obrigatoriamente, o Brasil apresenta seus documentos a respeito dos compromissos internacionais nas línguas oficiais da ONU, que não incluem o português. Mas os nossos diplomatas não se preocupam com o retorno desse material aos cidadãos brasileiros na língua nacional. Formados na tradição elitista dos punhos de renda, eles se contentam com o inglês e o francês, deixando o povo brasileiro e o movimento social ignorantes dos textos produzidos sobre a sua realidade e perspectivas de vida.

Ao longo de décadas, desde a época da luta contra o *apartheid* e pela independência da Namíbia, venho advogando a inclusão do português como língua oficial da ONU. Creio que é hora de o movimento social organizado encampar essa proposta, no intuito de possibilitar a milhões de atores da sociedade civil no mundo uma participação efetiva nos eventos internacionais. Nesse sentido, uma articulação com os outros povos de língua portuguesa, vários deles africanos, pode ter início nessa 3ª Conferência Mundial Contra o Racismo. A recente adição da língua árabe ao rol dos idiomas oficiais da ONU demonstra que a inclusão do português não é impossível. Depende da mobilização política dos povos interessados em nível internacional.

Uma questão fundamental nessa Conferência será a das reparações. Nossa posição é que o tráfico transatlântico de africanos escravizados, o colonialismo e o racismo configuram crimes contra a humanidade que produziram o enriquecimento injusto dos países colonialistas e das elites dominantes brancas de sociedades multirraciais. Reconhecido esse enriquecimento ilícito, está estabelecido o direito das vítimas à reparação, que tem três componentes: compensação, restituição e reabilitação. Precisamos consignar esse direito na Declaração da 3ª Conferência. Para isso, é preciso uma articulação com os países africanos, que reivindicam a reparação na forma de uma transferência de riqueza das nações ricas do Ocidente em favor dos ex-colonizados, por meio do estabelecimento de um fundo internacional e de uma comissão para a distribuição das reparações. Entretanto, a proposta dos países africanos não contempla ainda as vítimas da escravatura, do colonialismo e do racismo do outro lado do oceano. Precisamos caminhar junto com eles, apoiando sua proposta de transferência de recursos e ampliando-a para incluir como beneficiários os povos afrodescendentes e indígenas nas Américas.

A noção das reparações tem evoluído de um conceito restrito de compensação pecuniária para outro, mais amplo, da implementação de políticas públicas de ação compensatória ou afirmativa a beneficiar de forma coletiva as populações de ascendência africana. Esse conceito amplo de reparações, enumeradas as medidas concretas consideradas necessárias, está na essência dos objetivos da 3ª Conferência, conforme a Resolução 52/III (1997) da Assembleia Geral da ONU, que incluem o seguinte: "formular recomendações concretas para promover medidas de ação nacional, regional e internacional de combater todas as formas de racismo, discriminação racial, xenofobia e intolerância correlata". Quero observar apenas que é fundamental estabelecer mecanismos de participação da sociedade civil na definição dessas medidas, bem como o acompanhamento e a fiscalização da implementação das mesmas por parte da sociedade civil organizada. Somente dessa forma, movimento social e governo podem caminhar juntos no sentido de construir um relacionamento sincero rumo à Conferência de Durban. Uma Conferência Nacional Preparatória no Brasil, por exemplo, deveria colocar na mesa, para um diálogo direto, Ministros de Estado de todos os setores do governo e o movimento social afro-brasileiro, a fim de discutir de forma concreta as medidas necessárias para pôr fim ao legado de racismo e discriminação racial no país.

Soube pelos tambores da Bahia que há uma proposta no sentido de realçar na 3ª Conferência Mundial a urgência de enfrentar o racismo contra os povos indígenas e os descendentes de africanos nas Américas. Dada a importância estratégica do Brasil, país da maior população negra fora da África, a proposta é que todos, brasileiros ou não, que se aliam a esta causa, iniciem as suas falas no âmbito da Conferência com esta frase: "Acusamos o Brasil do crime de racismo, de genocídio contra os povos indígenas e afrodescendentes." Haveria melhor maneira de realçar perante o mundo esse racismo de resultados à moda latina, disfarçado e covarde, que ninguém conseguiu implantar de forma melhor que a elite dominante do Brasil?

Tenho plena confiança no sucesso dos trabalhos deste encontro nos próximos dias. Levaremos à frente a tarefa que a Assembleia Geral da ONU nos responsabilizou ao designar o ano de 2001 como Ano Internacional de Mobilização Contra o Racismo. Fazendo assim, continuamos a luta permanente dos nossos ancestrais e de Zumbi.

Vamos juntos numa só voz bradar bem alto:

A luta continua!

A luta continua!

A luta continua!

Axé!

DOCUMENTO 10

O Modelo Brasileiro e Latino: Um Paradigma das Formas Contemporâneas do Racismo[1]

Distintos palestrantes e integrantes desta mesa. Companheiras e companheiros, irmãs e irmãos de luta. Senhoras e senhores:

Manifesto de início a minha felicidade por terem os orixás me permitido chegar aqui para testemunhar este histórico encontro. Invoco Exu, dono do idioma e senhor da contradição criativa, e Ogum o guerreiro, desbravador de etapas e barreiras cósmicas, para que nos ajudem a viver da melhor forma possível este ato de luta por igualdade, justiça e dignidade.

Quero prestar uma homenagem ao dr. Joseph Ki-Zerbo, eminente historiador do continente africano, cuja contribuição, prevista para este painel, teria sido de enorme valor. Na pessoa de Moshe More, agradeço à Coalizão de ONG's Sul-Africanas, Sangoco, o convite que muito me honra para participar deste Fórum das ONG's. À Fundação Sulista de Educação – SEF, de Atlanta, EUA, na pessoa de sua vice-presidente executiva Lynn Walker Huntley, meu comovido agradecimento pelo apoio que possibilitou a minha vinda à África do Sul.

Para mim, estar de novo em Durban é evocar a trajetória do povo sul-africano na sua luta contra o *apartheid*. Desde a década de 1960, nós, afrodescendentes brasileiros, temos dado nossa pequena contribuição de solidariedade a essa luta e também à luta pela descolonização da África. No 3º Congresso de Cultura Negra das Américas, realizado em São Paulo em 1982, tivemos a honra de receber uma representante das forças de resistência sul-africanas, sra. Sathima Ibrahim. Em 1991, tivemos a alegria de participar do histórico Congresso Nacional do ANC aqui em Durban e também de receber o herói e futuro presidente da África do Sul, Nelson Mandela, em nosso país. Hoje, vencido o regime criminoso do *apartheid*, a 3ª Conferência da ONU e este Fórum se debruçam sobre outras modalidades de racismo que afligem o mundo. Na sua essência, o fenômeno permanece o mesmo, e neste painel vamos discutir suas fontes, causas, formas e manifestações contemporâneas.

Há exatos noventa anos, realizou-se em Londres outra conferência internacional, o 1º Congresso Universal de Raças, em que o delegado do meu país expressou de forma eloquente um elemento comum a todas as formas de racismo. Anunciou o dr. João Batista Lacerda que o Brasil, por meio de suas políticas raciais, iria eliminar de seu meio todo o vestígio dos povos de ascendência africana. Até o ano 2012, dizia o ilustre diplomata, não haveria mais negros nem mestiços; o país descansaria tranquilo na certeza de sua branquitude confirmada. Concretizava-se em política de Estado o desejo genocida, inerente ao racismo, de eliminar o outro.

Último a abolir a escravidão em 1888, o Brasil era um país de maioria negra. O Rio de Janeiro era a cidade de maior população africana no mundo, e essa população ganhava naquele momento a cidadania. Espantada diante da vergonha de se reconhecer um país negro, a elite minoritária procurou a solução na política do embranquecimento baseado na certeza "científica" da inferioridade africana, incentivando a maciça imigração de brancos europeus, cujo sangue "superior" deveria prevalecer na mistura racial e eliminar lentamente o elemento "inferior" negro. Ou seja, em vez de tentar separar e zelar pela pureza das raças, a elite optou por eliminar o negro por meio da própria mistura racial.

Essa política se sofisticou ainda mais quando a intelectualidade brasileira resolveu abandonar ostensivamente o critério biológico do racismo "científico" ao passo que mantinha intactas a estrutura de dominação racial e a política do embranquecimento. Estas continuavam ancoradas firmemente no critério biológico do racismo, porém de forma encoberta e não confessa. Ao contrário, a elite dizia rejeitar o racismo ao tempo que o mantinha, velado, nos currículos escolares, na repressão policial, nos padrões de estética, nos ideais e valores culturais.

O resultado é uma sociedade em que o desejo de ficar branco define as relações sociais, criando uma hierarquia de cor, uma pigmentocracia, em que quanto mais se aproxima o indivíduo ao padrão da brancura, mais prestígio e mobilidade social conquista. A mistura de raças, símbolo para a elite dominante de seu pretenso "antirracismo", se fundamenta na subordinação e exploração sexual da mulher afrodescendente, herança direta de sua escravização.

O Brasil e outros países da chamada América Latina têm uma tradição de se apresentar ao mundo como exemplo de cordialidade e de harmonia racial. Nessa tradição, o massacre dos povos indígenas e africanos escravizados foi convertido em processo generoso de bondade e convivência. Mascarado como elogio à mestiçagem e à síntese cultural, o supremacismo branco reina no continente, consignado no próprio nome da região. América "latina" por quê? Apenas na medida em que uma elite minoritária, europeia em ascendência e identidade, impôs o seu domínio sobre populações majoritárias de afrodescendentes e indígenas, violentando-as não só fisicamente como no fundo de sua alma – sua cultura, identidade e dignidade humana – com o objetivo de eliminá-las, transformando-as em brancos postiços.

Esse domínio da elite minoritária branca sobre maiorias indígenas e afrodescendentes, análogo à estrutura de poder do *apartheid*, conseguiu escapar da condenação mundial porque os dominadores construíram uma imagem autoelogiosa de benevolência antirracista endossada pela intelectualidade, artes e ciências sociais. Nossa exclusão do meio cultural e das escolas e universidades, fruto do próprio racismo, ajudou a manter essa ilusão até muito recentemente. O delegado do Congresso de 1911 não teve confirmada a sua previsão genocida. Não só os afrodescendentes continuaram vivos no Brasil e na América "Latina" como nunca deixaram de lutar contra essa violação. Em 1945, quando o 5º Congresso Pan-Africano se realizava em Manchester, nós organizávamos a Convenção Nacional do Negro Brasileiro, reivindicando legislação antirracista e políticas compensatórias para os afrodescendentes. Mas o mundo africano só tomou conhecimento de nossa luta quando, em 1974, levamos a denúncia ao 6º Congresso Pan-Africano. A partir de 1977, com os Congressos de Cultura Negra das Américas, e, sobretudo, na década de 1990, os afrodescendentes organizados da região ampliaram cada vez mais a sua luta antirracista.

Hoje, o tipo de processo perverso que sempre caracterizou a modalidade "latina" do racismo se revela no mundo como parte integral de uma globalização que institucionaliza o massacre etno-cultural em escala mundial ao passo que vende, através dos meios de comunicação de massa, uma imagem feliz de convivência multicultural mercadológica.

O vínculo do racismo com a globalização se revela tão antigo quanto o fenômeno da dominação expansionista, que precede o exemplo europeu do século XVI. O caso de populações agrícolas do sul, dominadas na antiguidade por conquistadores nômades vindos do norte, dando origem a hierarquias de raça e cor, está consignado no trabalho de Cheikh Anta Diop e seus seguidores. As fontes e as causas do racismo contemporâneo estão nesses processos de expansão, exacerbados, aperfeiçoados e aprofundados na dominação colonial das Américas, da África e da Ásia sob a égide do mercantilismo capitalista e do supremacismo branco sustentado em teorias pseudocientíficas. A globalização atual expressa a continuidade, a mutação e a evolução dessa mesma dominação expansionista.

Entretanto, reconhecer o colonialismo e o imperialismo como fontes e causas do racismo não significa reduzi-lo a uma função do sistema econômico capitalista. Tal alegação tem sido utilizada para negar legitimidade à luta antirracista, sobretudo nas sociedades da chamada América Latina onde se nega a própria existência do racismo. O movimento negro brasileiro viveu esse fato de forma tão intensa quanto líderes e pensadores pan-africanistas como George Padmore, Frantz Fanon, C.L.R. James e Aimé Césaire, entre outros, às voltas com a postura tíbia e hesitante do socialismo europeu, sempre sujeita a outros interesses, diante da luta dos africanos contra o colonialismo e o racismo. A supressão da história dos povos africanos e das outras vítimas, a imposição dos padrões culturais do supremacismo branco, o cerceamento à autoestima das vítimas, a sobrevivência sutil e encoberta de noções de inferioridade biológica, a própria negação do racismo e de suas consequências, são fatores fundamentais à construção das suas formas contemporâneas. Todos esses fatores convivem perfeitamente, hoje, com a imagem eletrônica de harmoniosa diversidade cultural promovida como mercadoria exótica.

As primeiras duas Conferências Mundiais Contra o Racismo, realizadas em Genebra em 1978 e 1983, focalizaram o sistema segregacionista do *apartheid*. Derrubado esse sistema, países onde foram eliminados sistemas jurídicos de segregação racial passam a viver o racismo encoberto, ao estilo latino e brasileiro. Não se faz necessário legislar a segregação e a exclusão, pois os processos discriminatórios se encarregam de produzi-las de maneira não formalizada. Cada vez mais prevalece a discriminação dissimulada, negada na retórica hipócrita de uma pretensa igualdade, porém firme e eficaz na prática da exclusão. O modelo latino e brasileiro surge paradigmático entre as formas contemporâneas do racismo, e a experiência afrodescendente nas Américas de fala espanhola e portuguesa muito contribui para a compreensão desse fenômeno. Trata-se de um racismo estrutural e institucional, com diversos aspectos e características que o movimento negro organizado cuidou de inscrever nos documentos das reuniões preparatórias à 3ª Conferência e a este Fórum, em especial na Declaração de Santiago, fruto da reunião regional preparatória desta Conferência realizada em dezembro de 2000, e na Consulta de Montevidéu, de julho de 2001.

O tráfico transatlântico e o regime do mercantilismo escravista, o colonialismo e o racismo em suas formas contemporâneas são crimes contra a humanidade que produzem o enriquecimento injusto dos países colonialistas e das elites dominantes brancas de sociedades multirraciais, estabelecendo o direito das vítimas à reparação. Esta noção evoluiu de um conceito restrito de compensação pecuniária para outro, mais amplo, da implementação de políticas públicas nacionais, regionais e internacionais de compensação, restituição e reabilitação a beneficiar de forma coletiva as populações discriminadas. Para isso, é preciso criar fundos para a sustentação financeira de tais medidas; organismos internacionais como o Banco Mundial e o Banco Inter-Americano de Desenvolvimento devem fazer parte dessa empreitada. Mas é fundamental estabelecer mecanismos de participação da sociedade civil organizada na definição de tais medidas, bem como no acompanhamento e na fiscalização da implementação das mesmas.

Para mim, a perspectiva mais importante deste Fórum está na possibilidade de fortalecer o movimento mundial dos afrodescendentes contra o racismo. O processo preparatório já realizou esse avanço ao dar impulso à consolidação do movimento negro organizado e à criação da Aliança Estratégica Afrolatinoamericana e Caribenha, do Caucus dos Africanos e Afrodescendentes, e do Caucus de Mulheres Afrodescendentes, entre outros exemplos, cujos integrantes saúdo com orgulho. Conquistamos a Declaração de Santiago, avanço significativo a ser consolidado aqui em Durban. Precisamos prosseguir construindo as bases de nossa independência financeira e aumentando o peso de nossa força política, porque apenas assim iremos conquistar os nossos objetivos. Nesse particular, o Manifesto da Convenção Nacional do Negro Brasileiro de 1945 ainda ressoa e nos situa:

> Não precisamos mais consultar ninguém para concluir qualquer coisa a respeito da legitimidade dos nossos direitos, da realidade angustiosa de nossa situação e do acumpliciamento de várias forças interessadas em nos menosprezar e em condicionar, mesmo, até o nosso desaparecimento! Temos consciência de nossa valia no tempo e no espaço. O que nos faltou até hoje foi a coragem de nos utilizarmos dessa força por nós mesmos, e segundo a nossa orientação. Para tanto é mister, antes de mais nada, nos compenetrarmos, cada vez mais, no fato de que devemos estar unidos a todo preço, de que devemos ter o desassombro de ser, antes de tudo, negros, e, como tais, os únicos responsáveis por nossos destinos, sem consentir que os mesmos sejam tutelados ou patrocinados por quem quer que seja.

Creio que esta declaração continue válida para cada um dos grupos vitimados pelo racismo e que estão reunidos neste Fórum.

Hoje vivemos uma nova etapa da luta contra o racismo, resposta da sociedade civil organizada à globalização do poder econômico e cultural que implica em processos mundiais de exclusão. O racismo, o principal entre eles, transforma-se e amplia seu alcance, como também crescem e se ampliam as forças antirracistas, construindo novas redes e conexões. Esse processo revela atores antes pouco divulgados, como os *roma* e os *dalit* – a cujas lutas quero expressar irrestrita solidariedade –, ao passo que realça as formas múltiplas de discriminação em que o racismo interage com fatores como gênero e orientação sexual, incidindo de forma diferenciada sobre distintos grupos. Há importantes pontos de convergência entre todas essas formas de racismo, como há características específicas a cada uma. Reconhecer a convergência significa respeitar a dimensão específica vivida em cada grupo. Destaca-se como fundamental, por exemplo, o princípio de incorporar as questões específicas da mulher, na sua vivência da interseccionalidade de gênero, em todos os esforços de erradicar o racismo.

Tenho certeza de que o processo de mobilização de todas as forças mundiais antirracistas em função desta 3ª Conferência e deste Fórum vai dar impulso à consolidação de novas formas de combate ao racismo, menos precárias, mais permanentes e sólidas, mais articuladas. Essa etapa renovadora da luta antirracista se constrói sobre a consolidação de nossas conquistas e realizações, enquanto ao mesmo tempo se abre para novos avanços e inovações, inclusive aqueles propiciados pela própria globalização.

POSFÁCIO

O Quilombismo tem, entre seus objetivos, trazer à tona informações sobre a saga dos descendentes de africanos no Brasil sob a óptica dos afrodescendentes, apontando as especificidades do racismo aqui desenvolvido e suas estratégias de aniquilação do povo negro, além de buscar dialogar com os processos de outros irmãos afrodescendentes na diáspora.

Dentro dessa análise, o autor destaca a importância de tal feito e flagra a ausência de informações e dados acerca da situação dos negros no Brasil e também nos países de língua inglesa, denunciando que as publicações existentes têm sido escritas por brancos e faz a crítica da ausência de qualquer análise ou produção literária dos negros sobre a sua própria realidade. Esse fato demonstra como o racismo brasileiro invisibiliza intencionalmente a veiculação de informações e análises sobre a situação do negro no Brasil tendo os negros como protagonistas.

Nesse sentido, Abdias caracteriza o racismo brasileiro como um fenômeno especial, que adquire traços próprios, violento e capaz de criar uma realidade paralela, de acordo com os interesses morais e éticos da sociedade branca. Trata-se de um

> racismo de tipo muito especial, exclusiva criação luso-brasileira: difuso, evasivo, camuflado, assimétrico, mascarado, porém

tão implacável e persistente que está liquidando os homens e mulheres de ascendência africana que conseguiram sobreviver ao massacre praticado no Brasil. Com efeito, essa destruição coletiva tem conseguido se ocultar da observação mundial pelo disfarce de uma ideologia de utopia racial denominada "democracia racial", cuja técnica e estratégia têm conseguido, em parte, confundir o povo afro-brasileiro, dopando-o, entorpecendo-o interiormente; tal ideologia resulta para o negro num estado de frustração, pois que lhe barra qualquer possibilidade de autoafirmação com integridade, identidade e orgulho.

As interpretações produzidas pelos brancos sobre os escravizados e mantidas no pós-escravidão, intencionavam manter a maioria da população brasileira sob sua dominação, pois até então não havia publicações nem produção de informações sobre a situação dos negros no Brasil e na Diáspora a partir do ponto de vista e das experiências dos próprios negros. Antes da década de 1970, tudo o que foi divulgado e produzido sobre essa temática fez parte da estratégia de brancos escravistas, racistas e colonizadores para difundir ideias e pensamentos que subalternizam e invisibilizam as tensões, conflitos e reações da população negra. Como afirma Abdias

> Considerei o alcance da real contribuição de um livro como este ao conhecimento recíproco na trajetória histórica dos afro-brasileiros e de seus irmãos do mundo africano. Nessa espécie de balanço, pesou a clamorosa ausência de informação sobre o negro brasileiro, tanto aqui nos Estados Unidos como, sem exceção, entre os africanos de idioma inglês. É verdade que alguns estudiosos norte-americanos, quase todos brancos, têm publicado trabalhos em que focalizam o negro no Brasil; o mesmo pode ser dito de uns quantos brasileiros, literatos ou cientistas sociais, também brancos.

Essa lacuna evidencia a importância e a necessidade desta obra, resultado de um esforço hercúleo do autor em denunciar as condições da população negra no Brasil e na diáspora, sem censura nem condicionado aos interesses da classe dominante, mas a partir do ponto de vista dos intelectuais e ativistas negros, que desmistifica a ideia de convivência pacífica e harmônica entre opressores e oprimido, além de apresentar um olhar comprometido, engajado com a história de luta e resistência vivenciada pela população negra no Brasil e Diáspora.

O levantamento histórico que o livro traz sustenta a ação de resistência forjada nas lutas pela libertação, pela construção de estruturas e formas de vida autônomas desde os tempos do cativeiro, se contrapondo à ideia de que os escravizados foram passivos e aceitaram o regime de servidão. O conjunto de informações apresentado no texto demonstra que os levantes e revoltas nos quais a população negra lutou, reagiu e negou as formas de dominação estavam sintonizados com processos de lutas internacionais, a exemplo da Revolução Francesa, com os ideais de liberdade, igualdade e fraternidade, e se espalhavam por todas as regiões do país, em cada canto do continente e em cada momento histórico diferenciado.

Algumas tentativas de derrocar este sistema estão registradas na história política do nosso país. Uma dessas ocorreu mais ou menos um século antes da chamada abolição da escravatura (1888). Um grupo de negros "livres", mulatos e brancos formou-se na Bahia em 1798 com um propósito revolucionário. Os principais objetivos do movimento eram: 1. a independência do território da Bahia; 2. um governo republicano; 3. liberdade de comércio e abertura de todos os portos "especialmente para a França"; 4. cada soldado deveria ganhar um soldo de duzentos réis diários; 5. a emancipação dos escravos. Sabe-se que os participantes dessa tentativa independentista estavam fortemente influenciados pelos ideais da Revolução Francesa.

Outro elemento fundamental que compõe esta obra é a história minuciosa do processo de construção de um movimento internacional, detalhando as estratégias e metodologias para envolver os diversos países da América no debate, reflexão e produção teórica em busca de construir uma relação de identidade e pertencimento entre os negros da diáspora e o continente africano.

> Esforços dos africanos na diáspora, tentando a conquista de liberdade e melhoria socioeconômica, têm sido registrados em todos os países onde os negros constituem uma comunidade de relativa importância demográfica. Entretanto, aqueles esforços têm se sucedido mais ou menos isoladamente, por causa da separação que nos foi imposta pelo colonialismo e pelo racismo. Mas o projeto da unidade pan-africana sempre esteve e está vivo na consciência de cada um de nós, em qualquer lugar onde o supremacismo branco nos tenha determinado permanecer.

O movimento pan-africanista apresentado aqui explicita a consciência dos negros engajados no movimento sobre a importância e necessidade de outro modelo de referência político social, de construção de alianças e reconstrução de laços capazes de orientar as organizações e reivindicações dos negros na diáspora a partir de um projeto de nação centrado nos valores africanos em contraposição ao modelo eurocêntrico. Assim, Abdias reforça que:

> A publicação deste livro teria como alvo fender esse bloqueio que nos isola, contribuindo, ainda que limitadamente, para iluminar e compreender o processo e as diversas estratégias utilizadas pelas forças que nos exploram, oprimem e alienam. Para o restabelecimento da integridade de nossa família – a família africana, no continente e fora dele –, é imprescindível o reforço dos nossos vínculos ideológicos e culturais como condição prévia de nosso sucesso. Estamos conscientes de que nossa luta transcende os limites dos nossos respectivos países: o sofrimento da criança, da mulher e do homem negros é um fenômeno internacional.

Ao observar o cenário atual, e relacioná-lo à perspectiva do autor, destaco as lições que poderiam ser apreendidas a partir do que ele estava produzindo e manifestando, seja do ponto de vista do entendimento do papel das mulheres negras na luta pela libertação do seu povo, seja sobre a exploração sexual e o uso do seu corpo, seja sobre um projeto pan-africanista que as coloca em condições de igualdade. Diante de tudo isso, penso quanto desse conhecimento poderia ter sido usado para chegar onde queríamos, quanto tempo foi desperdiçado com teorias e práticas excludentes, racistas, sexistas, violentas que afetaram, e continuam afetando, de maneira contundente, a maioria da população brasileira.

As fraturas precisam ser expostas, as máscaras devem cair. A esquerda brasileira fez, ao longo de décadas, o papel de capataz em sua relação com os movimentos e com os ativistas negros, alijou a luta antirracista e foi conivente com o projeto hegemônico branco que nos mata, nos tira a dignidade e nos transforma em "garrafinhas"[2] e ou base que precisa ser conduzida. E, nos momentos eleitorais, os(as) negros(as) subalternizados(as) por eles, adentram as nossas comunidades, as nossas casas de santo, os nossos espaços de lazer, os nossos quilombos em busca do voto, da nossa autorização para que continuem retirando os nossos direitos, apagando as nossas referências, desqualificando as nossas formas de olhar, pensar e se autodeterminar, como se fôssemos o retrato do atraso e da ignorância.

No caso brasileiro, a questão racial como contradição primária da estrutura socioeconômica e psicocultural é um fato tão óbvio que deveria dispensar maiores argumentos. Entretanto, de um lado temos somados os reacionários convictos, os liberais e os "progressistas" negando essa realidade concreta com os mesmos argumentos utilizados pela esquerda e por marxistas tradicionais: trata-se de um problema de pobres e ricos, um problema de classes, e não de raça. Um argumento fantasioso, de meia-verdade.

Podemos, portanto, indagar o porquê desse fenômeno, da negação e da invisibilidade, ou então ir além da indagação e aprofundar o processo de garimpagem que foi produzido pelos intelectuais e ativistas negros, rumo à emancipação, com a finalidade de apresentar outras raridades, que provavelmente devem estar submersas nos escombros do racismo. Faz-se necessário resgatá-las para produzir novas coletâneas sobre o pensamento do pan-africanismo e suas experiências na América e África, organizando-as a partir de uma cronologia histórica que as situe temporalmente em cada processo político, revelando as suas contribuições, sua atemporalidade e o refinamento de pensar como atuar estrategicamente, da macro à micro política, passando pela geopolítica do poder.

Por fim quero destacar a perspectiva do autor exposta no texto sobre o papel da mulher negra na óptica pan-africanista. Essa forma de pensar deve ser difundida entre aqueles de nós que foram afetados diretamente pela educação branca sexista que põe em segundo plano o papel das mulheres, fenômeno que, quando se articula com o racismo, produz um resultado perverso que tem a mulher negra como alvo principal. Esse imaginário violento e negativo precisa ser extirpado da sociedade. Ao aprofundar as reflexões sobre a participação política das mulheres negras na luta pela libertação do nosso povo, é fundamental interseccionar tais pensamentos com o que temos produzido cotidianamente no movimento nacional de mulheres negras, pois acreditamos, como diz o professor Abdias, que:

> A mulher negra, desde algumas das nossas mais antigas tradições e culturas, tem seu lugar inscrito em nível de igualdade aos homens, tanto na responsabilidade doméstica como nos domínios do poder político, econômico e cultural. Na diáspora africana da escravidão, é à fortaleza da mulher africana, ao seu trabalho, sofrimento e martírio que devemos, em primeiro lugar, a sobrevivência de nosso povo.

Enfim, muitos conhecimentos acerca da população negra do Brasil e da diáspora são disponibilizados nesta obra. *O Quilombismo* é indispensável para ampliar nossa percepção no que diz respeito à população negra, ao racismo e às mulheres negras, e a esperança acalentada é de que outras produções nesse padrão possam surgir, pois este livro ainda é inédito pelo que traz em si e pelo que aponta para o futuro, pela abertura de outros caminhos, de outros sonhos e por sua afirmação de que temos um projeto, e que a sua centralidade é o combate ao racismo.

Valdecir Nascimento
Ativista do Movimento de Mulheres Negras, articuladora da Rede de Mulheres Negras do Nordeste e coordenadora executiva da Articulação de Organizações de Mulheres Negras Brasileiras – ODARA/AMNB, além de coordenadora executiva do Fórum Permanente pela Igualdade Racial – FOPIR e representante do Brasil na Rede de Mulheres Afrolatina, Afrocaribenha e da Diáspora – RMAAD

NOTAS

INTRODUÇÃO

1. Cf. *Teatro Experimental do Negro: Testemunhos*.
2. Cf. A. Nascimento, *O Negro Revoltado*.
3. Ver "Alguns Princípios e Propósitos do Quilombismo", infra, p. 307.

DOC. 1: INTRODUÇÃO AO LIVRO "MISTURA OU MASSACRE?" ENSAIOS DESDE DENTRO DO GENOCÍDIO DE UM POVO NEGRO"

1. Esta introdução foi escrita em 1978 para o livro *Brazil: Mixture or Massacre? Essays in the Genocide of a Black People*, tradução ao inglês de Elisa Larkin Nascimento (Buffalo: Afrodiaspora/Centro de Estudos e Pesquisa Portorriquenhos, State University of New York, 1979; 2. ed., Dover: The Majority Press, 1989). O texto "O Quilombismo", escrito postriormente, não figura no volume em inglês. Agregamos a esse texto introdutório um breve pós-escrito atualizado.
2. J.H. Clarke, *Marcus Garvey and the Vision of Africa*, p. 118; idem, The Development of Pan-Africanist Ideas in the Americas and Africa Before 1900, Colóquio Festac '77, p. 9.
3. Tambor de aço, instrumento de percussão. (N. da E.)
4. J.K. Nyerere, Speech to the Congress, *The Black Scholar*, v. 5, n. 10, jul.-ago. 1974, p. 18-19.
5. Cf. F. Fernandes, *O Negro no Mundo dos Brancos*, p. 265.
6. *Systematic Nationalism and Language Liberation*, p. 4.
7. Apud M. Beraba, *O Globo*, 6 jul. 1976, p. 41.
8. R. Walters, Marxist-Leninism and the Black Revolution, *Black Books Bulletin*, v. 5, n. 3, p. 15.
9. C. Moura, Negro: A Abolição de uma Raça. Entrevista, *Folha de S. Paulo*, 13 mai. 1977, p. 27.
10. *O Negro no Mundo dos Brancos*, p. 273.
11. A. Cabral, *Return to the Source: Selected Speeches of Amílcar Cabral*, p. 48.
12. Reeditado em 2016 pela Perspectiva. (N. da E.)

DOC. 2: EVOLUÇÃO CULTURAL E FUTURO DO PAN-AFRICANISMO

1. Apresentado à assembleia geral do VI Congresso Pan-Africano, 23 de junho de 1974, em Dar-es--Salaam, Tanzânia.
2. Cf. C.A. Diop, entrevista a *Black Books Bulletin*, coord. e trad. do francês ao inglês por Shawna Maglangbayan Moore, em I. Van Sertima (org.), *Great African Thinkers: Cheikh Anta Diop*; idem, *Black Africa: The Economic and Cultural Basis For a Federated State*.
3. A. Cabral, La Cultura, Fundamento del Movimiento de Liberación, *El Correo de Unesco*, v. 26, p. 14.
4. J. Nyerere, *Ujamaa: Essays on Socialism*, p. 8.
5. Ibidem, p. 12.
6. Ibidem, p. 2.
7. C.A. Diop, entrevista a *Black Books Bulletin*, coord. e trad. do francês ao inglês por Shawna Maglangbayan Moore, em I. Van Sertima (org.), *Great African Thinkers: Cheikh Anta Diop*, p. 31.
8. J. Nabuco, *O Abolicionismo*, p. 21.
9. C. Moura, *Rebeliões da Senzala: Quilombos, Insurreições, Guerrilhas*, p. 150.
10. Idem, *O Negro: De Bom Escravo a Mau Cidadão?*, p. 116.
11. Idem, *Rebeliões da Senzala: Quilombos, Insurreições, Guerrilhas*, p. 123.
12. Ibidem, p. 83.
13. Ibidem, p. 84.
14. Ibidem, p. 66.
15. J. Andrade, Quatro Tiradentes Baianos, *Realidade*, nov. 1971, p. 34-53.
16. C. Moura, *Rebeliões da Senzala: Quilombos, Insurreições, Guerrilhas*, p. 60.
17. Ibidem, p. 168.
18. Cf. T.E. Skidmore, *Black Into White: Race and Nationality in Brazilian Thought*.
19. Cf. F. Fernandes, *O Negro no Mundo dos Branco*; A. do Nascimento, *O Genocídio do Negro Brasileiro*; idem, *"Racial Democracy" in Brazil: Myth or Reality?*; idem, *O Negro Revoltado*.

20. C. Moura, *O Negro: De Bom Escravo a Mau Cidadão?*, p. 148.

21. G. Ramos, *Introdução Crítica à Sociologia Brasileira*, p. 162.

22. C.A. Diop, *Black Africa: The Economic and Cultural Basis For a Federated State*, p. 11.

23. Ibidem, p. 111.

24. Idem, entrevista a *Black Books Bulletin*, em Ivan van Sertima (org.), *Great African Thinkers: Cheikh Anta Diop*, p. 37.

25. J. Nyerere, Hansard, 35a sessão, 22 out. 1959.

DOC 3: CONSIDERAÇÕES NÃO SISTEMATIZADAS SOBRE ARTE, RELIGIÃO E CULTURA AFRO-BRASILEIRAS

1. Este capítulo é o resultado da fusão de anotações previamente destinadas à realização de dois trabalhos: um estudo solicitado pela Unesco sobre a influência das culturas africanas no desenvolvimento das artes brasileiras (1975), e um seminário sobre arte e cultura afro-brasileiras no Seminário para Docentes do Departamento de Línguas e Literaturas Africanas, da Universidade de Ifé (1977). No entanto, esta redação final é de 1979.

2. S.R. Alves, (1977), Somos Todos Iguais Perante a Lei. Comunicação apresentada no 10 Congresso de Cultura Negra das

3. Américas, Cáli, 24-28 ago. 1977, p. 7.

4. Unesco, *Introducción a la Cultura Africana en América Latina*, p. 52.

5. A. Nascimento, *O Genocídio do Negro Brasileiro: Processo de um Racismo Mascarado*, p. 95-100.

6. G. Figueiredo, Apartheid, a Discriminação Racial e o Colonialismo na África Austral, *Brasil, África e Portugal*, p. 38.

7. J.R. Dassin, *Política e Poesia em Mário de Andrade*, p. 77.

8. Ver A. Nascimento, op. cit., p. 71.

9. R. Bastide, *African Civilizations in the New World*, p. 106.

10. Em A. Nascimento (org.), *Dramas Para Negros e Prólogo Para Brancos: Antologia de Teatro Negro-Brasileiro*, p. 194.

11. M. Goulart, *A Escravidão Africana no Brasil: Das Origens à Extinção do Tráfico*, p. 58.

12. C. Ricardo, O Negro no Bandeirismo Paulista, *Revista do Arquivo Municipal*, v. XLVII, p. 34.

13. Ibidem.

14. M. Goulart, op. cit., p. 197.

15. C.N. Degler, *Neither Black Nor White*, p. 214.

16. D. Pierson, *Negroes in Brazil: A Study of Race Contact at Bahia*, p. 305.

17. *Webster's Seventh New Collegiate Dictionary*, p. 309.

18. Ibidem.

19. J.E. dos Santos, O Ethos Negro no Contexto Brasileiro, *Revista da Cultura Vozes*, v. 71, n. 9, p. 11.

20. Ibidem, p. 69.

21. *Revista da Cultura Vozes*, v. 71, n. 9, p. 70.

22. Ver a íntegra do Decreto em A. Nascimento, *O Genocídio do Negro Brasileiro*, p. 104-105.

23. W. Abimbola, The Yoruba Traditional Religion in Brazil: Problems and Prospects, em O. Oyelaran, (org.), *Faculty Seminar Series*, v. 1, p. 4.

24. M. Sodré, Prefácio, em D.M. dos Santos, *Contos Crioulos da Bahia*, p. 5.

25. R. Bastide, op. cit., p. 131.

26. L. Bennett, *The Challenge of Blackness*, trecho transcrito como epígrafe em J.A. Ladner, *The Death of White Sociology*.

27. C.A. Diop, *The African Origin of Civilization*, p. 3.

28. G.G.M. James, *Stolen Legacy*, p. 13.

29. Ibidem, p. 1.

30. Ibidem, p. 7.

31. J.E. dos Santos, op. cit., p. 51.

32. O.B. Yai, Alguns Aspectos da Influência das Culturas Nigerianas no Brasil em Literatura, Folclore e Linguagem, *Cultura*, Ano 6, n. 23, p. 97.

33. John Henrik Clarke, Introdução em C.A. Diop, *The Cultural Unity of Black Africa*, p. VIII.

34. Em A. Nascimento, *O Negro Revoltado*, p. 18-19.

35. G. Freyre, Aspectos da Influência Africana no Brasil, *Revista Cultura*, v. 6, n. 23, p. 7.

36. P. Verger, African Religions and the Valorization of Brazilian of African Descent, Faculty Seminar, Department of African Languages & Literatures, University of Ife, p. 29.

37. Em G. Freyre, *Casa Grande e Senzala*, p. 493.

38. Apud C. Bojunga, O Brasileiro Negro, 90 Anos Depois, *Encontros Com a Civilização Brasileira*, n. 1, p. 190. (Grifos meus.)

39. J. Dornas Filho, Informação Prestada à Secção "Nomenclaturas das Ruas de São Paulo", *Revista do Arquivo Municipal*, n. 57, p. 181.

40. J. Ribeiro, *Estética da Língua Portuguesa*, p. 32.

41. R. Mendonça, *A Influência Africana no Português do Brasil*, p. 75.

42. Ibidem, p. 114.

43. Ibidem, p. 82. (Grifos meus.)

44. Ibidem, p. 174.

383

45. P. Carvalho Neto, *El Folklore de las Luchas Sociales*, p. 31-32.

46. Ibidem, p. 67.

47. Ibidem, p. 78.

48. G.F. de Mattos, O Preconceito nos Livros Infantis, *Teatro Experimental do Negro: Testemunhos*, p. 136.

49. C. Bojunga, op. cit., p. 183.

50. Gilberto Gil, Entrevista com Marco Aurélio Luz, *Revista de Cultura Vozes*, v. 71, n. 9, p. 37.

51. E. Larkin Nascimento, *Pan-Africanism and South America: Emergence of a Black Rebellion*, p. 45.

52. C. Ricardo, O Negro no Bandeirismo Paulista, *Revista do Arquivo Municipal*, v. XLVII, p. 40.

53. Ibidem, p. 26.

54. Ibidem, p. 44.

55. Ibidem, p. 43.

56. Ibidem, p. 42.

57. D. Ribeiro, A América Latina Existe?, *Cadernos Trabalhistas*, n. 1, p. 88.

58. Ibidem, p. 87.

59. Ibidem, p. 89.

60. Ibidem, p. 86.

61. H. Cunha; A.L. Galvão; Cuti (Luís Silva) et al., *Cadernos Negros 1 (Poesia)*, p. 2.

62. Cuti (Luís Silva), "Esperança", em H. Cunha; A.L. Galvão; Cuti (Luís Silva) et al., op. cit., p. 122-123.

DOC. 4: ETNIA AFRO-BRASILEIRA E POLÍTICA INTERNACIONAL

1. Este tema foi apresentado na forma de anotações preliminares no Simpósio de Lideranças Sobre a Guerra na África Meridional, promovido em Washington D.C. pelo Partido Revolucionário de Todos os Povos Africanos, em 20-22 de maio de 1976. Depois, já em forma mais desenvolvida, foi discutido no 10 Congresso da Cultura Negra nas Américas, realizado em Cáli, Colômbia, de 24 a 28 de agosto de 1977. Finalmente, em forma definitiva, foi minha contribuição ao Simpósio "Brasil no Limiar da Década dos 80", promovido pelo Instituto Latino-Americano da Universidade de Estocolmo, Suécia, de 1 a 4 de dezembro de 1978.

2. Entrevista a Fred Aflalo, *Singular & Plural*, n. 1, dez. 1978, p. 10.

3. N.W. Sodré, *Formação Econômica do Brasil*, p. 248.

4. C. Prado Jr., *A Revolução Brasileira*, p. 222.

5. *Brazil 1966*, p. 125. (Grifo meu.)

6. A. Nascimento, *O Genocídio do Negro Brasileiro: Processo de um Racismo Mascarado*, p. 74-75.

7. *Brazil 1966*, p. 124.

8. G. Figueiredo, *Apartheid*, a Discriminação Racial e o Colonialismo na África Austral, *Brasil, África e Portugal*, p. 26.

9. Ibidem, p. 27.

10. Ibidem, p. 29.

11. Ibidem, p. 38.

12. Ibidem, p. 39.

13. Ibidem, p. 38.

14. J.S. Câmara, O Fim do Colonialismo, *Brasil, África e Portugal*, p. 14.

15. A.M. Vianna, Aprendizagem Democrática no Portugal de Hoje, *Brasil, África e Portugal*, p. 74.

16. A.A. de M. Franco, Portugal – Brasil – África, *Brasil, África e Portugal*, p. 70.

17. Ibidem.

18. G. Figueiredo, op. cit., p. 52.

19. Apud S.W. Mintz, África en América Latina: Una Reflexión Desprevenida, *África en América Latina*, p. 381-382.

20. J. Boggs, Black Power: A Scientific Concept Whose Time Has Come, *Black Fire*, p. 108.

21. Ibidem, p. 109.

22. Ibidem.

23. A. Nascimento, *O Negro Revoltado*, p. 59.

24. Ibidem, p. 285-294.

25. C.R.L. James, Towards the Seventh: The Pan-African Congress – Past, Present and Future, *Ch'indaba /Transition*, n. 2, p. 12.

26. G. Padmore, *Pan-Africanism or Communism*, p. 286.

27. W. Record, *The Negro and the Communist Party*, p. 138.

28. C.R.L. James, *The Independence of the Black Struggle*, p. 2-3.

29. Ibidem, p. 22.

30. R. Wright, *American Hunger*, p. 128.

31. Ibidem, p. 131-133.

32. M. Goulart, *Escravidão Africana no Brasil*, p. 17.

33. J.H. Rodrigues, *Brasil e África: Outro Horizonte*, p. 395.

34. Ibidem, p. 356.

35. N. Rodrigues, *Os Africanos no Brasil*, p. 366.

36. Ibidem, p. 357.

37. Nações Unidas, *Report of the Special Committee on the Situation With Regard to the Implementation to the Declaration on the Granting of Independence to Colonial Countries and Peoples*, v. 2, p. 115.

38. Ibidem, p. 114.

39. Ibidem, p. 149.
40. Ibidem, p. 122.
41. J.H. Rodrigues, op. cit., p. 4.
42. Ibidem, p. 372.
43. Nações Unidas, *Assembleia Geral Round-up and Resolutions*, sessão 23a, parte VI, p. 18-20.
44. Ibidem, sessão 24a, parte VI, p. 3-5.
45. Ibidem, p. 4.
46. Ibidem, p. 7 e 12.
47. Ibidem, sessão 26a, parte I, p. 63-68.
48. Ibidem, p. 65.
49. Ibidem, sessão 27a, parte VI, p. 2.
50. Ibidem.
51. Ibidem.
52. Ibidem, p. 18-19.
53. Ibidem, p. 20.
54. Resoluções adotadas sob o Relatório do Quarto Comitê, em Nações Unidas, *Assembleia Geral Round-up and Resolutions*, sessão 28a, p. 212.
55. Ibidem, p. 210-214.
56. J.H. Rodrigues, op. cit., p. 372.
57. C. Prado Jr., *A Revolução Brasileira*, p. 130.
58. T.E. Skidmore, *Preto no Branco: Raça e Nacionalidade no Pensamento Brasileiro*, p. 219.
59. N. Rodrigues, *Os Africanos no Brasil*, p. 28.
60. C. Prado Jr., op. cit., p. 128.
61. C. Moura, *Rebeliões da Senzala: Quilombos, Insurreições, Guerrilhas*, p. 54.
62. Ibidem, p. 52.
63. J.H. Rodrigues, op. cit., p. 380.
64. C. Brigagão, Brazil's Foreign Policy: The Military Command, Itamaraty Embellishes, Multinationals Gain, PRIO *Publication*, n. S-18/1978, p. 2
65. *O Estado de S. Paulo*, 22 mar. 1977, p. 25.
66. Apud J.H. Rodrigues, op. cit., p. 348.
67. M. de S. Clington, *Angola libre?*, p. 83.
68. J.H. Rodrigues, op. cit., p. 285.
69. Ibidem, p. 417.
70. Ibidem, p. 371.
71. Nações Unidas, *A Luta Contra o Colonialismo na África Meridional: Depoimentos Feitos Perante as Nações Unidas em 1973 por Delegados de Movimentos de Libertação Nacional*, p. 31. (Grifo meu.)
72. *Africa*, jul. 1977, n. 71, citando artigo de Brzezinski publicado em *Foreign Affairs*.
73. Ibidem.
74. Ibidem.

75. Ibidem.
76. Ibidem.
77. S. Machel, Falar de Amílcar Cabral É Falar de um Povo, em Intervenção da Frelimo no Simpósio em Homenagem a Amílcar Cabral, Conacri, 31 jan. 1973, p. 1-2.
78. C. Brigagão, op. cit., p. 16.
79. Ibidem, p. 19.

DOC. 5: REFLEXÕES DE UM AFRO-BRASILIANO

1. Artigo escrito especialmente, por solicitação de seu diretor de críticas e resenhas, para publicação no *The Journal of Negro History*, v. 64, n. 3, jun.-ago. 1979.
2. Decreto-Lei 7.967, de 18/09/1945, de Getúlio Vargas; A. do Nascimento, *O Genocídio do Negro Brasileiro: Processo de um Racismo Mascarado*, p. 71.
3. * Os números citados entre parênteses correspondem à numeração do registro na *Bibliography*, e não se referem ao número de páginas no livro. Cf. D.B. Porter, *Afro-Braziliana: A Working Bibliography*.
4. A.S.J. Vieira, *Sermões Pregados no Brasil*, p. 399.
5. B. Gerson, *A Escravidão no Império*, p. 283.
6. Apud A. do Nascimento, *O Negro Revoltado*, p. 45.
7. D.B. Porter, op. cit., p. x.
8. *Cadernos Brasileiros: 80 Anos de Abolição*, p. 58-60.
9. *Revista de Cultura Vozes*, v. 71, n. 9, nov. 1977.
10. "O Jornal", em A. do Nascimento, *O Negro Revoltado*, p. 17.
11. F. Fernandes, *O Negro no Mundo dos Brancos*, p. 283.

DOC. 6: NOTA BREVE SOBRE A MULHER NEGRA

1. Este foi um dos tópicos da minha intervenção no Encontro: Alternativas Para o Mundo Africano, primeira reunião da União dos Escritores dos Povos Africanos, Dacar, Senegal, de 4 a 6 de fevereiro de 1976.
2. D. Pierson, *Negroes in Brazil: A Study of Race Contact at Bahia*, p. 45.
3. Ibidem.
4. Ibidem, p. 119.
5. C. Moura, *Rebeliões da Senzala: Quilombos, Insurreições, Guerrilhas*, p. 58.
6. C.A. Diop, Entrevista a Fred Aflalo, *Singular & Plural*, n. 1, dez. 1978, p. 61.
7. C.N. Degler, *Nem Preto Nem Branco: Escravidão e Relações Raciais no Brasil e nos EUA*, p. 78.

8. T. de Queiroz Jr., *Preconceito de Cor e a Mulata na Literatura Brasileira*, p. 50.
9. Ibidem.
10. Ibidem, p. 53.
11. Ibidem, p. 55.
12. Ibidem, p. 59.
13. Ibidem, p. 60.
14. Ibidem, p. 63.
15. Ibidem, p. 107-108.
16. Ibidem, p. 111-112.
17. Ibidem, p. 122.
18. Ibidem.
19. V.D. Barcelos, Mulher Negra, Depoimentos, *Tição*, v. 1, n. 1, p. 6.
20. L. González, Cultura, Etnicidade e Trabalho: Efeitos Linguísticos e Políticos da Exploração da Mulher, comunicação apresentada no VIII Encontro Nacional da Latin American Studies Association, Pittsburgh, abr. 1979, p. 21.
21. G. Freyre, *Casa-grande e Senzala*, p. 626.
22. Ibidem, p. 599.
23. Ibidem, p. 470.
24. Ibidem, p. 628.
25. C. Ricardo, O Negro no Bandeirismo Paulista, *Revista do Arquivo Nacional*, v. 47, p. 14.
26. G. Freyre, op. cit., p. 628-629.
27. Ibidem, p. 272.
28. L. González, op. cit., p. 20.

DOC. 7: O QUILOMBISMO

1. Uma proposta do autor aos seus irmãos afrodescendentes no Brasil e nas Américas, apresentada em trabalho exibido ao 20 Congresso de Cultura Negra das Américas, Panamá, 1980.
2. C.A. Diop, *The African Origin of Civilization: Myth or Reality*, p. XIV.
3. Idem, *The African Origin of Civilization: Myth or Reality*, p. 45.
4. Ibidem.
5. Ibidem, p. 184; J.O. Lucas, *The Religion of the Yorubas*, p. 18.
6. J. Quartim, *Dictatorship and Armed Struggle in Brazil*, p. 152.
7. M.B. Nascimento, O Quilombo do Jabaquara, *Revista de Cultura Vozes*, v. 73, n. 3, p. 17.
8. Ibidem, p. 18.

9. Candeia; Isnard, *Escola de Samba: Árvore Que Esqueceu a Raiz*, p. 87-88.
10. Candeia, *90 Anos de Abolição*, p. 7.
11. Ibidem, p. 5.
12. Apud A. do Nascimento, *O Negro Revoltado*, p. 231.
13. C.A. Diop, Entrevista a *Black Books Bulletin*, em I. Van Sertima (org.), *Great African Thinkers: Cheikh Anta Diop*, p. 34.

DOC. 8: OS AFRICANOS NA AMÉRICA CENTRAL E DO SUL E NO CARIBE

1. Versão editada do texto da conferência inaugural da série de Conferências Pan-Africanas Anuais em Homenagem a W.E.B. Du Bois, Centro Memorial W.E.B. Du Bois de Cultura Pan-Africana, Acra, Gana. A palestra foi proferida em três partes, nos dias 6, 7 e 8 de setembro de 1988. Elisa Larkin Nascimento é coautora do texto original, publicado em inglês como parte do livro *Africans in Brazil: a Pan-African Perspective*, editado pela África World Press, Trenton, 1991.
2. J.H. Clarke, The Development of Pan-Africanist Ideas in the Americas and in the Caribbean Islands, (1977) Trabalho apresentado ao Colóquio do 20 Festival Mundial de Artes e Culturas Negras e Africanas (Festac), 1977, p. 1.
3. Cf. M.B. Nascimento, O Conceito de Quilombo e a Resistência Cultural Negra, *Afrodiáspora*, n. 6-7; C. Moura, *Rebeliões da Senzala: Quilombos, Insurreições e Guerrilhas*; R. Price, (org.), *Maroon Societies: Rebel Slave Communities in the Americas*.
4. I. Geiss, *The Pan-African Movement*, p. 311.
5. Cf. A. Nascimento, Carta Aberta a Dacar, *Tempo Brasileiro*, v. 4, n. 9-10; idem, "Racial Democracy" in Brazil: Myth or Reality?; idem, Sitiado em Lagos: Auto-Defesa de um Negro Acossado Pelo Racismo; idem, O Brasil na Mira do Pan-Africanismo.
6. J.K. Nyerere, *Ujamaa: Essays on Socialism*, p. 18-19.
7. Y. Ben-Jochannan, *Cultural Genocide in the Black and African Studies Curriculum*, p. 21.
8. Cf. L. Poliakov, *O Mito Ariano: Ensaio Sobre as Fontes do Racismo e dos Nacionalismos*.
9. N.S. Cruz, Aportes de las Civilizaciones Africanas al Folclore del Peru. Trabalho apresentado ao Colóquio Négritude e América Latina, Dacar, p. 12.
10. C. Moura, *O Negro, de Bom Escravo a Mau Cidadão?*, p. 101
11. R. Mellafe, *Negro Slavery in Latin America*, p. 252.
12. C.M. Rama, *Los Afro-Uruguayos*, p. 15.

386 NOTAS

13. C. Moura, op. cit., p. 102.

14. J.L. Franco, *La Diáspora Africana en el Nuevo Mundo*, p. 418.

15. Ibidem, p. 415.

16. Idem, Maroons and Slave Rebellions in the Spanish Territories, em R. Price (org.), *Maroon Societies: Rebel Slave Communities in the Americas*, p. 38-39.

17. J.H. Clarke, "The Influence of African Cultural Continuity on the Slave Revolts in South America and the Caribbean Islands", trabalho apresentado ao 30 Congresso Internacional de Africanistas, Adis Abeba.

18. R. Price (org.), *Maroon Societies: Rebel Slave Communities in the Americas*, p. 41.

19. Cf. N.S. de Friedemann, *Ma Ngombe: Guerreros y Ganaderos em Palenque*.

20. J.L. Franco, *La Diáspora Africana en el Nuevo Mundo*, p. 288.

21. W. Soyinka, *Myth, Literature and the African World*, p. 54.

22. R. Price (org.), op. cit., p. 27-29.

23. St.C. Drake, Diaspora Studies and Pan-Africanism, em J.E. Harris (org.), *Global Dimensions of the African Diaspora*, p. 343.

24. Cf. C. Moura, op. cit.

25. E. Larkin Nascimento, *Pan-Africanism and South America*, p. 22-24.

26. Cf. comunicação de M. Diegues Jr., Africa in the Life and Culture of Brazil.

27. G. Mortara, O Desenvolvimento da População Preta e Parda no Brasil, *Contribuições Para o Estudo da Demografia no Brasil*, p. 458.

28. Cf. C.M. Rama, *Los Afro-Uruguayos*.

29. Em L.B. Rout, *The African Experience in Spanish America, 1502 to the Present*, p. 202.

30. Cf. F.W. Capitaine, Notas Sobre el Carnaval en una Comunidad Negra de Veracruz, *Cuadernos Afro-Americanos*, v. I, n. I.

31. J.L. Mosquera, *El Poder de la Definición del Negro*, p. 37.

32. Ibidem, p. 44.

33. A. do Nascimento, *O Negro Revoltado*, p. 47.

34. Ibidem.

35. J.S. Câmara, O Fim do Colonialismo, *Tempo Brasileiro*, n. 38-39 (Brasil, África e Portugal), p. 14.

36. G. Figueiredo, Apartheid, a Discriminação Racial e o Colonialismo na África Austral, *Tempo Brasileiro*, n. 38-39 (Brasil, África e Portugal), p. 33, 38, 51, 57-58.

37. Cf. O. Coombs, Mulatto pride, *New York Magazine*.

38. Em F. Ortiz, José Antonio Saco y sus Ideas, *Revista Bimestre Cubana*, n. 2, p. 40-45.

39. T.E. Skidmore, *Black Into White: Race and Nationality in Brazilian Thought*, p. 66.

40. *Afrodiáspora, Revista do Mundo Negro*, n. 2, p. 120.

41. Cf. G. Freyre, Aspectos da Influência Africana no Brasil, *Revista Cultura*, v. 6, n. 23; idem, *The Mansions and the Shanties: The Making of Modern Brazil*; E. Entralgo, La Mulatización Cubana, *África en las Américas*, número especial da revista *Casa de las Américas*, n. 36-37.

42. J.L. Mosquera, op. cit.

43. Cf. C. Hasenbalg, *Discriminação e Desigualdades Raciais no Brasil*.

44. Relatório Final, 11 Congresso da Cultura Negra das Américas, p. 13.

45. Relatório Final, I Congresso da Cultura Negra das Américas, citado em A. do Nascimento, *Mixture or massacre? Essays in the Genocide of a Black People*, p. 18.

46. A. Dzidzienyo, *The Position of Blacks in Brazilian Society*, p. 14.

47. Idem, Nascimento and his times. The socio-political context of Afro-Brazilian writing and activity, p. 13.

48. M.K. Asante, *Afrocentricity*, p. 8.

49. Cf. A. do Nascimento, *O Negro Revoltado*; F. Fernandes, *O Negro no Mundo dos Brancos*.

50. C. Brigagão, *O Mercado da Segurança*, p. 47.

51. Idem, *Brazil's Foreign Policy: The Last Ten Years*, p. 10.

52. Ibidem, p. 14.

53. Cf. J.M.N. Pereira, O Apartheid e as Relações Brasil-África, *Cadernos Candido Mendes: Estudos Afro-Asiáticos*, n. 14.

54. Ibidem.

55. Ver *Afrodiáspora: Revista do Mundo Negro*, n. 2, 4 e 5.

56. Ver *Afrodiáspora*, n. 2.

57. Cf. A. Dzidzienyo, *The Position of Blacks in Brazilian Society*.

58. *Cadernos Brasileiros: 80 Anos de Abolição*, p. 58-60.

59. Cf. A. do Nascimento, *O Genocídio do Negro Brasileiro*; idem, *Sitiado em Lagos: Autodefesa de um Negro Acossado Pelo Racismo*.

60. H. Campbell (org.), *Pan-Africanism, Struggle Against Neo-Colonialism and Imperialism*, p. 152-153.

61. Cf. M.K. Asante; K.W. Asante (orgs.), *African Culture: The Rhythms of Unity*; e C. Moore; T.R. Sanders; S. Moore (orgs.), *African Presence in the Americas*.

DOC. 9: PRONUNCIAMENTO DE ABERTURA

62. Segunda Plenária Nacional de Entidades Negras Rumo à III Conferência Mundial Contra o Racismo, Discriminação Racial, Xenofobia e Formas Correlatas de Intolerância, Rio de Janeiro, 11 de maio de 2001. Universidade do Estado do Rio de Janeiro.

DOC. 10: O MODELO BRASILEIRO E LATINO: UM PARADIGMA DAS FORMAS CONTEMPORÂNEAS DO RACISMO

1. Intervenção no Painel A: Fontes, Causas e Formas Contemporâneas de Racismo. Fórum das Organizações Não Governamentais. 3ª Conferência Mundial Contra o Racismo, a Discriminação Racial e Formas Correlatas de Intolerância, Durban, África do Sul, 28 de agosto de 2001.

POSFÁCIO

1. Como no PT se designam os filiados ao partido que são levados em conta apenas para votar, mas cujas demandas acabam não sendo contempladas. O PC do B e outros partidos de esquerda os chamam de "base", mas subjacente a ambos os termos está a perspectiva de inferioridade e/ou subalternidade.

SOBRE O AUTOR

Abdias Nascimento, professor emérito da Universidade do Estado de Nova York, tem uma longa folha de serviços à causa do negro no Brasil. Nascido em 1914, em Franca, São Paulo, faleceu no Rio de Janeiro, em maio de 2011.

Na década de 1930 participou da Frente Negra Brasileira e criou o Teatro do Sentenciado no Carandiru, onde cumpria pena em decorrência de sua resistência contra o racismo. No Rio de Janeiro, fundou, em 1944, o Teatro Experimental do Negro – TEN, entidade que rompeu a barreira racial no teatro brasileiro, e publicou o jornal *Quilombo*, além de organizar eventos seminais como o I Congresso do Negro Brasileiro (1950), o concurso de arte sobre o tema do Cristo Negro (1955), e a Convenção Nacional do Negro (1945-1946), que propôs à Assembleia Nacional Constituinte de 1946 um elenco de políticas públicas voltadas às necessidades dos afrodescendentes.

Após fundar, em 1968, o Museu de Arte Negra, lecionou nas universidades Yale, Wesleyan, Temple e do Estado de Nova York (EUA) e na Universidade de Ifé (Nigéria). Participou de importantes congressos e encontros do mundo africano, levando ao âmbito internacional a, então inédita, denúncia do racismo no Brasil. Desenvolveu extensa obra artística sobre temas da cultura afro-brasileira e realizou exposições em museus, galerias e universidades norte-americanas.

De volta ao Brasil, criou, em 1981, o Instituto de Pesquisas e Estudos Afro-Brasileiros (Ipeafro), que realizou o III Congresso de Cultura Negra das Américas (1982). Participou da fundação do Movimento Negro Unificado (1978) e do Memorial Zumbi (1980).

Como deputado federal (PDT-RJ,1983-1986), apresentou o primeiro projeto de lei propondo políticas públicas de ação antirracista voltadas para a população afrodescendente. Foi senador da República (PDT-RJ, 1991, 1997-1999) e titular fundador de duas secretarias do Governo do Estado do Rio de Janeiro: a Extraordinária de Defesa e Promoção das Populações Afro-Brasileiras (Seafro) (1991-1994) e a de Direitos Humanos e Cidadania (1999).

Artista plástico de destaque, obteve exposições individuais de sua obra no Palácio de Cultura Gustavo Capanema (1988), no Salão Negro do Congresso Nacional (1997) e na Galeria Debret (Paris, 1998), Arquivo Nacional (Rio de Janeiro, 2004), Galeria Athos Bulcão (Brasília) e Caixa Cultural Salvador (2006), Centro Cultural Justiça Federal (Rio de Janeiro, 2011) e Museu de Arte Contemporânea de Niterói (2019).

Escreveu, entre outros títulos, *Sortilégio (Mistério Negro)* (1957/1979), *Dramas Para Negros e Prólogo Para Brancos* (1961), *O Negro Revoltado* (1968/1982), *Axés do Sangue e da Esperança* (1983), *O Genocídio do Negro Brasileiro* (1978, com reedição em 2016 pela Perspectiva), *Sitiado em Lagos* (1981), *Orixás: Os Deuses Vivos da África* (1995), e *O Brasil na Mira do Pan-Africanismo* (2002).

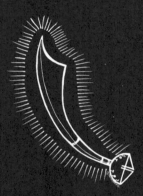

Este livro foi impresso na cidade de Guarulhos,
nas oficinas da Vox Gráfica,
para a Editora Perspectiva.